シリーズ
転換期の国際政治 22

開発政治学と持続可能な開発

途上国のガバナンス制度化の総合的考察

小山田英治・杉浦功一・木村宏恒 編著

晃洋書房

まえがき

　本書は，途上国の開発目標の達成に必要なガバナンス（統治）の制度化（＝構築）を総合的に考察することを念頭に作成されたものである．その一環として，持続可能な開発目標（SDGs）を含む持続可能な開発を進める上でのガバナンスの役割についても論じた．開発政治学のアプローチから，途上国の開発に対処する政府の能力と，その政策に支持あるいは反対する政治経済関係の検証を通じて，「途上国のガバナンスの制度化」に焦点を置き，その切り口でSDGsを推進するにもガバナンスが鍵と展開することを念頭に本書は作成されている．2つの軸を中心に取り上げており，1つ目の軸は，ガバナンスの主要構成要素（政府の能力，法の支配，汚職対策，民主的制度，公共財政と事業プロセス）ごとの研究である．それぞれ構造要因，制度要因，変革要因に留意しつつ，その制度化を促進・阻害する要因を明らかにし，実証的に検討したものである．もう1つの軸は，ガバナンスの制度化に影響を与える国際的な要因の横断的な研究として，① 世界的な民主主義の後退のガバナンスへの影響，② 国際的政治要因によるガバナンスの制度化への影響を解き明かすものである．

　社会科学は政治・経済・社会の三本柱というが（日本では法律が入ることもある），途上国の開発を研究する上で，開発経済学や開発社会学に比べて，開発政治学の役割は著しく小さい．途上国の開発を外から国際支援する枠組みと，「内政不干渉原則」の関係が常にセンシティブな問題としてあったということも影響しているであろう．しかし，1990年代以降，ガバナンス（統治）こそが途上国の開発成功の鍵であるという理解が一般化するようになり，政治学からのアプローチは，内政不干渉にこだわる国を除いて，国際的に大きな比重を占めるようになった．そうしたなかで，われわれの研究会は立ち上がった．

　最初の成果物であり出版物である『開発政治学入門』（勁草書房，2011）は，開発経済学や開発社会学に加えて，開発政治学という視点を入れることにより，開発における政治諸要因を正面から取り上げ，開発の全体像の組み直しと今後の展望に迫ろうとする試みからはじまった．そして次作の『開発政治学の展開』（勁草書房，2013）では，1990年初頭以降，国際開発の世界で中心的に取り上げられてきたガバナンスが，理論や政策として実際にどのように展開され

てきたのか，その問題点と展望はどうなのかについて議論した．そして，その延長上として，2014年には「ポスト2015年開発戦略におけるガバナンス」として特集号『国際開発研究』(国際開発学会編) を組み，大きな反響を受けた．2018年には『開発政治学を学ぶための61冊』(明石書店) を出版し，開発政治学研究を推進させるための推薦図書の説明を行った．本書では，過去蓄積してきた専門知識と学術的問いを振り返り，民主主義と持続可能な開発の側面，そして途上国開発推進にはガバナンス向上が不可欠であり，それを開発政治学の枠組みで議論する重要性の再考を試みている．

　合計8名の章担当者がそれぞれ途上国開発とガバナンス論を展開し，本書では以下の構成となっている．序章では，途上国の開発を政治学の立場から分析する開発政治学を，国際開発学，政治学，そして持続可能な開発の文脈で位置づけ説明した後，本書で取り上げられている章全体を考察する．第1章は，主要援助機関におけるガバナンス問題に対する認識の変遷と，ガバナンスとSDGsとの関係を取り上げ，「ガバナンスが問題だ (governance matters)」から「政治が問題だ (politics matters)」に日本を除く援助側の重点が移ってきていることを説明する．第2章「世界的な民主主義の後退と民主的ガバナンス」では，民主主義の後退の実態を取り上げた後，民主主義と開発やガバナンスが政治システムにおいて異なった視点より見られてきていた事実を明らかにし，その中で民主主義と開発のさらなる重要性について主張している．第3章「持続可能な開発へ向けた民主的選挙の制度化の課題」では，持続可能な開発と民主主義の関係を検討し，民主的制度の中核である選挙を取り上げ，民主主義の後退と権威主義化が進展する現在の国際社会で，その制度化について考察する．第4章「ワースト・ガバナンスの国々におけるSDGsの達成状況」では，ガバナンスの本質的な意味の検討を行った後，SDGs全体の中におけるガバナンスの位置づけと，ガバナンスが機能していない国を取り上げ，それら国々はSDGs達成状況も悪いことを検証する．第5章「途上国のローカル・ガバナンス──新家産制国家におけるクライエンテリズムの制度化とその変質──」では，地方分権の実像を説明した後，独立後に形成された新家産制国家が，経済・社会開発と選挙民主制の展開のなかで，どのように適応してきたか，とりわけ中央─地方関係の展開のなかで，どのような関係が形成され，制度化されていったか，さらにSDGsへの対応も含めて論じている．第6章の「グローバルな視点から見た法の支配」では，ポスト冷戦期に法規範がどのように変わったのか検

討したうえで，「クローバルな法の支配」の概念と視座を提示し，それに照らして，法の支配の目的である個人の権利自由の保障にとって新たな問題が生じていることを言及している．第7章の「汚職対策における制度化の限界と政治意志の規定性」では，SDGs 推進を阻害する反汚職取組の要因が，政治とそれを取り巻く構造にあることに着目し，汚職取締の制度化の限界と政治意志の規定性について考察する．第8章では，アンゴラとルワンダを事例に取り上げ，経済発展とガバナンスとの間の因果関係の有無，両国の民主化移行に影響を与える主要因，特に外部（欧米や中国）からの支援・関与がもたらす影響，そして両国の経験の比較を通じた教訓について検証している．第9章「アジア太平洋の地域的枠組みがもたらす国家ガバナンスの変容」は，アジア太平洋の経済に関する地域的枠組みがもたらす国家ガバナンスへの作用を権力の視点から検討する．

　本書の作成にあたっては，木村宏恒名古屋大学名誉教授の全論文へのご助言および各種専門情報のご提供抜きには達成不可能であった．同教授は，開発政治学を日本に普及させる重要性を長年訴え続け，尽力されてこられた．2010年の本研究開始からの研究構想および出版と，今回の出版に至るまで中心的かつ牽引的役割を果たしてきて頂き，執筆者一同感謝に堪えない．この場を借りて深謝したい．

　最後になったが，本書作成・出版にあたり，晃洋書房の丸井清泰氏と福地成文氏には，出版の細部にわたる適切なアドバイスはもとより，校正の過程で貴重な助言を数多くたまわった．厚くお礼を申し上げる．

研究代表者　小山田　英治

付記

　　本書は，独立行政法人日本学術振興会科学研究費補助金基盤研究（B）（研究課題番
　号：21 H 00693　2021 年 4 月〜2025 年 3 月研究代表者：小山田英治）「開発政治学の研
　究アプローチを通じたガバナンスの制度化の総合的考察」の研究成果の一部である．

目　次

まえがき

序章　途上国の開発における「開発政治学」の役割　　1

はじめに　(1)
　　──問題の設定──
1　国際開発学における開発政治学　　(6)
2　政治学における開発政治学　　(11)
3　持続可能な開発における開発政治学　　(17)
4　序章のまとめと各章で書かれていること　　(20)

第1章　主要援助機関におけるガバナンス認識の変遷とSDG への対応
　　──"Governance matters" から "Politics matters" へ──　　31

はじめに　(31)
1　途上国の開発におけるガバナンス不可欠性議論の概要　　(32)
2　世界銀行におけるガバナンス認識の変遷　　(37)
3　国連開発計画 (United Nations Development Program: UNDP)　　(43)
4　イギリス国際開発省 (Department for International Development: DFID)　　(47)
5　ガバナンスと SDG 政策　　(51)
　　──SDG 16, 17 に寄せて──
おわりに　　(53)

第2章　世界的な民主主義の後退と民主的ガバナンス　　61

はじめに　(61)
1　世界的な「民主主義の後退」　　(63)
2　政治と開発　　(66)

3　民主主義とガバナンス　　(73)

　おわりに　　(77)

第3章　持続可能な開発へ向けた民主的選挙の制度化の課題　83

　はじめに　　(83)

　1　民主主義と持続可能な開発　　(84)

　2　民主的選挙の制度化とは何か　　(86)

　3　どのように民主的選挙は制度化するのか　　(93)

　おわりに　　(104)

第4章　ワースト・ガバナンスの国々におけるSDGsの達成状況　109

　はじめに　　(109)

　1　ガバナンスの本質　　(109)

　2　ガバナンスとSDGs　　(116)

　3　ガバナンスが機能していない国々　　(121)

　4　ワースト・ガバナンスの国々におけるSDGsの達成状況　　(124)

　おわりに　　(129)

　　——ガバナンスとSDGsの今後の方向性——

第5章　途上国のローカル・ガバナンス
——新家産制国家におけるクライエンテリズムの制度化とその変質——　137

　はじめに　　(137)

　1　1990年代の基盤・起点としての独立後の国家構造　　(139)

　2　途上国の中央・地方関係　　(143)

　3　地方有力者層の中央政界との結びつき（クライエンテリズム）　　(146)

　4　クライエンテリズムによる「民主主義」の取り込み　　(153)
　　　——「もう1つの民主政」——

　5　中央・地方政府の経営におけるSDGsの取り扱い　　(157)

おわりに　(160)

第6章　グローバルな視点から見た法の支配　169

はじめに　(169)

1　ポスト冷戦時代の国際社会の変化　(171)

2　ポスト冷戦時代における法規範のあり方の変化　(173)

3　グローバルな法の支配の概念　(177)

4　ポスト冷戦時代の法規範のあり方の問題点　(180)

おわりに　(184)

第7章　汚職対策における制度化の限界と政治意志の規定性　191

はじめに　(191)

1　グローバル規模の汚職との闘いにおける過去と現在　(193)

2　政治的側面から見た途上国の汚職問題と取組み　(196)

3　インドネシアとカンボジアの汚職対策機関を通じた政治性　(198)

4　開発援助機関による権威主義支援への対応策　(206)

おわりに　(208)

第8章　「民主的開発国家」は可能か
——アンゴラとルワンダの比較研究——　217

はじめに　(217)
　　——主要な論点——

1　いくつかの重要な概念と議論　(219)

2　アンゴラ，ルワンダの政治的発展の概要　(222)

3　経済開発，ガバナンス，民主主義，脆弱性の移行プロセス　(227)

4　アンゴラとルワンダの政治過程の違いに影響を与える要因の分析
　　(232)

おわりに　(239)
　　——結論と政策的含意——

第9章 アジア太平洋の地域的枠組みがもたらす国家ガバナンスの変容

はじめに　(249)

1　国家ガバナンス　(251)

2　アジア太平洋の地域的枠組み　(254)

3　地域的枠組みがもたらしたもの　(259)

人名索引　(267)
事項索引　(268)

序章
途上国の開発における「開発政治学」の役割

木村 宏恒・小山田 英治・杉浦 功一

はじめに
──問題の設定──

　われわれ開発途上国の「ガバナンス研究会」による出版は，本書で4冊目になる．2011年に『開発政治学入門──途上国開発戦略におけるガバナンス──』を出版して以来，2013年『開発政治学の展開』，2018年『開発政治学を学ぶための61冊』のほか，日本国際開発学会機関誌『国際開発研究』の2014年1号の特集「ポスト2015年開発戦略におけるガバナンス」も編集した．前の出版からだいぶ時が経ったこともあり，**本書では**，これまでの出版物の論点を織り込みながら，今回，国際的な途上国開発戦略の焦点となっているガバナンスの「**制度化**」の評価と，「**持続可能な開発**」をめぐる開発途上国の対応について，論点を提起する．「制度化」も「持続可能な開発」も，鍵は政府なのだ．それが曖昧にされているところから全ての問題が発する．

　筆者の1人は学部学生の時，先生から聞いた．「インドは学問の墓場だと言われている．いろいろな開発理論が持ち込まれ，皆，墓場に行く」と．開発途上国は，開発をめぐって国全体が動いている．経済成長に伴う生活の向上を求めて，また経済成長を牽引する良質の教育を求めて，また，それらを牽引（steer）する公共政策を展開すべき正直な政府を求めて動いている．2013年に，国連は，持続可能な開発目標（SDGs）の予備調査の一環として，途上国の開発に関する100万人調査を実施した．結局194カ国から113万人の回答が集まった．回答者は，80％以上が途上国（35％が低所得国），15％が小学校未卒，

男女比率半々，68％が30歳以下など，統計と同比率になるよう工夫された．結果は，回答者の望む第1位が良質の教育，第2位により良い保健医療，第3位は仕事，第4位は正直で責任ある政府であった[1]．

多くの途上国は第二次世界大戦後に独立したが，経済成長はなかなか進まなかった．国連は（第一次）「開発の10年」決議を1961年に行い，南北問題が議論される契機となった．それから60年余が過ぎた今日，国連加盟国は193カ国，途上国とされるのは約150カ国であるが，そのうち45カ国は後発開発途上国（Least Developed Countries または最貧国）に分類され，とても「発展途上」国とは言えない状況にある（開発が国家的課題であるという意味で開発途上国の語を使う）．一方，東アジアなど，経済成長が著しい新興国も多々ある．この格差はどのようにして生まれたのか．

この格差を説明する際によく挙げられるのは，東西ドイツや南北朝鮮のように，同じ歴史を歩んできた同じ民族が，第二次世界大戦後分離して別の国をつくり，一方は経済成長を遂げ，他方は経済停滞を続けたという例である．国境を挟んだメキシコ側の町とアメリカ側（テキサス州やアリゾナ州などは1850年前後にメキシコ領からアメリカ領になった）の町の顕著な格差も同様である．こうした格差を生んだのは国の制度の差異であり，異なる制度のもとで展開された公共政策，すなわちインフラ建設，経済政策，社会政策の違いが，両者の差異を産んだのである．それは端的に言って，政治がつくり出した格差であった．

1970年代，80年代の経験から，国際開発の世界では，「結局，政府がしっかり機能しない限り，開発は進まない」という共通認識が形成されていった．90年代には，ガバナンス（統治）の改善こそが途上国開発の鍵であるという認識が一般化していった．先導したのは途上国の開発に最大の融資をしてきた世界銀行であった．世界銀行副総裁（南アジア担当）を務め，『国をつくるという仕事』（2009）という著書もある西水美恵子は，「世界銀行で得た最も重要な教訓．それは，良いガバナンスなくしては健全な国造りはできないということ」だと述べている[2]．コフィ・アナン元国連事務総長も，「グッド・ガバナンス（良い統治）は，貧困を撲滅し，開発を促進するうえで，おそらく最も重要な要素であろう」と演説した［UNDP 2002：邦訳58］．UNDP（国連開発計画）は，民主的ガバナンスを，途上国が目指すべき方向と設定した．

しかしながら，ガバナンスの範囲は幅広い．世界銀行勤務経験23年のポメランツ教授のまとめでは，以下の項目が挙げられた［Pomerantz 2011：164］．

① 法の支配，透明性，説明責任，反汚職
② 制度能力，リーダーシップ，組織，制度構造，効率性 (財政や行政改革)
③ 地方分権，参加，市民社会と市民社会資本強化
④ 民主化，公平な選挙，市民的自由と人権，メディアの自由

　その後，国際的には，⑤ 平和構築 (安全保障) と，⑥ 民主化の一環としての女性の地位向上が項目入りした．

　途上国の経済成長を牽引する工業化において，輸出志向型工業化は中心戦略になった．独立当初は，輸入する工業製品ぐらいは自国で作るという輸入代替工業化が目指されたが，国内市場が狭く，量産ができなかった．機械化して量産化するためには他国に売る輸出志向型工業化が必要であった．工業製品を輸出するためには，国際市場で競争力のある品質の製品を作る必要があり，そのためには先進国企業との結びつき (技術と投資) が不可欠であった．こうして，途上国の工業化は，先進国企業の誘致合戦の様相を呈した．そうしたなかで，世界銀行『世界開発報告1997：開発における国家の役割』(pp.52-56) は，69カ国3600民間企業に対して，どのような条件で投資先の途上国を選ぶかのアンケート結果を掲載した．その内容は，途上国側の① 規則制定の予測可能性，② 政治的安定，③ 個人と財産に対する犯罪の少なさ，④ 司法執行への信頼，⑤ 汚職のないこと，であった．そのすべてがガバナンスに関する内容であり，途上国の工業化の鍵はガバナンスを改善することにあるというのは明白であった．他にも，数百人単位の高卒女工が集められる国民教育への政府投資や，港湾，道路，電力，給排水などのインフラ整備の必要もあったが，これらも政府の責任であった (機械化が進み，賃金は加工費用の平均15%ほどなので，業種にもよるが低賃金は最重要ではなかった．賃金が最も低いサブサハラ・アフリカはまだ進出先ではなかった)．

　一方，開発協力を実施する先進国側のガバナンス支援の重点項目はまちまちで，整合性が欠如していた．そのうえ，援助担当者が途上国政府に面と向かって政治的な注文を出すことには躊躇があった．さらに，開発援助に際して途上国政府に対して，開発援助をするからあれこれと注文をつけることは，「内政不干渉の原則」に抵触するという問題があった．そのため「ガバナンス」(統治) という言葉で，行政などに「(非政治的で) 技術的な協力をする」という形をとることが多かった．また，女性の地位向上など，政権の権力継承に差し障

りのない項目では提案をするが，メディアの自由や，自由で公正な選挙で野党
や政治的 NGO の活動の自由，政府プロジェクト予算を駆使しての政府与党へ
の梃入れ自粛や汚職取り締まりなど，途上国政府が嫌がるようなことは曖昧に
なった．政治やガバナンス課題はセンシティブな課題と考えられるようになっ
た．2000 年のミレニアム開発目標（MDGs）や 2015 年の持続可能な開発目標
（SDGs）の採択の過程も同様である．国連は全会一致の原則で，中露やサウジ
アラビアなどの権威主義国家の賛成も得なければ決議はできない．こうして，
政治やガバナンス課題は，その重要性にも関わらず，国際的な宣言などでは曖
昧な表現にされたり，触れられないことも多く，開発促進における政治やガバ
ナンス問題の重要性に関する理解の促進は大きな壁に直面することになった．

　例えばミレニアム開発目標（MDGs）の 8 項目は，一見，社会開発課題中心
に見える．しかしそれでは皮層な理解になる．それではなぜ経済成長を最重要
視する世界銀行が賛成したかわからない．世界銀行の理解は，MDGs 8 項目
の推進（特に第 1 目標の貧困半減）は，政府の各種ガバナンス支援があって経済が
成長し，雇用が増える．政府の財政収入も増えて，貧困対策や教育や保健，環
境予算がつけられる．ガバナンスと経済成長が MDGs を推進するという理解
なのである［World Bank 2000 ; Dollar and Kraay 2000］．

　本書は，途上国の開発を考えるうえで，政治がいかに中心的な役割を果たす
かを，明らかにすることを目的とする．世界銀行や国際協力機構（JICA）な
ど，政治という言葉をできるだけ使わないようにしている機関も多く，そのか
わりにガバナンス（統治）という言葉が多用される．それでいいなら，「ガバナ
ンス研究会」も別に政治と言わず，ガバナンスで通せばいいではないかという
ことになる．しかしながら，国際開発学のなかで開発経済学はすでに多くの本
が出版され，確固とした地位を築いている．開発社会学の本もいくらか出てい
るが，開発政治学と題する本は少ない．開発経済学がすでに市民権を得ている
以上，開発社会学と開発政治学が対等に定置されないと，国際開発学のなかの
学問的バランスが歪になる．開発政治学は，今日議論されているガバナンス論
を超えた領域に拡大しているのである．

　「ガバナンス」（統治）支援といった場合，行政などに，「価値中立的に，技術
的な協力をする」という形をとることが多かった．先述の世界銀行の西水美恵
子は，「良いガバナンスなくしては健全な国造りはできない」と述べたすぐあ
と，「そして，良いガバナンスが行われることを可能にするために最も重要で

ありながらなかなか見つからないものは，優れた政治的リーダーシップなのだ」と述べている．要するに行政の管制高地を握るものが政治家（なかでも大統領・首相）であり，実際の開発プロジェクトの現場で鍵を握るのが地方政治家なのである．政治家が，選挙を含め，自分たちの影響力基盤・ネットワークの強化と重ねながら，公共政策を展開していくのである．

2000年代に入って，ガバナンス政策は制度化を焦点とするようになった．世界銀行のイデオローグであるハーバード大学公共政策学院のマット・アンドリュースが時のひとのようになった．彼によると，対象は氷山のようなものであり，海上の部分が制度，水面下のより大きな部分が政治のネットワークであり，そこがどう動くかで個々の開発プロジェクトの成否は決まってくる．それゆえ，2010年代になると，「ガバナンスが問題だ」から「政治が問題だ」に国際開発の世界の重点が移っていくのである（日本は例外で移らなかった）．

1節では，開発途上国の開発と，政治ないしガバナンスの関係を論じる．それゆえに途上国の開発に焦点を合わせた政治学という意味で開発政治学とした．開発協力とは，食料を支援するのではなく，釣り竿（生産手段）を支援するのだという理解があるが，それでは不十分である．制度をつくって支援することが重要なのである．具体的には，農業であれば，食料・農業・農村基本法，融資制度，農業協同組合法などの法体系と，それら法体系を実施する政府機関，さらに研究機関や農協組織の活動，流通システムなど民間の力も加えて総合的に農業を振興する制度づくりが必要である．要は，開発のシステムは制度の束で成り立っており，経済から教育，保健医療など，**幅広い諸制度の束の形成は，言い換えれば国家建設である**ということだ．制度の束は政治が先導してつくる．「政治が国家をつくり，国家が開発をつくる」[Leftwich 2000: 191]ということである．

2節では，先進国でつくられた政治学の体系を途上国に適応する場合に，先進国を範にすることでいいのかを問う．政治学といえば民主主義と選挙をイメージする人が多いが，今日，世界中で，9割以上の法案は執行府（executive）でつくられており，議会は単なる承認機関と化している．民意の政策や法案づくりへの反映は，政党―議会ルートだけではなく，メディア，各種団体，世論調査，公共圏での議論と，多様になり，国際的な影響（いわゆるベスト・プラクティスの導入）も大きい．それらを総括するのは，執行府と官僚の世界であり，ポグントケ・ウェブ編『民主政治はなぜ大統領制化するのか』[2014]

やロザンヴァロン『良き統治——大統領制化する民主主義——』[2020] が詳細
に論じてきた.

そのうえ,薬師寺泰蔵が『公共政策』で強調しているように,実際に決まっ
た政策がいかに実施されるかが重要で,「公共政策学こそが政治学の原点」で
あり,「公共政策論を中心においた政治学」を主張した [薬師寺 1989: 6; 28].
その視点は,法律や計画ができてもほとんど実施されないことが常態である途
上国では,特に重要である.民主主義下においても,選挙で政治の勢力配置が
決まった後,実際にどのような公共政策が決められ,実施されるのかのほうが
より大きな問題である.先進国で議論されていることよりも,途上国での制度
の実態を照らし合わすことがはるかに重要である.

3節では,持続可能な開発における開発政治学の役割を検討する.SDGs に
盛り込まれた17目標とその細目の169ターゲット,および達成状況を測る232
の指標は,あまりにも多岐にわたり,どれも重要ではあるが優先順位がなく,
希望リスト(wishful thinking)となった感は否めない.その実施は各国政府に委
ねられたが,途上国政府は経済成長を優先している国が多く,取り組みやすい
項目を中心に「やっている」感を出すことも多いと指摘されている.ガバナン
ス条項と言われる目標16は,目標15までの全体の成否を左右する重要なもの
であるが,往々にして等閑視されている.SDGs の説明図のなかには,目標16
が言及されていないものや,政府の中心的・総括的役割を記していないものも
多い.SDGs の実際の取り組み動向における政治の役割を明確にする必要があ
る.

4節では,まとめと各章の紹介を行う.

1 国際開発学における開発政治学

国際開発学は日本独自の用語である.この学問分野が生まれたのは1960年
代,かつての植民地帝国イギリスにおいてであり,その呼称は「開発学」(devel-
opment studies)であり,10ほどの開発学の大学院がつくられた.一方,アメリ
カでは,途上国の開発は1つの国際課題=イシューであり,独立の学問分野と
しては受け入れられず,その呼称は「国際開発」(international development)で
あり,長年それ専門の大学院は作られてこなかった.今では英米とも,両方
使っている.日本は開発学と国際開発を合体させて,「国際開発学」という用

語を作り出したのである.

　この節で主張したいことは4つある. **第1は**, 「はじめに」でも書いたように, 途上国の開発分野に経済開発と社会開発を設定すると, もう1つ, **法政開発の柱を立てる必要がある**ということである. 社会科学において, その中核を占める分野が「政治・経済・社会」の3分野であるという認識は定着している. 経済開発を推進するための学問分野が開発経済学なら, (教育や保健医療に代表される) 社会開発の諸項目を推進する学問分野は開発社会学であり, 経済・社会開発を推進するためには関連する法制度と, それを執行する公務員組織, および農協や商工会議所や, 法制定や執行を巡る問題点を検討して広く世間に知らしめるメディアや言論人が必要である. 例えば製造物責任法 (PL法) が制定された場合, 企業による遵守や政府によるその施行を監視する政府部門と政党, 消費者連盟や, メディアや言論人による世論づくりが必要である. それらをカバーするのが開発法学と開発政治学になる.

　世界銀行の『世界開発報告2002:市場制度の構築』が体系づけたように, 市場制度の構築は, 企業, 政府, 社会それぞれの公式と非公式の制度 (合計6要素) **で推進される**. 同書第1部は企業 (土地制度, 金融制度) と企業ガバナンス (corporate governance), 第2部は政府 (政治制度, 政府の運用, 司法制度, インフラ整備) と各党や州知事らとのネットワーク (連合, 競争, 占有), 第3部は社会 (メディア, 市民社会, 社会諸団体など) の公私にわたるネットワークになっており, 非常に包括的である (木村 [2013:第2章] で詳述). 途上国では企業が弱いなかで, 政府部門の役割が決定的に大きい. 1950年代, 60年代には, 政府が必要な工業部門に国有企業をつくった. かつては政府のインフラと国営企業への投資で, 工業投資全体の半分を占めるほどであった.

　主張したいことの第2は, 開発は制度化が中心的役割を果たすということ, そして制度化の束をつくることは国家建設に相当するということだ. 独立時に国家の領域は決まっている. かつては, 国家 (state) は存在し, そこに多民族社会を基礎にした国民 (nation) をつくるといわれたが, 今は逆に, 国民は既成事実として存在し, その国民をどのような国家で合意体制をつくるかが問われている. 国家のなすべき基本は3つある. ①政治能力 (必要な連合と政治決着) と, ②資源動員能力 (徴税能力) と, ③資源配分能力である. 国家建設は, 国家がこうした能力を具備していく政治過程である. すなわち, 通常はエリート間の駆け引きでの連合や派閥の調整があり, 政府の中核機能 (官僚制)

の整備があり，公衆の期待に応える持続可能な国家の制度形成を行う．起こりうる問題は，戦略の不適切，調整不足，政府職員の脆弱性，資金不足．問題は複雑で，ベストな選択は不明である［Zoe Scott 2007；Whaites 2008；World Bank 2011］．

　ほぼすべての途上国は多民族国家であり，同じ民族内でも宗教も利害集団も多様に入り組んでいることが，こうした政治過程を複雑なものとしている．例えばケニアでは，独立の指導者ケニアッタは最初から家産制国家をつくった．彼は，ヨーロッパ移民が残した大土地の配分を権力強化の源泉とし，一党支配体制をつくった．しかし，そこから漏れた少数民族の利害を主張する対抗馬が台頭し，選挙は暴力的になり，主要政治家は民兵を持ち，軍と警察が暴力をふるい，政府予算は自陣営強化に使われた［NORAD 2009］．

　主張したいことの第3は，多くの国はやるべきことをなぜやれないのか，その原因についてである．東アジア諸国の経済成長を総括して，ターナーとヒュームは「東アジアの奇跡に奇跡はない．やるべきことをやっただけである」と書いた［Turner and Hulme 1997：60］．では多くの国はやるべきことをなぜやれないのか？　その理由はすでに述べたマット・アンドリュースの氷山理論が当を得ている．繰り返しになるが，やるべきことの体系は法律や政策に代表される制度として，氷山の海上の部分を構成し，目に見える．しかし氷山は水面下により大きな部分が隠れているとした．われわれはその水面下の部分が非公式の政治ネットワークにあたり，国の発展より自分たちのネットワークの利益の方を優先させる．そのネットワークがクライエンテリズム（Clientelism）とか P-C 関係（Patronage/Patron-Client Relations 庇護被庇護関係）と言われるもので，選挙を含む自分たちの恒常的な政権確保と利権維持のために，国家予算や開発援助のプロジェクト資金を采配し，仲間内で占有し，他の政治勢力を排除し，あるいは連合を組み，汚職や買収資金，就職斡旋なども駆使すると，展開した．そこでは，同じ市場経済でも，企業は自由競争によって大きくなるのではなく，政治的コネによって大きくなる．企業が順当にやっていくためには，政治献金は不可欠になる．それは政治的資本主義（political capitalism あるいは縁故資本主義 crony capitalism）と呼ばれる．

　それは途上国全体に広がっているが，中国共産党支配下の民間経済もその典型の1つである．深圳のジャーナリスト何清漣（かせいれん）の『中国現代化の落とし穴』［2002］は，企業への采配権を使って共産党幹部が新資本家階級とし

ての形成を終えた過程を暴露した（何清漣はのちアメリカ亡命）．デズモンド・シャムの『レッド・ルーレット——中国の富・権力・腐敗・報復の内幕——』[2022] は，温家宝元首相夫人のコネで繁栄した企業グループの内幕を当事者の夫が描いた．

中国の中央集権制と違い，インドは連邦制国家である．インドの国家を象徴する言葉は「軟性国家（soft state）」である．軟性国家は，中央政府で法や政策を決めても，地方に行くと消えていく（実施されない）構造を特徴づけた．「デリーの権威は州によって限定される．」「中央の基盤は弱い．政治家は地方に権力基盤を持つ」[Herring 1999]．

第5章のローカリズムでは，インドのクライエンテリズムはネルー初代首相の時代（1947-64）に制度化されたことを説明している．ネルーは，与党の国民会議派に伝統型の地方エリート層を開発計画や公共サービスで組み込んで，選挙での安定多数を確保するとともに，フードスタンプ配布など短期的利益供与型で貧困層への恩恵の体系を整備した [Kenny 2017]．インドの大衆政治は，経済改革のトゲであり続けた．農民は多くの州で電気代を払う必要がないのである（政府の補助金で運用）．

中国では，共産党の全国指導部入りするためには，まず地方での役職に就いて，地方における経済成長を実現する実績を上げなければならない．そうしたセレクトがある．インドは違う．人口が中国を上回って世界一になり，その人口も若く（人口の約40%が25歳以下），高齢化率も低く，経済成長も著しくと，期待値は高い．しかしながらGDPは中国の20%ほどである．どのような障害があって，やるべきことができないのか．

インドは独立以来，スワデシ（国産品愛用）のスローガンのもと，国内中小零細企業への保護政策が強く，国営企業の比率も高く（総投資と企業資産の1／3），外国企業の資本投資や技術の導入が非常に低く，各種の政府の「許可」はクライエンテリズムの下にあり，「草の根特別処置（embedded particularism）」で動いていた．資本家階級は，インドの大陸経済的多様性と，大英帝国大の印僑的脱出（特に東アフリカ．近年は米国）の結果，全国的結集もなかった [Herring 1999 : 320-321 ; 331]．その結果，製造業がGDPの13%程度にとどまってきた．貧富の格差も大きく，非識字率は2021年でなお，男性17%，女性34%ある．各地の工科大学は多くのデジタル人材を輩出しているが，インドは英語圏でもあることから，かなりの卒業生が外国に流出している．

モディ政権は，長年の懸案であった電力の普及率（75% から 98% へ）や高速道路，空港など物理的インフラとデジタルインフラの整備を進め，家庭のクリーンな調理用ガスの普及率も 60% に上昇させた．全女性の 75% 近くに個人銀行口座をもたせ，極端な「中抜き」で知られていた生活保護給付を本人への直接給付に切り替え，貧困層に確実に届けられるようにした［Subramanian 2022］．

一方，モディ政権は，「自立するインド」の産業戦略で，歴代政権が続けてきた国際的な地域自由貿易協定への参加を停止した．産業のグローバル化に乗るグローバル・バリューチェーンへの参入にも熱心ではなかった．また，保護主義的な輸入関税体制（平均が 13% から 18% 近くまで上昇）のために，近年，デリスキングで中国から逃げ出している外国資本投資のうち，インドに向かったのは 10% 程度に過ぎなかった．さらにインドには，悪名高い「お役所仕事」がある（仕事が遅い．不条理で複雑な手続き．法律もよく変わり安定しない．汚職も多い）．モディ首相はまた，補助金政治で特権システムを作り出し，ナショナル・チャンピオン戦略として 2 大企業グループ（アダニ・グループとリライアンス・インダストリーズ）を重点支援する戦略をとった．そのため，多くのその他企業が成長を妨げられた［Subramanian 2022］．

モディ政権は，人口が多く経済が遅れているヒンディー語地域の北部インドで強い．近年，モディ政権の下で，カースト制と地域主義を堅持する伝統的地方でのヒンズー教傾斜と 2 億人のイスラーム教徒排撃が強まると，中央の民主主義を侵食する構図が顕著に出現している．ダニエル・マーキーは「民主国家インドという幻想」という Foreign Affairs の論文で，「モディのインド人民党（BJP）は，インドの自由主義的価値から遠ざかりつつある.」「世界最大の民主国家がいかに非民主的であるかを理解しなければならない」と書いた［Markey 2023］．一方，インド経済の発展を牽引しているのは，バンガロールやチェンナイ，ハイデラバードに代表される南部 5 州である．5 州で人口の 20%，GDPの 31%，外国投資の 35% を占める．そこではモディの与党は 2019 年選挙で得票率 11%，議席は 10% と少数派である（*Economist* 2024.3.2）[3]．このままモディ政権が全国区的に強化されるのかは不明である．後述するが，モディは環境問題でも全くと言っていいほど対応できていない．

主張したいことの第 4 は，2024 年のノーベル経済学賞を受賞した**アセモグルとロビンソン**が『**国家はなぜ衰退するのか**』[2012] で主張したことは，一部

違うのではないかという点である．同書は，前近代国家を象徴する「収奪的政治経済制度」が，近代国家形成の象徴である「包摂的政治経済制度」へと転換していくのが先進国なら，その転換を阻み，「収奪的政治経済制度」が存続している国は衰退していくという図式を提示した．

一方，グリンドルは，同年に『若いものに仕事を——比較におけるパトロネージと国家——（*Jobs for the Boys : Patronage and the State in Comparative Perspective*)』[2012] を出版し，長年中南米を研究してきて，パトロネージ（＝クライエンテリズム）がいかに長期にわたって存続するかを実感してきたが，先進国（米英独仏西日の6ヵ国）を調査しても同じ傾向が見られることを明らかにした．アメリカでも，公務員の能力採用の法律は1883年に成立したが，能力主義と縁故採用は新旧世代両方に対応するために，その定着には半世紀を要した．1920年代にはよくなり，30年代の大恐慌時代に逆戻りしたという．多くの国で改革は「ゆっくりと漸進的に」進むものだという．

日本でも，広瀬道貞の『補助金と政権党』[1981] に典型的に見られるように，いまだに両方が共存している．自民党は戦後日本経済発展の象徴であった企業の技術革新の推進体である（保守は保守していない）とともに，地方では樋口恵子のいう「草の根封建オヤジ」の集合体の様相も維持している．

グリンドルは，その前に『地方へ（*Going Local*)』[2007] を出版して，メキシコ地方政府の実態を分析した．市町長クラスが選挙で勝利を続けるためには，地元でのクライエンテリズムを強化するとともに，州や中央政府から開発プロジェクトを得て，地元が近代化してきている実績を示す必要がある．そのため，州知事など上のボスとの結びつきを強め，上の選挙の時はその票集めに貢献してクライエンテリズムを強固にする一方，地元の近代化に寄与できるような職員の採用を増やす必要がある．アセモグルらの主張とは異なり，クライエンテリズムという古い要素と能力主義という新しい要素が長期に共存しながら，徐々に近代化が進むという構図である．

2 政治学における開発政治学

この節で主張したいことも4つある．**第1に主張したいのは**，近年，途上国を研究する政治学者の間で大きな話題になっている**「1990年代の民主化とその後退」**を強調することは間違っているのではないかという点である．という

のは，すでに多くの学者が指摘してきたように，1990年代の途上国の民主化は，「化粧にすぎない」「絶望的に未熟」なものであったからである．「世界のほとんどの社会は，民主主義の最も基礎的な選挙・代表機能の条件を欠如させている」[Leftwich 2000: 10; 129]．メディアや野党，NGO の言論を封じ，知る権利の欠如した国民に投票させており，弾圧や買収，職の斡旋など政策以外での投票が横行し，当選した議員は自己利益に走る．アフリカ経済の専門家で世銀の開発研究部長も務めたコリアーは，その著『民主主義がアフリカ経済を殺す』で「民主的選挙は，政治家を堕落させる処方箋でしかない」．「民主主義が説明責任のある政府を生み出してはいないし，正当性のある政府を生み出してもいない」と断じた[Collier 2010: 54; 67]．よく引用される高名な国際情報誌 Foreign Affairs 副編集長のザカリアは，途上国の民主政を非自由民主政(illiberal democracy) と呼んだ [Zakaria 1998]．偽物の民主政ということだ．

　そのような偽の民主化の化粧がはげたところで，大きな問題にするには値しない．むしろ問題にすべきは，化粧の下にあって長らく持続しているシステムだ．それは植民地以前の王国から中央集権的な植民地支配制度に組み込まれ，独立後，そうした歴史を引き継いで成立した新興独立国家の政治構造である．それを新家産制国家 (neo-patrimonial state) という．それは，家父長制の全国版である家産制 (国父) の形態を持つ官僚制国家を基礎に，近代的諸要素である議会や内閣，経済成長志向といった近代国家としての「新たな」システムを接木したものであり，植民地時代やそれ以前との強い継続性を持つ．そのシステムが冷戦の終了とアメリカの政策としての世界的な民主化の波に乗って，民主化の外観をとるようになり，2000年代に入って，中国の台頭などを横目に見て，民主の外観を軽視するか形骸化してきた．その現象が「民主化の後退」と政権の「権威主義化」である．その化粧の下にあるシステムは新家産制国家であり，それがより「新」の部分を強化しつつ，延命しているのだ．

　第2の論点は，大野健一が『産業政策のつくり方』[2013: 62] で提起した**「新家産制国家から開発主義国家へ変わる必要」**の継承である．新家産制の「新」の部分は，グローバリゼーションと先進国企業の生産体系やデジタル産業の途上国への浸透で，また大卒者の激増や1億人を突破した国際労働移動人口の増大などによって，途上国でも大きな潮流になっている．UNDP はその年報『人間開発報告書2013：南の台頭』で，すべての途上国に対して，途上国の向かうべき方向は3つあるとして，その第一に開発国家 (developmental state）をあげた（他の2つは，グローバル市場の開拓と確固とした社会政策）．翻訳では「発展志向国家」となっているが，文脈が特別なイデオロギーではなく，全途上国向けの一般論であることから，普通名詞の「開発国家」を使う．ガルブレイスの『新しい産業国家』と同じで，産業主義国家とか福祉主義国家といったイデオロギーが混じったような用語（開発主義国家 developmentalist state のような）は使うべきではないと考える．UNDP の 2013 年度報告書はさらに，フレッド・ブロックの論文を引用して，開発国家を「隠れた開発国家」としてアメリカにまで広げた．ブロックは，アメリカ政府が，多国籍企業の世界展開でアメリカ経済を GDP に限定されない世界的新産業革命をリードし，IT，バイオ，ナノなどの最先端研究開発分野に国家投資し，産官学ネットワークをつくって次世代産業分野で世界をリードするよう国家的支援をしている「隠れた開発国家」であると議論した［UNDP 2013: 67; Block 2008］．

　独立後の途上国の「収奪的政治経済制度」を象徴する新家産制国家を，近代的な「包摂的政治経済制度」を象徴する目標との組み合わせに置いたのが開発国家である．その方向性を最初に示したのはピーター・エバンスである．エバンスは，成功的な開発国家建設のキー概念に有能で安定的で制度化された官僚制（公務員組織）を持ち出し，東アジアはそれで成功し，アフリカはそれで失敗し，インドや中南米は失敗した開発国家としてその中間にあると分析し，開発国家を軸にした開発戦略の基本枠組みを提示した．そこでは，途上国の向かうべき方向の軸として開発国家が想定されていた［Evans 1995］．

　開発国家論の集大成となったのはウー・カミングス編の『開発国家論』［Woo-Cumings 1999］であった．同書は，開発国家の基本である官僚制構築と国家による市場経済テコ入れは，19 世紀の大陸ヨーロッパ諸国から東アジア諸国に普遍的な後発資本主義国の一般的国家形態であり，その典型はフランスだと議論した．同書では，『通産省と日本の奇跡』［1981］を書いて開発国家概念の生みの親になったチャーマーズ・ジョンソンが1章を書き，「私は，日本が，英米資本主義より第 2，第 3 世界のモデルにより適合していることを信じて疑わない」と書いた（第 2 世界は中ソ東欧など共産陣営諸国，第 3 世界は冷戦時代の途上国の呼称）［Johnson 1999: 40］．途上国のガバナンス論で中心的な影響を与えたレフトウィッチは，主著『国家と開発——政治の優越性——』［2000］のなかで最後の7-8 章を開発国家論に当て，「より総合的な開発国家の定義」として「途上国に現れた近代国家の移行形態．そこでは政治・官僚エリートが社会・政治勢力

から相対的自律性を保持し，その秩序を急速な経済成長に向けている国家」とし，「多くの開発国家は混合資本主義型」としながらも，中国も入れた［Leftwich 2000：167］．

日本や東アジアは固有の歴史を持ち，他の途上国が真似できるものではないという議論もあるが，開発国家に関する長文のレビュー論文を書いたラウラ・ロートレイは，日本も欧米という異質のモデルを導入し，開発国家というまったく違う国家をつくった．いま，他の途上国が，東アジアのモデルを導入しても，それが東アジアと似た開発国家と言えるものになるとは思えない．それぞれの国で自身の開発国家をつくればよいと説明している［Routley 2012：31：38］．

ただ，中国も開発国家である．第1章で取り上げているが，国連機関がガバナンスに民主は欠かせない要素であるとしているのに，中国は民主を欠如させたままガバナンスが良くて成長してきたという議論になっている．そこで第1章35ページでは，一般名詞としてのガバナンスとは別に「民主なきガバナンス」という別概念を立てる必要を主張した．それと同じように，「開発国家」とは別に「民主的開発国家」という概念を立てる必要もあるかもしれない．英国サセックス大学開発研究所のゴードン・ホワイトらが編した『民主的開発国家論』［Robinson 1998］は，「これまで権威主義体制下で成功したとされる開発国家を，民主体制下でいかに実現するか」という問題意識で書かれた．南アフリカのエディゲイも，アフリカの失敗した国家は，一党専制支配，軍事支配，個人支配の不良政府によってもたらされた．民主化と開発は車の両輪であり，社会経済的正義は民主化の核心である．アフリカにおいては，開発国家に民主政が付け加わるのではなく，民主政に開発国家が付け加わるのだと議論した［Edigheji 2005：木村 2013：69］．

第3の論点は，公共政策論を政治学の中心に据えるべきだという点である． インドネシアでもウズベキスタンでも，多くの途上国で，「選挙など何の意味もない」と言われるほど，選挙は，暴力や買収，予算配分権，人事権などを使って，「選ばれた」という「聖油」を自分の身に塗って「正統性」を確保するが，正統性のある政府を生み出してはいない．選挙は政党間の政策の争いになってはいない．しかし，「収奪的政治経済制度」やクライエンテリズムがいかに確固としたものであっても，支配者はその正統性をより強固にするために公共政策を推進する．

薬師寺泰蔵が『公共政策』で主張するように，課題対応の学問である公共政策論を社会科学の中心にすべきなのである［薬師寺 1989: 26］．政治学は，「誰が，いつ，何を，いかにして手にするか」，そしてそれをめぐっての闘争，妥協，連合，排除がコアにある．ミャンマーの石油・ガス販売利益はどのように配分されているのか．日本が無償の修復援助をしてきたカンボジア・アンコールワットの入場料はどこに行っているのか［Strangio 2014: 131］．

政府がつくる必要のあるものをつくる国家能力は基本３つで測られる．①政治能力（治安，連合と政治決着，食糧，エネルギー采配など），② 資源動員能力（資源のほか経済成長に依存する収税能力），③ 資源配分能力（教育，農業，都市開発，地方などへの配分）がそれである．開発政治学という以上，民主化よりも開発に重点を置くと，自ら選挙よりも執行府に重点を置き，実際の政策過程の分析に重点が行くはずだ．

開発の各分野における政治学の視点は明示しないと気づかないのかもしれない．それについては『開発政治学入門』［2011］序章で触れたが，例えば，農業開発の政治学では，低利の農村金融，灌漑・道路・電化などのインフラ建設，農業普及員制度による技術普及，農協への組織化推進，研究開発支援など，政府の役割を抜きに農業を語ることはできない．フィリピンで農地改革といえば，地主が小作農に農地の販売を義務付けられたとき，土地価格をいくらにするかが焦点になり，地主が多い議会では地主に有利な価格が設定された．農村金融や，灌漑設備や，町に売りに行く道路など農地改革に付随すべき支援政策が不十分だったため，農地改革で土地を得た農民は販売代金返済のためにかえって貧しくなったというのが農地改革省職員の一致した見方であった．こうしたことが農業開発の政治学である．

工業化の政治学も同じように，政府の大きな関わりがある．経済政策のための政府と経済界の密接な各種・各部門協議会，補助金・政府許認可政策の大きさ，統計整備，外資奨励・規制，R&D（研究開発）促進，国立大学の理系の整備（人材育成）を考えると，政府の工業化支援政策は膨大である．

第４の論点は，国際機関や先進国側が途上国側に要請するガバナンス及び民主主義の要件が口先だけになっていることである．ガバナンスも民主主義も多くの要件を含む．途上国がその全てに合格点を取るのは難しいであろう．ある程度のところで「まあ，この程度なら許容しよう」となる．民主的選挙なら，国民の「知る権利」が満たされなければ，錯覚によって投票してしまうという

ことが起こりうる．しかし，「知る権利」が満たされている途上国，政府の説明責任と，メディア，野党，NGO の政治批判や集会の自由がある途上国は少ない．

カンボジアでは，ポルポト独裁時代にフン・センはベトナムに亡命．ベトナム軍進駐下（1978～89），81 年副首相，85 年に首相に就任．パリ和平協定後の最初の選挙（1993）までに 200 万人以上の党員（公務員）を動員して暴力的な選挙を戦ったが（死者 210 人），シハヌーク国王の息子の王党派に敗北（45% 対38%）．それでもフン・センは 2 人の首相制を実現し，98 年にはクーデターで国王子息の首相を追放して権力を掌握し，その後も強圧的・買収的な選挙を繰り返した．

1998 年選挙でも，腐敗と抑圧で負けるのではないかと予測したフン・センは，村レベルにまで浸透した党組織を使って，補助金と脅しで投票所に行く前の有権者に与党に投票することを強いた．投票所で自分の意志で投票する人々を見守るだけの国際選挙監視団は，カンボジア政治の裏の実態に無知であった[Hughs 1999]．

外交官たちは，フン・センによる血の権力獲得を遺憾に思いながらも，カンボジアの安定にはフン・センの党が不可欠とみた．「現実的になろう」とフランスの外交官は言った．「他の国のように自由で公正でない選挙でフン・センは選ばれるだろう．しかしそれでもよい」．国際ドナー側は，何か言うためには援助を続けざるを得ない．フン・セン以外に誰がカンボジアを統治できるか．それが国際社会の結論であった．ドナー側は，不満を言いながら援助を継続した．国連はその大部分の仕事を，政府と共同しなければできない．世界銀行やアジア開発銀行も同じだ．**その結果，フン・センは，国際社会が言う民主は口だけと心得えるようになった**[Strangio 2014: 84; 93-94; 230]．その後，カンボジアの選挙はますます権威主義的になり，野党からは 1 人も当選しないようになった．

カガメ大統領の下のルワンダの 2003 年，2010 年選挙もまさにそのような選挙であった．援助側はここでも，「国際援助機関や米英も，人権や表現の自由や民主主義については良い評価をしていない．しかしながら，他のサハラ以南アフリカ諸国や前の政権やウガンダに比べると政府は断然良くやっている」と評価する．最貧国ルワンダの厖大な貧困状況を前に，農村開発，教育，保健医療，インフラ，女性の地位向上など，国際援助機関が推奨する政策を次々と実

行し，公共政策遂行能力向上，汚職一掃，地方分権，参加型といった政治的ガバナンス関係の政策も「取り組んできている」ルワンダ政府の統治能力と政治的リーダーシップを見て，「自由民主に問題があるから援助はしない」という手はないだろう，とにもかくにもルワンダの経済は成長し，貧困率は減少してきていると考える」[木村 2016：63].

「自由で公正な」とは言えない途上国の選挙を政治的に「自由で公正な選挙と認定する」といった援助側の宣言はしばしば見受けられるが，それらは民主主義に対する冒とくとなり，民主主義の否定を肯定するものである．意味がない以上に有害である．それは，岸田前首相もしばしば言及した「法の支配」についても言える．「法の支配」は各界を代表する議会で決めた法の範囲内でしか，政治権力は発動できないという，政治権力を制約するものになりかねない．1997 年にアメリカが中国に法の支配を持ち出した時，当初難色を示した中国はやがて「法の支配」が好きになった．その理由は，「法によって支配される国家」，すなわち，政治権力が法をつくり，国民がそれに従うという意味であった [Carothers 2006：198]．今日それは「中国共産党が法である」という，岸田前首相とは真逆の理解になっている．しかし岸田前首相は，「あのような解釈は間違った理解である」とは言わない．それで「法の支配」は両解釈が混じり合って，意味が不明瞭な言葉になっており，むしろ「法の支配」を形骸化するので有害である．中国は民主主義についても，『中国的民主』白書を発表し，「中国には中国の国情にあった独自の民主主義が存在する」という論陣を張っている [江藤 2023].

ガバナンスも，民主なきガバナンスもガバナンスであると，SDGs の宣言第9 項に反することを書く論者は，国連とは違う意味で使っていると書かないと，いたずらに混乱を招くことになるのではないか．行政としてのガバナンスと民主なきガバナンスは別概念であることも明示する必要がある.

3 持続可能な開発における開発政治学

持続可能な開発のための取り組みは技術ではない．政治である．SDGs の目標達成は各国の努力に任されたので，では各国はどう対応するかという場合，各国の政府が決定的な責任を負っている．SDGs の各項目推進にどの程度の予算を回すかは政治の問題であると同時に，SDGs 各項目に対する政府の認識が

問われることになる．その認識を，松岡俊二は「社会的環境管理能力」と名付けた［松岡 2004］．個々の企業や地方政府，コミュニティの個別の努力は傾聴に値するが，SDGs の達成度は国ごとに総括される．各国の社会全体に持続可能な開発を浸透させ，取りまとめ，国際的に報告するのは中央政府の役割である．その中央政府の最優先課題は経済成長である．それは環境汚染につながる．どの程度のところで折り合いをつけるのかは政府のリーダーシップである．普通は，SDGs 推進もやっている感を出しつつ，経済成長基本路線を堅持する．

SDGs は，その正式名称が「われわれの世界を変革する：持続可能な開発に向けた 2030 年アジェンダ」であり，その中心命題は「世界の変革」である．SDGs は 2000 年の MDGs（ミレニアム開発目標）が終了する 2015 年に合わせてのその後継戦略と，1992 年の国連環境開発会議（リオ・サミットまたは地球サミット）の後継戦略を話し合った 2012 年の「リオ＋20」（リオ・サミットの 20 年後の意味．国連持続可能な開発会議）とが合体したものである．そこでは，途上国の貧困課題を念頭に置いた 4 つの課題が提起されるとともに，5 つ目の環境が実際には中心的な論点になってきた．先進国の主要関心は環境にあり，そのなかでも，温室効果ガス，特に二酸化炭素による地球の温暖化が焦点になってきたからである．

二酸化炭素排出の主因は電力生産であり，なかでも化石燃料，そのなかでも石炭火力発電が一番の削減対象にされてきた．先進国のなかでも，日本は石炭火力発電の低炭素化技術に優れていたために（石油火力発電並み），依然として 30% 超えの発電が石炭になっており，2024 年段階で 167 基の石炭火力発電所が稼働している．

しかしながら，世界の二酸化炭素排出量の第 1 位は中国で 32%（1 人当たりでは少ない），2 位アメリカ 14%，3 位インド 7%，4 位ロシア 5%，5 位日本 3% である．少しは減ってきているものの，2023 年の中国発電量の 55% は依然石炭火力である．世界の石炭の生産，消費の半分は中国である．中国は，水力・太陽熱・風力発電で 50% と自然エネルギーを急拡大しているものの，中国の経済成長と，石炭が豊富にあり安価であることから，近年でも 100 基以上の石炭火力発電所を建設している．2024 年の発電計画では，太陽熱・風力で 400 ギガワットに対して石炭火力は 2022 年 48 ギガワット，23 年 60 ギガワット，24 年 37 ギガワットと減らしているものの，なお巨大である．[4]

中国はなお途上国という位置付けであり，途上国への環境資金援助義務はないが，相当額を拠出している．中国以上に環境政策で問題含みなのはモディ首相のインドである．首都デリーの大気汚染は深刻の度を超えている．ラーマチャンドラ・グハは，*Foreign Affairs* に掲載した論文で次のように説明している［Guha 2024］．

これまでの政権は，石炭や石油の採掘，その他の汚染産業に無条件で許認可を与えてきた．都市部は世界でもっとも大気汚染がひどく，多くの河川は，未処理の工業廃水や生活排水が原因で生態学的には死んでいる．地下帯水層は急速に枯渇し，土壌の多くは化学物質で汚染されている．この環境悪化は，時代遅れの経済イデオロギー，つまり，「自然に対して責任ある行動をとるべきは（途上国ではなく）先進国だ」という誤った考えに固執していることでも引き起こされている．「環境に配慮するにはインドは貧しすぎる」と言われている．そして，モディ政権ほど環境破壊的な行為を積極的に進めてきた政権はない．汚染産業に対する環境規制を緩和するなど，さまざまな規制を緩和してきた．

インドは経済成長に伴う電力需要増大のため，石炭火力が設備能力の49％を占め，多い時は需要の7割超えを石炭火力に頼る．

グローバルサウスの牽引役の中国とインドがこのような状況であり，しかも，過去10年間で排出量の増加の75％は新興経済国で発生し，さらに今後アメリカでも，AI産業の普及で長期安定大電力の供給が10％増で必要（二酸化炭素を増やさないで達成するための電源は原発しかない）という議論もあり，前途は見通しが利かない．毎年のCOP（国連気候変動枠組み条約締結国会議）の会議で先進国が約束した途上国への年1000億ドルの環境対策援助資金が約束通り支払われていないという不満があるが，2016–17年では6–7割しか払われていなかったのが，2018年以上は8–9割が払われるようになっている［太田 2023：11］．2024年のCOP 29で中心的議題になったのが，先進国による途上国環境対策資金援助が年3000億ドルに引き上げられたように，全く不十分という途上国側の不満もわかるが，実際どの程度効果的に使われているのかも精査される必要があろう．

4　序章のまとめと各章で書かれていること

　序章では，途上国の開発を政治学の立場から分析する開発政治学を，国際開発学の文脈と，政治学の文脈と，持続可能な開発の文脈で，位置づけてみた．

　ガバナンス（統治）は流行語になったが，行政中立的ニュアンスを持つガバナンスを超えて，買収や雇用，政府プロジェクトの配分といったことにまみれた選挙よりも，政治家の利害が絡まった公共政策の遂行という視点がないと，実際の政治，政策遂行をよく理解できないのだという視点が必要であった．

　国際開発学のなかの開発政治学では，途上国の開発は，経済開発，社会開発と並ぶ法政開発という公共政策を支える法体系とその執行システムが必要であるということ．その執行システムの制度化は，全国的に進んだ場合，国家建設と同義になるということ．それが基本なら，なぜ多くの途上国は法体系とその執行過程ができないのか．それは，汚職を含むクライエンテリズム（保護・被保護関係のネットワーク）が，国の発展より自分たちの利益を優先する「収奪的政治経済制度」があるからだとする．繰り返しになるが，アセモグルらが『国家はなぜ衰退するのか』[2012]で主張した前近代国家を象徴する「収奪的政治経済制度」が，近代国家形成の象徴である「包摂的政治経済制度」へと転換していくのが先進国なら，その転換を阻み，「収奪的政治経済制度」が存続している国が衰退していくという図式を，彼らは提示した．しかしグリンドルは，「収奪的政治経済制度」が「包摂的政治経済制度」へと転換していく過程は長く，両者の併存が常態であり，徐々にしか変わっていかないと議論した．

　政治学における開発政治学では，近年，大きな話題になっている「1990 年代の民主化とその後退」は「化粧にすぎない」ものであり，化粧の下にあるのは植民地以前からある家産制国家が，独立後も近代的装いを施しながら新・家産制国家として存続してきた．それが次第に「包摂的政治経済制度」をも取り込んでいく．その方向性が開発国家であると議論した．開発国家への転換は，各種の公共政策を通じて，その領域を広げていく．だが，「自由で公正な選挙」となると簡単にはいかない．権力者は選挙で負けたらその地位を譲り渡すという発想が薄い．勝つためにあらゆる手段を動員する．先進国側は，「途上国ではどうせ文字通りの『自由で公正な選挙』は無理だから適当なところで」と妥協する．そのため途上国側の政治家は，先進国側の言う「自由で公正な選

挙」は口だけだと理解するようになる．その結果，「知る権利」が満たされている途上国，政府の説明責任と，メディア・野党・NGO の政治批判や集会の自由がある途上国は少ないという現状が常態化している．

第1章　主要援助機関におけるガバナンス認識の変遷と SDG への対応——
"Governance Matters" から "Politics matters" へ——（木村宏恒著）では，世界銀行，UNDP（国連開発計画），DFID（英国国際開発省）を取り上げ，それぞれの機関でどのようなガバナンス認識が展開されてきたのかを説明する．1970年代から 80 年代の開発協力の経験から，それらの機関では，政府がしっかりしないとまともな開発はできないという認識が一般化した．それは 1990 年代には潮流となり，ガバナンス（統治）に関する諸項目が整備されていった．2000年代に入ると，必要な諸項目は制度の体系として，国づくり，国家建設の問題として整備されていった．

しかしながら，制度はつくっても実施されないという問題が浮上した．世銀のイデオローグでハーバード大学のマット・アンドリュースらは，氷山の理論を持ち出した［Andrews 2013］．制度は氷山の水面上の部分である．より大きな部分は海面下にある．われわれはそれを，クライエンテリズム（庇護・被庇護関係のネットワーク）で，自分たちのグループの利益になるようなら進めるが，そうでないなら手を抜く政治の論理であるとした．その基盤には「収奪的政治経済制度」があり，それが基本体質を維持しながら近代的な公共政策も組み込んでいき，「包摂的政治経済制度」をも組み込んで支持基盤を固める．前近代的な「収奪的」要素は，近代を象徴する「包摂的」要素と長く共存し，次第に近代的なものが大きな比重を持つようになるという構図であった．

2000 年代が制度の体系作りであるなら，2010 年代はその背景にある政治ネットワークへの気づきの時期であった．その象徴が，世銀年報『世界開発報告 2017：ガバナンスと法』であった．世銀に 23 年勤務し，ガバナンス部門長も務めたブライアン・レヴィは言う．「世銀は，『成功例』や『グッド・ガバナンス』のお題目から新たなガバナンス段階に入った．今後，世銀は，政策実行が結果に結びつくような，開発の政治の適用可能な方策開発に，より投資するようになるだろう[6]」と．世銀報告も，諸政治勢力が，特定の政策にコミットし，調整と協力を行えば，政策は進展する．政策機能を妨げるものが排除，占有（capture），クライエンテリズムである．強力なアクターが政治領域から排

除されると，紛争が起こる，と［World Bank 2017；木村他 2018：67］.

第2章　世界的な民主主義の後退と民主的ガバナンス（金丸裕志著）は，世界的に後退する民主主義の状況についての各種の議論を整理した．一方で，SDGsの 17 のゴール（目標）と 169 のターゲット全体（要するに開発全体）を推進するものが，ゴール 16 とゴール 17 であり，「ゴール 1〜15 までを達成するための横断的な目標であり，その達成度合い如何でゴール 15 までの達成に大きな影響を与えるものである」という点を確認し，世界的な民主主義推進と，ゴール16 のガバナンス推進を車の両輪として，世界の政治が展開しているという図式を描く.

そして，「民主主義と開発やガバナンスが政治システムの 2 つの側面を別の方向からみてきたことを明らかにする」．さらに，「開発と民主主義がこれまで別物として理解され，ときに背反するものとして捉えられていたこと」に着目し，「それが別の側面であったとしてもいずれも必要であること，そしてそれは，民主主義が後退局面にある現在でこそ，なおさら重要である」と主張する．斬新な視点であり，傾聴に値する議論である.

第3章　持続可能な開発へ向けた民主的選挙の制度化の課題（杉浦功一著）は，持続可能な開発と権威主義化を強める途上国の民主主義の関係を論じている．しかしながら，重点は筆者が専門とする民主主義と選挙の関係にあり，権威主義化を進める途上国では，民主化は全体として「国際的な選挙支援にもかかわらず多くの国で停滞しており，疑似あるいは非民主的な選挙の『制度化』すらみられる状況にある」とする．さらにその背景として，「西側アクターが選挙支援を行う一方で，権威主義国家との戦略的関係などを配慮して，選挙の不正に対し一貫した姿勢を示すことができないこと」を指摘している.

一方で，「政治学においては，民主主義の後退や権威主義化の問題が SDGsの達成にどう影響するかは視野には入ってこなかった」として，途上国を議論する政治学が選挙に比べて SDGs に関心を示さなかったという大きな欠点を指摘している．権威主義体制も，その政権の支持基盤を固める必要から SDGs にそれなりに対応する姿勢を見せており，持続可能な開発の視点から見た場合，民主選挙では落第点のカンボジアですら基本的に改善の傾向にあるとしている．このように，持続可能な開発と民主主義の関係は，従来の想定よりも複雑であることが示唆されている.

第4章　ワースト・ガバナンスの国々における SDGs の達成状況（井上健著）では，筆者は，長年国連機関で働いてきた経験をもとに，SDG 16 について，本書で一番詳しい位置付けをしている．SDGs は，有効に機能するガバナンスにかかっている．その鍵は国家経営であり，「国家経営とは，その国家へのインプット（税収）を効果的・効率的にアウトプット（公共サービス）に変換することである」という前提を持ち，「世界銀行は国家理念については，敢えて民主主義とは言わずに国家経営がうまくいっているかどうかを中心に見てグッド・ガバナンスの重要性を強調している」と，議論する．筆者は同時に，「国民主権，人権保障，法の支配という民主主義の理念に基づいた国家経営（民主的ガバナンス）」を重視するのであるが，「民主主義の国家理念と経済成長を目指す国家経営とは，少なくとも短期的には無関係である」として，民主主義を国家理念として掲げても経済成長やその成果の社会への分配がうまくいかない国は多いと論じる．

筆者は，2030 アジェンダ（SDGs）が制定されるまでの流れの解説のなかで，「SDGs の 17 の目標の中でも SDG 16 こそが，経済社会開発・環境保護と平和・民主的ガバナンスを結びつける要の目標である」と強調する．最後に，グッド・ガバナンス（ここでは，民主的ガバナンスとほぼ同意義に用いる）が機能していない国々を取り上げ，それらの国々では，逆に言えば，国家経営も SDGs もうまくいっていないことを例証している．

第5章　途上国のローカル・ガバナンス──新家産制国家におけるクライエンテリズムの制度化とその変質──（木村宏恒著）では，次のような議論を展開した．地方分権と地方自治は，国際機関や援助国側が一致してガバナンスや民主化の柱の1つとしてきた．しかしながら，そうした考えは米欧の政治モデルの延長線上にあり，途上国には中央集権の長い伝統があった．実現したのは米欧流の理想主義ではなく，途上国流の「中央集権下の地方分権」であった．地方分権で強化されたのは基本的に「地方の王国」であった．その「地方の王国」が，中央政府や州政府の上部と予算や開発プロジェクト配分や買収資金で結びつき，強固なパトロン・クライエント関係（庇護・被庇護関係）をつくり，「収奪的政治経済制度」を国益の上に置くシステムを維持強化してきた．

先進諸国が，そうした途上国を味方に取り込むためもあって，「自由で公正な」とは言えない選挙を大目に見る（容認する）なかで，形成されたのは「も

う1つの民主体制」ともいうべき，欧米民主政とは異質の最小限民主政であった．専門家は，「1990年代の民主化は絶望的に未熟であった」と論じた．選挙の操作は常態化してきた．より大きな問題は選挙民が「知る権利」の上に投票していないことだ．途上国では中央も地方も経済優先が顕著であり，その枠内でしか，環境にもSDGsにも配慮できないという構造がある．

　一方で，新家産制国家の「新」の部分は徐々に進展してきた．新興の途上国は，近代国家としての体裁を整える必要に迫られてきた．教育制度，医療・保健制度，経済成長政策，農業生産力向上，金融制度，都市開発と住宅政策，交通網などと，それらに対応する行政組織と法体系の整備が必要であった．社会システムはそれなりに国際化・近代化していった．新家産制とクライエンテリズムの全国支配の下で，「もう1つの民主政」はゆっくりと進んでいくのかもしれない．

　第6章　グローバルな視点から見た法の支配（志賀裕朗著）では，筆者は，「グローバルな法の支配」の新概念を導入する必要があると主張する．「法の支配を巡るこれまでの議論は，主として国家のフォーマルな法制度，すなわち憲法を頂点とする国家制定法とそれを支える司法制度を対象として展開されてきた」が，ポスト冷戦時代には，大国間戦争の危険性が大幅に減少し，代わって，国際機関や国際NGOをはじめとする多様なアクターが国際社会で影響力を拡大した．また，多国籍企業が真にグローバルと言える経済活動を展開するようになり，国家の法形成・執行機能の弱体化，法規範の内容の国際的な収斂化，そして法規範の形態・性質の多様化が急速に進んでいる．そうしたなかで，SDGs第16目標が言う「国家及び国際的なレベルでの法の支配を促進」するという文言が何を意味するのかわからなくなっている．

　経済のグローバル化が進展するなかで，また国家が主権国家として自ら決定できる範囲が狭くなっているなかで，ソフトローと呼ばれる各国政府の承認を待たない，国際機関の決議や宣言，ガイドラインなど，法的ルールに準じるものとして関係者が遵守する法形式が国内外で急速に発達している．また，投資家・国家紛争解決条項は，両者の紛争裁定を当該国の裁判所の管轄から外し，国際仲裁裁判に付託すべきことを規定するようになっている．

　ただ，「ソフトローには，制定過程の透明性や制定主体による説明責任，そしてこれらを満たすことによって得られる民主的正当性が欠如している．」巨

大企業が，自己に有利な規範やスタンダードを主導し定着させようとしていることが懸念されているし，「IMFやWTO等の国際機関は途上国に対してアメリカ型の企業統治を要求している」．筆者は，「国家の安全保障が人間の安全保障に先行するかのような議論が国内外で頭をもたげつつある時代だからこそ，個人の権利・自由・尊厳を最重要視するグローバルな法の支配に関する議論の深化が望まれる」と，課題の大きさに警告を発している．

第7章　汚職対策における制度化の限界と政治意志の規定性 (小山田英治著) では，本書のキーワードである途上国の制度化の課題は，汚職対策に関しては，すでに1990年代より世界規模で取り組まれてきた．途上国での汚職との闘いは，法整備，財政管理，政府の透明性と説明責任の向上といった制度的改善と，公務員の能力開発，市民社会・メディア並びに市民の意識向上といった，いわゆるグッド・ガバナンスに注力することが求められた．しかし，その後の努力継続にも関わらず，「最も汚職にまみれた国が最も多く汚職関係の法律を有している」ほど，汚職取締における制度化の限界は明らかであった．汚職削減に成功した10カ国調査では，成功要因は汚職防止対策ではなく，政治的主体性や国家の近代化といった構造的な側面が重要な役割を果たしていることを明らかにしている．

　筆者が例示した2国の例はまことに興味深い．インドネシアでは，32年続いたスハルト政権の崩壊とともに反「汚職・癒着・縁故主義」がもりあがり，大きな権限を得た汚職撲滅委員会が，NGOやメディアなど世論の支持も得て，1500人以上の政治家・官僚を逮捕する実績を積んだ．多くの大型汚職事件は，芋づる式に政治家や政府高官の癒着構造が明らかになる形で摘発された．それは既得権益グループを敵に回すことになり，委員会は頻繁に政治対立に巻き込まれた．汚職にまみれた政治家が国会で委員会の権限を縮小する法案を通し，対抗意識を持つ警察・検察も巻き込んで委員会を麻痺させていった．最終的に大統領の「リーダーシップ」が汚職撲滅委員会の麻痺を完了させた．

　カンボジアでは，フン・セン体制の下で，パトロン・クライアント (庇護・被庇護関係) のネットワークが，政府調達，土地その他の利権へのアクセスを独占し，汚職・腐敗構造が全社会に浸透している．産業界は政府与党に多額の献金をする．国際社会の圧力で政権は汚職との闘いを掲げ，反汚職室をつくったが，中下級公務員の若干の取締で業績を示すとともに，政敵を汚職容疑で取

締まる機関として機能した．司法権は独立と憲法では書いてあるが，実質，与党の支配下にある．警察も同様である．

　汚職・腐敗が蔓延している国では，一般に政治が腐敗した人間により運営されるため，自らのレントやクライエンテリズム構造を崩すことはしない．しかし彼らにとって汚職防止法の施行や国際条約の締結などといった行為は，対外的（特に国際ドナー）には説明責任を果たし好都合である．汚職対策機関がどのような政治的文脈の中で運用されているか理解することで，汚職対策機関の有効性についてもある程度想定可能である，という議論は，「制度より政治」を彷彿とさせる．近年では，援助機関が反汚職取組み支援をする場合には，それが政治的側面にどう影響をおよぼすか理解し，国内外政治を上手に利用することが肝要であるといった新たな方策が求められている．

第8章　「民主的開発国家」は可能か——アンゴラとルワンダの比較研究——

（稲田十一著）では，筆者はアフリカの産油国アンゴラと，資源の少ないルワンダというどちらも極めて権威主義的な政権の開発を比較して，「民主的開発国家は可能か」という問題設定をしている．どちらも内戦を経験した国である．内戦終了後，どちらも民主的とは程遠い選挙によって非民主的な権威主義体制を打ち立て，開発を軌道に乗せてきた．アンゴラは，110件165億ドルと見られる中国の大規模な支援および400億ドルをこえる中国の資源担保融資を受け入れてきた（透明性は欠如）．選挙による政権交代の可能性は極めて低く，与党の強力な支配のもとで開発が進んできた．ルワンダは，1994年に少数民族ツチ族の数十万人の殺戮を経験し，ウガンダ亡命ツチ族の軍による軍事制覇を経て，ツチ政権の下で国家予算の半分近くになる西側諸国援助を得て，国内の強烈な抑圧体制を維持しながら，模範的な開発ガバナンスを達成してきた．

　筆者は，「民主的ガバナンス」と「開発ガバナンス」という2種類あるガバナンスと経済発展の間にどのような因果関係があるのかを探究する．両国とも，透明性，説明責任，法的枠組み，公共部門の効率性といった「開発ガバナンス」の程度と援助の開発効果との間には因果関係が見られる．しかし，「民主的ガバナンス」が経済発展にどのような影響を与えるかについて，まだ信頼できる結論を得るには至っていないという認識の下で，「開発国家」とその開発モデルとしての有効性に関する議論を通して問題にアプローチしようとする．結論として筆者は，両国とも「（権威主義的）開発国家」と特徴づけること

ができるとし，「民主的開発国家」が望ましいというのは規範的な議論にとどまるとする．開発国家論に関する大部のレビュー論文を書いたRoutley [2012] は，続いてアフリカで盛んになった開発国家論を評して，各国が好きなように使う流行語（Buzzwords）になってしまったと書いている［Routley 2014］．その点も考慮すべきであろう．

第9章　アジア太平洋の地域的枠組みがもたらす国家ガバナンスの変容（椛島洋美著），において筆者は，さまざまな国際的取り決めがあったとしても，それに参加し合意事項を国内政策に落とし込むのは国家政府自身であることをアジア諸国は学んできたとし，APECに象徴される「アジア太平洋の地域的枠組みは国家ガバナンスにどのように作用し，どのような影響を及ぼしてきたのか」という点に問題関心を見出している．「コンセンサスを重視しメンバーの自主，独立を尊重するアジア太平洋の地域的枠組みは，メンバー政府の主権に関わる点にどのように作用してきたのか．」その例として，筆者は1999年の東ティモール独立の国民投票で圧倒的に独立を支持した住民の動きに，国軍タカ派による鎮圧を止め，独立を容認したインドネシアのハビビ大統領の決断に，当時開催されていたAPEC会議の意向が考慮された可能性を示唆する．

　さらに筆者は，2022年に発効した改訂TPP（環太平洋パートナーシップ）協定に合わせるために，マレーシアが労働組合の活動を制限していた法律をILO原則に沿って改正した事例や，投資家と投資受入国との間で投資に関する紛争がおきた際に投資家が国際仲裁に紛争を付託する制度であるISDS（国家と投資家間の紛争解決）について，アメリカの企業が制度を濫用しないか懸念があり，適用範囲が限定されることになった案件にも言及している．

　一方で，「アジア太平洋の地域的枠組みでの議論はほとんど経済の領域を出ることはなく，国家政府の行動を制御するとしてもいわゆる政治的インテグリティにかかるような内容ではない．アジア太平洋において地域的枠組みが国家ガバナンスに接近できる部分は限られている」として，議論の効果の範囲には大きな限定をつけている．

注

1）My World. The UN Global Survey for a Better World, 2013, *Listening to 1 Million Voices*, New York.
2）RIETI（経済産業研究所）2005「ガバナンス・リーダーシップ考」（https://www.

rieti.go.jp/users/nishimizu-mieko/glc/000.html, 2024 年 11 月 14 日閲覧).

3）英エコノミスト誌「深刻化する南北分断，インドの未来を知りたければ南へ行け」2024 年 3 月 2 日号（https：//jbpress.ismedia.jp/articles/-/79760，2024 年 12 月 16 日閲覧).

4）Centre for Research on Energy and Clean Air, *China puts coal on backburner as renewables soar*. 08/2024（https：//energyandcleanair.org/publication/china-puts-coal-on-back-burner-as-renewables-soar/，2024 年 12 月 9 日閲覧).

5）BBC 2024.11.25「COP 29 でたどり着いた大きな合意と残る課題」（https：//www.bbc.com/japanese/articles/cew29dv1xe0o，2024 年 12 月 1 日閲覧).

6）Brian Levy（2016.9.21），*Two cheers for the 2017 World Development Report*（https：//www.effective-states.org/two-cheers-for-the-draft-2017-governance-and-the-law-world-development-report/，2024 年 12 月 9 日閲覧).

◈参考文献◈

＜邦文献＞

江藤名保子［2023］「『中国的民主』の現在地」『国際問題』No. 711.

太田純子［2023］「分岐点に立つ世界全体の気候資金目標」（https：//www.iges.or.jp/sites/default/files/inline-files/20231121_ota.pdf（2024 年 12 月 9 日閲覧).

大野健一［2013］『産業政策のつくり方』有斐閣.

何清漣［2002］『中国現代化の落とし穴』（坂井臣之助・中川友訳），草思社.

木村宏恒［2011］「途上国開発戦略と開発政治学の意義」，木村宏恒・近藤久洋・金丸裕志編『開発政治学入門』勁草書房.

───［2013］「途上国開発戦略におけるガバナンス」，木村宏恒・近藤久洋・金丸裕志編『開発政治学の展開』勁草書房.

───［2016］「ルワンダの開発と政府の役割」名古屋大学国際開発研究科 Discussion Paper No. 200.

松岡俊二他［2004］「社会的環境管理能力の形成と制度変化」，松岡俊二・朽木昭文編『アジアにおける社会的環境管理能力の形成──ヨハネスブルグ・サミット後の日本の環境 ODA 政策──』アジア経済研究所.

西水美恵子［2009］『国をつくるという仕事』英知出版.

シャム，D.［2022］『レッド・ルーレット──中国の富・権力・腐敗・報復の内幕──』（新月謙一訳），草思社.

薬師寺泰蔵［1989］『公共政策』東京大学出版会.

＜欧文献＞

Acemoglu, D. and J. Robinson［2012］*Why Nations Fail : The Origins of Power, Prosperity and Poverty*, Brockman（鬼澤忍訳『国家はなぜ衰退するのか』早川書房，2013 年).

Andrews, M［2013］*The Limits of Institutional Reform in Development*, Cambridge University Press.

Andrews, M., L. Pritchett and M. Woolcock [2017] *Building State Capability*, Oxford University Press.

Block, F. [2008] "Swimming Against the Current : The Rise of a Hidden Developmental State in the United States," *Politics & Society*, 20 (10).

Carothers, T., [2006] *Promoting the Rule of Law Abroad*, Carnegie Endowment for International Peace.

Collier, P. [2009] *Wars, Guns, and Votes*, Harper（甘糟智子訳『民主主義がアフリカ経済を殺す』日経 BP 社，2010 年）.

Dollar, D and A. Kraay [2002] *Growth Is Good for the Poor*, World Bank.

Edigheji, O. [2005] *A Democratic Developmental State in Africa? A Concept Paper*, Centre of Policy Studies, Johannesburg.

Evens, P. [1995] *Embedded Autonomy : States & Industrial Transformation*, Princeton University Press, Princeton.

Grindle, M. [2007] *Going Local*, Princeton University Press, Princeton.

———— [2012] *Jobs for the Boys : Patronage and the State in Comparative Perspective*, Harvard University Press, Cambridge.

Guha R. [2024] "India's Feet of Clay : How Modi's Supremacy Will Hinder His Country's Rise," Foreign Affairs（「ナレンドラ・モディとインドの未来——ヒンドゥー・ナショナリズムの長期的帰結——」Foreign Affairs Japan，2024 年）.

Herring R. [1999] Embedded Particularism : India's Failed Developmental State, in Woo-Cumings ed. *The Developmental State*, Ithaca, Cornell University Press.

Hughes C. [1999] "Surveyllance and Resistance in the Cambodian Elections," in *Southeast Asian Affairs 1999*, ISEAS, Singapore.

Johnson, C. [1999] The Developmental State : Odyssey of a concept, in Meredith Woo = Cumings ed., *The Developmental State*, Ithaca, Cornell UP.

Leftwich, A. [2000] *States and Development : On the Primacy of Politics*, Polity.

Markey D. [2023] "India as It Is : Washington and New Delhi Share Interests, not Values," Foreign Affairs（「民主国家インドという幻想——利益は共有しても，価値は共有していない——」Foreign Affairs Japan，2023 年）.

NORAD [2009] *Political Economy Analysis of Kenya*, Dar es Salaam and Oslo.

Poguntke, T. and P. Webbeds. [2007] *The Presidentialization of Politics : a Comparative Study of Modern Democracies*, Oxford University Press（岩崎正洋監訳『民主政治はなぜ「大統領制」化するのか』ミネルヴァ書房，2014 年）.

Pomerantz, P. [2011] "Development Theory," in Mark Bevin ed., *The Sage Handbook of Governance*, Sage.

Robinson, M and G. White [1998] *The Democratic Developmental State*, Oxford University Press.

Routley, L. [2012] *Developmental states : a review of the literature*, ESID Working Paper No.03, University of Manchester, UK.

——— [2014] "Developmental States in Africa? A Review of Ongoing Debates and Buzzwords," *Development Policy Review*, 32 (2)

Rosanvallon, P. [2015] *Le bon gouvernement*, Seuil（古城毅・赤羽悠・安藤裕介ほか訳『良き統治——大統領制化する民主主義——』みすず書房，2020 年）.

Scott, Z. [2007] *Literature review on state-building*, Governance and Social Development Resource Centre, University of Birmingham.

Strangio, S. [2014] *Hun Sen's Cambodia*, Yale University Press,

Subramanian, A. [2022] "India's Stalled Rise How the State Has Stifled Growth," *Foreign Affairs*（「インド経済の復活はあるか——成長を抑え込む政策」*Foreign Affairs Japan*）.

Turner, M. and D. Hulme [1997] *Governance, Administration and Development*, Macmillan.

UNDP [2002] *Human Development Report 2002 Deepening Democracy*（『人間開発報告書 2002：ガバナンスと人間開発』国際協力出版会，2002 年）.

——— [2013] *Human Development Report 2013 The Rise of the South*（『人間開発報告書 2013：南の台頭』国連開発計画，2013 年）.

Whaites A. [2008] States in Development- Understanding State-building, DFID Working Paper.

Woo-Cumings, M. ed. [1999] *The Developmental State*, Cornell University Press.

World Bank [1997] *World Development Report 1997 State in a Changing World*（海外経済協力基金開発問題研究会訳『世界開発報告 1997：開発における国家の役割』東洋経済新報社，1997 年）.

——— [2000] *World Development Report 2002 Attacking Poverty*（『世界開発報告 2000：貧困との闘い』シュプリンガー・フェアラーク東京，2002 年）.

——— [2002] *World Development Report 2002 Building Institutions for Markets*（『世界開発報告 2002：市場制度の構築』シュプリンガー・フェアラーク東京，2003 年）.

——— [2011] *World Development Report 2011 Conflict, Security and Development*（田村勝省訳『世界開発報告 2011：紛争，安全保障と開発』一灯舎，2012 年）.

Zakaria, F. [1998] "The Rise of Illiberal Democracy,"（「市民的自由なき民主主義の台頭」），*Foreign Affairs*.

第 *1* 章

主要援助機関におけるガバナンス認識の変遷と SDG への対応
—— "Governance matters" から "Politics matters" へ——

木村 宏恒

はじめに

途上国の開発におけるガバナンスは 90 年代以来の流行語となった．それ故，あまりにもバラバラな認識が現れた．例えば，国連開発計画（以下UNDP）『人間開発報告 2002：ガバナンスと人間開発』の原題は『断片化する世界で民主主義を深化させる（*Deepening Democracy in Fragmented World*）』である．本書ではガバナンスが民主主義と等置されている．それは誤った認識で，ガバナンスはもっと広い概念である．

また，日本では，地方自治体や NGO 関係者の間で，ガバナンスは共治（協治）を意味するという理解が結構ある．市民社会論を長年研究してきた政治学者の山本啓は，日本公共政策学会機関誌『公共政策研究』第 5 号 2005 年「市民社会の公共政策」特集号で「市民社会・国家とガバナンス」を書き，「共治（co-governance）」は「統治（governance）」の下位概念であり，地方政府における「統治」の一部であるとした．

これで共治の議論には決着がついたと筆者は考えている［木村 2014：7-9］．また，日本で途上国のガバナンスが論じられた際，よく援用されたのはイギリスのローズのガバナンス論であった．本書は，サッチャー首相とメージャー首相のもとでの保守党内閣時代（1979~1997）の新自由主義と小さな政府論に基づき，教育機関から消防署，警察など数千の公的機関を独立行政法人（NPO）化し，「自律的な諸機関をネットワークでつなぐ」統治方式を論じ，「本書は（政府機関と議会政治よりなる）ウエストミンスター・モデルの対案を提起する」とい

う政府運営論であった［Rhodes 1997: 4-7］．第1章の表題「政府なき統治」(Governing without Government）がそれを象徴する（邦訳が出版されたベビアも同系統の学者である［Bevir 2012］）．それは途上国における，市民社会が未熟で，市場経済（民間企業）も弱く，なお国家中心の運営が行われているガバナンスと政治の現実とはあまりにも異質であり，日本のガバナンス議論に大きな混乱をもたらした．

　開発途上国のガバナンス論は，途上国の開発を支援する国際機関である世界銀行やUNDP，および大きな植民地遺産をもつイギリスの援助機関の議論をまず抑える必要がある．また，国際・政治学会政府・行政部会の機関誌Governanceでの議論，特にその編集委員であったピーターズらの議論を踏まえる必要がある［Peters 2004: 2018］．なお，ここで言うガバナンスとは統治，すなわち政策の決定やその執行過程，及びそれらを支える公式・非公式の諸制度を言い，政治とはその過程や資源配分における権力，影響力，紛争，交渉，協力の関わり（maneuver）を言う（cf. Leftwich［2004: Chap 1］）．本章の副題である「"Governance matters"から"Politics matters"へ」は，2010年代に，ガバナンスを制度化しても限界があり，その実行過程に君臨する政治が開発の現場に貫徹していることへの注目と，援助を含む開発政策をその政治の現場に合わせて執行する必要性へと開発研究の注意が向き始めた，その方向性を描いたものである．

　本章では，途上国の開発における主要国際援助機関である世界銀行とUNDP，および，イギリス国際開発省を取り上げ，そのガバナンス認識とともにSDGsへの対応を整理し，途上国のガバナンスについての共通認識の基本としたい．

1　途上国の開発におけるガバナンス不可欠性議論の概要

　途上国の開発の世界でガバナンスを中心概念に押し上げたのは世界銀行（以下，世銀）であった．世銀は，経済開発にとってガバナンスが不可欠であるとするアフリカ報告を1989年に出し，92年には「ガバナンスと開発」と題する報告で，その論点を公的に確認した．そこでは，ガバナンスを「一国の経済・社会開発の経営における権力行使の方法」と定義した．それ以来，アジア開発銀行や諸援助国，OECD DAC（経済協力機構開発援助委員会）が唱和して，途上国の開発におけるガバナンスの不可欠性への認識は一気に国際的に広がった．ガバナンスの内容は，具体的には，公共部門の経営，政府の説明責任強化，政

府諸機関の透明性と情報公開促進，開発の法的枠組みの強化，開発計画への参加型促進，汚職規制，軍事費の過剰支出問題を含むものであった [Stevens and Gnanaselvam 1995: 97; World Bank 1989; 1992].

一方，世銀勤務経験 25 年のポメランツ教授がまとめたガバナンスの項目は次の通りである [Pomerantz 2011: 164; 木村 2014: 7-8].

① 法の支配，透明性と説明責任の法制化，反汚職
② 制度能力，制度構造，効率性，リーダーシップ
③ 地方分権，参加，市民社会と市民社会資本強化
④ 民主化，公正な選挙，市民的自由と人権，メディアの自由
⑤ 公共政策立案と執行の安定性・確実性，透明性と説明責任の向上，持続的な組織改革・改善，政府への信頼.

両者は基本的に重なっているが，ポメランツのガバナンス概念には世銀が触れない民主化が入っているのが特徴的である．世銀のガバナンス概念も明言はしないが実質的に民主化を取り入れる方向に傾斜していった [Carothers 2013: 93, 212]．世銀がその後，貧困削減の基本政策は経済成長と再確認した[Dollar and Kraay 2000] ことを受けて，経済成長とトリクルダウンの復活だというナイーブな議論もある．実際には，世銀年報『世界開発報告 2000: 貧困との闘い』が展開したように，①貧困削減の基本は経済成長だという途上国を含む共通認識を確認しつつ（戦後日本や近年の中国の貧困層激減の例を想起せよ），②貧困層に益するガバナンスの諸制度を導入し，③貧困層が市場経済に参入できるようエンパワメントを図る諸方策（『世界開発報告 2002: 市場制度の構築』で展開された投資環境インフラ）を追求するという三重の構成に変わったのである（後述）.

かつて開発協力は，「食料より釣竿（生産手段）を」というスローガンに象徴されていた．今では，生産手段導入では不十分であり，経済・社会・法政開発全体を運用する制度とその集合体をつくること，すなわち，開発は国家建設である（あるいは国家能力建設）と理解されている [Whaites 2008]．国家の役割は，国民の生存権や自由権，参政権に代表される基本的人権を保護・育成することが大前提であるが，その手段として，第 1 に経済成長と教育・保健などの社会開発を含む生活向上，第 2 に平和と治安秩序，第 3 にそれらを民主的に決めていくこと．民主的に決めていくとはすなわち，政府が説明責任を果たし，識者や各種団体を交えてメディアなどで各種政策の是非や問題点を議論し，知る権

利が満たされたうえでの国民の意見を反映しながら決めていく，それらの制度の集合体づくりである．その制度の集合体の運営 (経営) のためには，政治能力 (各種政治勢力との連合や調整，政治決着)，収税能力 (経済活性化や天然資源の活用による税収基盤の強化)，資源配分能力 (各種公共政策への予算配分と実施，政府資産・財政の2~3割が消えるとも言われる汚職との対決) の制度構築が必要となる．

　1990年代半ばまでにガバナンスの促進は援助機関の中心的アジェンダの1つになった．しかしながら，ガバナンスの分野は広く，部分的でバラバラな導入は，途上国における近代的国家建設と結びつかなかった．ガバナンスのどの要素に優先順位を置くかで，ガバナンス支援は一貫しない混乱したメッセージになった．

　「失敗した国家 (failed state)」に満ちたアフリカの研究者は，経済成長における国家の否定的な役割を強調した．サンドブルックが『アフリカ経済危機の政治分析』で展開したように，国家機構，公務員組織が権力者による私的利益追求の場となり，公共サービス機関として機能していないという現実のなかで，官僚制などの制度化を支援しても，成果があがることはないということになる [Sandbrook 1985]．

　一方，機能しない政府に代わるNGOへの期待は，90年代に膨らみ，NGOを通じた開発支援に期待が高まった．しかしながら，その結果は，NGOは政府に取って代わることはできないという以前からあった議論を再確認させることになった [Kassen 1986：邦訳 81-82; Haq 1995：邦訳 46]．NGO重点支援を実施してわかったことは，組織の規模が限られたNGOでは援助予算が増えても過重負担になるということ．NGOを通じた開発案件はプロジェクトを行う複数のコミュニティというドット (点) であり，全国的に面で展開されないということ．NGOも大きくなれば官僚的になり，しかも選挙の洗礼を受けることはなく，民衆に対して説明責任がないこと．NGOに現地の有能な人材を高給で引き抜かれると，現地の官僚組織はますます機能しなくなるということであった．2000年以降は，全国的に開発政策を展開できるのは政府しかありえないという認識に基づき，政府の能力構築が焦点になっていったと言っても過言ではない [木村他編 2011：42; 2013：44-48]．その結果としての方向性は，「官僚制は非効率かもしれないが，一国の政治経済を安定させる中心的な役割を果たす」[Turner and Hulme 1997: preface; 12; 234] という認識であった．

　民主的ガバナンスの重要性を強調してきたUNDPも，2010年にガバナンス

部長モレケティ著の「民主的ガバナンス・ガイド」において，参加や市民社会促進と並んで，中央・地方政府が効果的な経済社会政策を実施する制度能力を強調するようになった．「近年の開発は行政の重要性を明確に焦点化するようになった」[Fraser-Moleketi 2010：50] というわけである．また2012年の「ガバナンスと開発」と題する国連報告は，その2.「2000年以来のガバナンスにおける重要な潮流」で，「国家開発戦略を策定・執行し，公的制度への信頼を構築する国家能力」の重要性を指摘した．さらに「2005年以来の世界で，国家の脆弱性に関連する開発困難化の核には，民主主義の欠陥があることはますます明らかになっている」と，途上国における民主主義の後退が国家の制度化の支障になっているという認識を示した[UNDESA 2012]．国連のこの立場はSDGsにも継承されており，宣言第9項で「民主主義，グッド・ガバナンス，法の支配と環境は，持続可能な開発にとって不可欠である」と謳っている．

　しかしながら一方で，ガバナンスの機能を民主主義から切り離す議論も少なくない．中国のガバナンスは，その経済成長によって貧困層を約7億人減らし，MDGs（ミレニアム開発目標）の貧困層半減目標達成に大いに貢献したという広い合意がある [Jing 2017]．さらにさかのぼれば，タイ軍事政権の下での重化学工業戦略の成功にはよきガバナンスがあったとする議論もあった．この矛盾に対応するために，筆者は，民主主義を不可欠とする「ガバナンス」の基本概念のほかに「民主なきガバナンス」という別のカテゴリーの導入を提案したい．そのヒントはコーポラティズムをめぐる議論である．周知のようにコーポラティズムは，ドイツに代表される政府と労働界と経済界の代表が共に国家政策決定過程に直接参加し，社会的調和を図るシステムである．それに関連して，第二次世界大戦後の日本の政官財の三角同盟を「労働なきコーポラティズム」とする問題提起があった（その関係についての問題点は山口 [1982：129-131]）.

　MDGs第1目標「世界の貧困層半減」達成に中国が中心的な役割を果たしたことから，インドやブラジルも加えてG7からG20へ，そして共にSDGs推進という世界の流れが顕著である．そうした国々は，インドのミャンマー軍事政権支援，ブラジルのボルソナロ大統領や，キューバやベネズエラに親近感を示したルーラ大統領などが，いずれも権威主義的な外交を展開しており，世界に人権や民主主義を広げ，これまで積み上げてきた各種国際合意を拡大していく上でプラスになるのかどうか，疑問が提起されている [Castañeda 2010]．SDGs達成におけるガバナンスの中心性を考慮しても，協調を言うだけでな

く,「民主なきガバナンス」という別のカテゴリーの別の動きを考えることが必要ではないか.

　世界銀行のイデオローグであるマット・アンドリュース（ハーバード公共政策大学院）らはその著『国家能力を構築する』で以下のように言う．1990 年代には，援助機関は先進国で成功した政策を良き先例（good practice）として途上国に導入したが，形（擬態）はできても，成功したとは言い難かった．2000 年代になると，政策を作成し，遂行する制度づくりが開発の鍵であるという認識が広まった．しかしながら 2010 年代になると，制度づくりおよびその下での政策形成と遂行がうまく機能しない理由への探求が進んだ．「MDGs は 2015 年までに多くの国が達成したが，達成が容易な項目を達成したのであって，次の段階のステップの鍵になるより複雑な任務に取り組む諸制度づくりは改善しなかったばかりでなく，多くの途上国で後退している（例えば教育分野での女子を含む就学率では勝利したが，高い能力を得る教育システム構築は不十分であった）」．「良き制度は作られたが，機能は弱い」．長年，政府は何をすべきかの議論はあったが，いかにしてなすべきことができるかの議論は少なかった．すなわち，現場の課題対応型の反復的適用（PDIA：Problem-driven iterative adaptation）が課題である．これは国家の能力構築の問題であるという議論であった［Andrews et al. 2017：3；5；14；44］．

　ハーバード大学の開発政治学者グリンドルは，途上国全般にガバナンスの多くの項目の展開を全部期待するのは無理であり，国ごとにもっと限定的な「それなりのガバナンス（good enough governance）」構築から始めるのが現実的と主張して多くの賛同を得た［Grindle 2010］．その彼女が，開発を妨げる bad governance の最大の要因として特定したのがパトロネージであった（patronage. クライエンテリズム clientelism, P-C［patron-client］関係とも言う）．2007 年出版の『地方へ（Going Local）』は，メキシコの地方政府を例にとり，なお情実（縁故）任用が中心のパトロネージ（パトロン体制）あるいはクライエンテリズム（恩顧主義／親分・子分関係）の全国網が，中央から州・市・コミュニティに到るまでの選挙や開発予算配分の基本になっている途上国の現状を描いた．2012 年出版の『新参者に職を与える（Jobs for the Boys）』は，先進諸国ではパトロネージがどのように近代化されていったか，情実任用・昇進が能力採用・昇進と長く共存し，徐々に能力の枠内で情実が従属指標になっていく過程を論じた．

　アンドリュースらも，途上国はパトロネージと恩顧基盤の忠誠システムから

抜け出し，公正・平等なシステムに至る道を見出せていないこと．国家が（あるいは各省庁や地方政府が）能力主義制度構築に失敗し，その機能を喪失した時，国家は名目的には残るが，私的利益追求（rent-seeking and state capture）が支配する収奪国家になるか，あるいは社会の要請に応え，社会全体の利益にその行動の基礎を据えるか，多くの異なったシナリオがありうると言う［Andrews et al. 2017: 65; 74］．

制度構築が形だけのものになる経験を経て，2010 年代には，「ガバナンスが問題だ（Governance matters）」から「政治が問題だ（Politics matters）」へ，すなわち，収奪的な政治経済構造や既得権益システムを乗り越えて，持続的な成長を生む包括的経済制度に脱皮する道は，政治改革の世界であるという認識が広まった．イギリス開発学会会長デイビッド・ヒュームの SDGs 記念出版『貧しい人を助ける理由』が書いたように，「問題は政治だよ，分からず屋さん（stupid）」と言うのが途上国開発の世界の共通認識となった（ガラパゴス的な日本を除いて）［Hulme 2016: 邦訳 64］．市場経済原理や官僚制の「合理的な公共政策」を通じて開発が進むのではない．政治的調整メカニズム（coordination）を通じて開発は進むのである［World Bank 2017: 7 邦訳 6; 木村他編 2013: 41］．

2000 年の国連決議 MDGs（ミレニアム開発目標）が 2015 年に終了して次の段階の 2030 年までの SDGs（持続可能な開発目標）を議論する段階で，SDGs は，1992 年「地球サミット」以来の地球環境課題グループとの合体が図られ，先進国の人々とそれに追随する途上国中間層のライフスタイルを変える消費と生産の持続可能性実現，グリーン経済，気候変動と自然災害リスクの対応と一体化するものとなった．ではガバナンスが SDGs とどう関わるのか．それは第 5 節で取り上げる．

2　世界銀行におけるガバナンス認識の変遷

世界銀行（正式名称は国際復興開発銀行 International Bank for Reconstruction and Development）は，1 万 2300 人の正職員と 6600 人の契約職員を抱える対途上国最大の資金融資機関である．各職員の裁量に任せる面や，各国出先機関への分権的政策もあるが，その年報『世界開発報告』は世銀の戦略を代表する報告になっている．

各年の『世界開発報告』でガバナンスに関連して画期をなすものは，1997

年版「開発における国家の役割」，2000 年版「貧困との闘い」，2002 年版「市場制度の構築」（加えて，その続編の 2005 年版「投資環境の改善」），2011 年版「紛争，安全保障と開発」，2017 年版の「ガバナンスと法」であり，さらに世銀の現ガバナンス政策の集大成ともいえる *"Global Governance Program, 2022"* が注目される．同報告 21 ページには，世銀の過去 30 年におけるガバナンス認識の画期をなした諸報告の系統図がある．

『世界開発報告：1997 開発における国家の役割』は，世銀自体も信奉していた新自由主義の「小さな政府」論から離れ，「有効な国家（effective state）こそが開発に必要である」という主張を展開した．当時既に途上国は，貧困層が多く狭い国内市場をターゲットにした輸入代替工業化よりも，世界市場を相手にした輸出志向型工業化を推進する必要があり，そのためには大量生産メリットを生かした先進国水準の製品を作る必要があった．そのためには政府主導のもとで技術と投資資金を持つ先進国企業を誘致することが鍵であるという理解が広がっていた．1997 年報告は，69 カ国 3600 企業を調査して，経済成長の起爆剤となる外国企業誘致に必要なことは，国の制度的枠組みであることを明らかにした．すなわち，財産権保護，規則と政策の予測可能性，司法への信頼（経済関係の揉め事は必ず起きる），官僚制の腐敗と裁量権の問題，政権交代による混乱（政治的安定），汚職のないことなどである［World Bank 1997：邦訳 53 以下］．それらはいずれもガバナンスに関することであり，一国の経済発展の条件はガバナンスにあるとし，「能力ある公共部門の制度づくり」を提唱した．

『世界開発報告 2000：貧困との闘い』では，「貧困削減を成功させる際に中心となるのは国の経済発展である」［World Bank 2000：邦訳 68］という認識は堅持しつつ，「同じような経済成長のもとで，なぜ国によって貧困削減に大きな差が生じるのか」［World Bank 2000：邦訳 79］を問うた．そして，貧困は経済過程からのみ生まれるのではなく，経済，社会，政治要因の相互作用の結果として生まれる．国がより効果的に責任を果たすためには，法制度を整え，インフラ・教育・医療などの公的サービスを行き渡らせ，社会の安全を強化し，貧困層の組織化を促進すること（エンパワメント）が必要である．エンパワメントには，貧困層の経済機会や公的な民主主義制度を拡大することが含まれるとした［World Bank 2000：68；70；177］．ここでも，経済と社会に並存する政治の役割が定式化されたのである（内政不干渉原則から政治という言葉は使っていないが，中身は政治そのものである）．

経済成長のなかでの格差拡大は，教育の普及の遅れと，農地相続が代を重ね て個々の農家の経営面積縮小が続き，農業では生活できない世代が大量に生ま れることと，彼らを吸収するべき農村と都市における非農業部門での働き口， とくに中小零細企業・自営業での雇用機会の遅れが，経済成長の波に乗れない 社会層を生み出した結果である [Djurfeldt 2013; Ellis 2006].

　世銀が提起した政策諸課題は1990年代に各国で展開されたが，2000年代に は，それらを実施していくための制度構築に焦点が当てられるようになった． 『世界開発報告2002：市場制度の構築』はその総合展開である（この部分は木村 他編 [2013: 52-59] に詳しい）．同報告は3部構成をとる．その構成は，政治・経 済・社会を含む制度構築の全体像を表している．第1部の「企業」では，土地 所有制度，金融制度，企業ガバナンスが主要な構成要素となる．第2部の「政 府」では，政治制度と政府の運用，司法制度，競争（企業の成功が市場競争によ り，政治的コネによるのではない），インフラ整備や経済関係法体系が主要な構成 要素となる．第3部の「社会」では，企業や市民社会の規範，ネットワーク， メディアの独立性・質・普及が主要な構成要素となる．

　別の言い方をすると，制度は，(1)政府による公的な制度（刑法，民法，商法， 都市開発法，公害規制法などで企業活動と社会の枠組を作る）と，(2)非公式な制度（政 府の運用，政府補助の裁量，政策実施の度合いなど）があり，(3)企業や社会にも公的 な制度（企業グループ，商工会，労使関係，宗教団体，市民団体，親睦団体など）と， (4)非公式な制度（企業ガバナンス，諸組織間の非公式ネットワークなど）の4つがあ る．それらは1/4ずつの比重ではなく，政府の公的制度が圧倒的な比率を占め ている．非公式ネットワークには，政治コネのある企業が，融資や許認可で優 位になる（逆に言えば大口の合法・違法の「政治献金」をしない企業は，その国でやって いけない）という，資源の配分ミス，結果としての非能率が広く蔓延している ことがある．これを政治的資本主義（political capitalism）あるいは縁故資本主義 （crony capitalism）という [Milanovic 2023; Schneider 1999: 280].

　「国家が制度を整備し，適切に運用する能力が市場経済の機能を決定づけ る．そのような制度が適切に提供されている場合，一般にそれを「良い統治 （good governance）」という」[World Bank 2002: 邦訳179].　こうしてガバナンスは， 「市場制度の構築」のための鍵に位置付けられた．

　世銀はさらに，『世界開発報告2005：投資環境の改善（investment climate）』 で，経済ガバナンスの重要性への喚起へとその視点を展開させた．新制度派経

済学を主導したダグラス・ノースによる「社会が効果的で低コストの契約執行を展開できないことが、第三世界（注：途上国）における歴史的な停滞と現代の低開発性のもっとも重要な要因である」[North 1994：邦訳73] という問題提起は、世銀チーフ・エコノミスト（2000～03年）であったニコラス・スターンのリーダーシップのもとで世銀の政策として展開されることとなった．彼の開発戦略キーワードは投資環境改善および貧困層の市場参入促進のための制度構築であった．「今日，公的援助の1/4，ほぼ年210億ドルが投資環境の改善に当てられている．その多くは（道路，電気などの）インフラ建設で，技術支援も13%ほどの重要項目となっている」[World Bank 2005：邦訳2；14；30-31；58]．世銀の開発研究部長（1998～2003年）も務めたオックスフォード大学教授ポール・コリアーは、その著『最底辺の10億人』のなかで、「援助が供給するのは公的資本だけであり、インフラは整備できるが民間投資はできない．アフリカで不足しているのは民間投資である」[Collier 2007：邦訳141] と主張していた．世界の国際移民の数は2023年現在1.8億人，うち経済移民は1.5億人いる（World Bank『世界開発報告2023：移民，難民と社会』序文）．彼らの出身国にいる家族への送金や現金持ち帰りはODA総額よりはるかに大きい．その大きな資金が消費目的中心に使われ，生産的投資にはほとんど使われていないことが問題なのである．ここには途上国国内の投資環境の欠陥が大きな影を落としている（土地所有権証書の欠如，金融制度，送金・為替制度，商取引法，破産法，行政手続きの煩雑さ，コネや政治献金なしで企業活動は困難，汚職的収奪的税金徴収，利益の大きい企業に対する政治家による乗っ取りなど）[木村他編 2013：59]．

　一方，貧困撲滅を考える上で，紛争地域や崩壊した国家における開発と経済成長は群を抜いて脆弱であるという幅広い懸念が台頭し，平和構築の課題が貧困撲滅や開発の前提としてクローズアップされていた．『世界開発報告2011：紛争，安全保障と開発』はこの問題に対する世銀の認識と対応策の集大成とも言えるものである．「15億人（地球上の4人に1人）が脆弱性，紛争，あるいは大規模な組織犯罪の暴力にさらされた地域で生活している．そうした国でMDGsを1つでも達成したところはまだ1つもない」．その鍵となるメッセージは第1に，市民の安全・正義・雇用について責任をもつ制度的な正当性が，安定性にとっての鍵となるということ．第2に，市民の安全と，正義および雇用に対する投資が，暴力の削減にとっては必要不可欠であること．第3に，この挑戦に有効に立ち向かうためには制度が変化する必要があるということ．第

4に，多層的なアプローチを採用する必要があること，であった．それらの努力が成功するためには地方レベルから始めなければならない．地方コミュニティで治安を回復し，信頼を醸成し，雇用を創出し，サービスを提供する措置が，国家発展の土台となる．2つ3つの重要な早期成果の選択と実現が，新しい政府に対する信頼を維持するためには重要である．その上で，軍と警察の再建においては，文民統制を強化し，予算外の収入源を規制し，市民の安全目標を重視し，援助国側の軍事と警察援助を司法援助と連動させることが，信頼醸成に決定的に重要である，といった議論が展開された［World Bank 2011：邦訳序文；15；17；30；131］．

　世銀の『世界開発報告2017：ガバナンスと法』と"Global Governance Program, 2022"およびハーバード公共政策大学院上級講師で世銀の論客でもあるマット・アンドリュースらの著書『国家能力の構築』(2017) の3つの出版物は，内容的に重なる．アンドリュースは2013年に出版した『開発における制度改革の限界』において，行政改革や制度改革の成功例 (best practice) の移植がうまくいかないのは，現実が氷山のようなものであり，海面に出ている小さな部分が公的な制度，水面下の大きな氷が非公式の制度であるからだと主張した［Andrews 2013：44］．水面下の巨大な氷が意味するものは，経済利権を伴う政治権力を握っている支配エリート集団の構造である．彼らは，選挙で確実に勝てるように支持基盤の確保をめざす．その方法が（仲間内以外の）「排除 (exclusion)，（支持基盤を確保する開発計画などの）占有 (capture)，クライエンテリズム (clientelism/Patron-Client relations 庇護・被庇護関係／恩顧主義）であり，政策が有効に機能するカギが執行当事者たちのコミットメント，諸政治勢力間の調整と協調である．これらが，『世界開発報告2017：ガバナンスと法』のキーワードである．

　要するに，選挙での盤石の支持基盤づくりのために，票集めをする与党系の中央・地方政治家や，政治献金するコネ企業に有利な道路，橋，電気，学校，保健所などのインフラ建設（その一部は裏金になる）などを政府予算から回す．そのために政府予算の采配を政治的に占有し，反対派の強い選挙区には回さない（排除）．あるいは裏金や汚職でカネを分配する．それに資する開発援助プロジェクトは喜んで受け入れるが，野党政治家の利益になるような開発プロジェクトや，参加型とか人々のエンパワメントを伴うような援助は，与党系の知事

や市長や彼らの意向を受けた行政の協力（コミットメント）を得られず，失敗する可能性が高い．また，そこには，エリート間の駆け引き，諸政治勢力がどのような動機と好み，競合と自陣営を強化する連合可能性を持っているか．政府与党支持の民間企業での雇用や契約，メディア統制や警察の政治利用，弾圧なども絡んでくる（調整と協調）．

　そのため，開発を計画するにあたっては，その政治文脈をあらかじめ理解していくことが，開発の成否を決定的に左右する．それを政治経済分析（Political Economy Analysis：PEA）という（後述）．政治経済分析を援助計画（feasibility）に組み込むことは，政治分析を組み込むということである．だからこそ，イギリス国際開発省ガバナンス部長ステファン・コゾフは「本報告（『世界開発報告2017：ガバナンスと法』）は，ガバナンスだけでなく開発議論全般に遠大な影響を及ぼすであろう画期的な報告である．『政治が問題だ』は新しいメッセージではないかもしれないが，政治に関わらないことを旨としてきた世銀がそれを言うことが大変重要なのだ」と評価した［Kossoff 2017］．また，世銀に23年勤務し，ガバナンス部長も務めたブライアン・レヴィは，「世銀は，『成功例』や『グッド・ガバナンス』のお題目から新たなガバナンス段階に入った．世銀チーフ・エコノミストのポール・ローマーが言うように，今後，世銀は，政策実行が結果に結びつくような，開発の政治の適用可能な方策開発により投資するようになるだろう」と評した［Levy 2017：木村監修 2018：66］．

　それは，イギリスの開発政治学者レフトウィッチが2000年にすでに主張していた「政治が国家をつくり，その国家が開発をつくる．違った政治は違った国家をつくり，違った開発をつくる」という理解［Leftwich 2000：191］に世銀がやっと2017年に追いついたということであった．開発は，国家建設（state-building），すなわち法に裏打ちされた制度の集合体を構築することであり，国家建設の形は政治家がつくるのであり，国内の政治経済社会主体が内発的に展開した「近代的制度」の「翻訳的適応」［前田 2000］の結果である，ということである．

　ところで，世銀のカウフマンとクラーイが2002年以来毎年200カ国以上について数値を更新しているガバナンス6指標（Worldwide Governance Indicators）もよく知られている．①国民の声と説明責任は，政府の説明責任があり，言論結社報道の自由の上に国民が政府を選ぶ権利があること，②政治安定と政治目的の暴力がないこと，③政府の公共サービスが効率的で信頼があること，④規

則の質：民間部門の発展を促進させるような健全な政策を形成し，実施すること，⑤法の支配：契約の履行や財産権，警察，裁判所の質が社会の慣行に則っていること，⑥汚職の規制，がそれである［Kaufman and Kraay 2009：6］．

しかしながら，これらの指標には批判も多い．各項目に付随する小項目の数値化については根拠が示されていない．「法の支配」と言っても指標の計測に説得力がない．6項目は同じことを違う言葉で語っている．ガバナンスは開発の前提条件ではなく，むしろ逆に，成長と発展がガバナンスに寄与する．アメリカも韓国も十分発展するまでろくなガバナンスはなかった．成長の早い国でも遅い国でも，汚職度は変わらない．ともに先進国よりずっと悪い，というような批判である［Sundaram and Chowdhury 2012：4-13］．筆者も6指標はガバナンスの全体像を示す大項目としてはわかりにくいと思う（その下の小項目は多すぎる）．①はほとんどの途上国に存在しないか，著しく弱い．「選ぶ権利」は選挙だけという意味であり，地方分権や市民社会組織の日常の声反映や民主化はあげていない．③と④の差は不明確である．

3 国連開発計画（United Nations Development Program：UNDP）

UNDPは，国連ファミリーの諸組織で途上国の開発を調整する中心機関である．7000人余の職員を抱え，世界177カ国に事務所を置く．UNDPは，世界銀行の年報『世界開発報告』に対抗して1990年から年報『人間開発報告書（Human Development Report）』を出すようになり，世銀の経済成長重視より人間開発の重視を打ち出した．人間開発は，所得，識字率（と就学率），および平均余命（保健・医療の普及）の合成指数である「人間開発指数」やその変化形で測られるというもので，マブーブル・ハクとアマルティア・センがその理論的中心人物であった［木村他編 2011：2］．

UNDPのガバナンス関係報告で特筆すべきものは，『人間開発報告書 2002：ガバナンスと人間開発』，UNDPガバナンス部長（当時）フレイザー・モレケティ（Fraser-Moleketi）の『UNDP民主的ガバナンス実施ガイド』［2010］，『人間開発報告書 2013：南の台頭』，および近年の戦略計画である．

『人間開発報告書 1993：参加』では，人々の現実に寄り添うために「参加」を重視し，途上国の「民主的」変革を課題とした［邦訳1］．その主張は，「経済成長は手段であって，人間開発が目標である」［『人間開発報告書 1997：貧困と人

間開発』邦訳 1] に端的に表現されており，経済成長を優先させる世銀の反発を買った．対抗する両機関を結びつけたのはコフィ・アナン（Kofi Annan）国連事務総長（1997〜2006 年）であった［木村他編 2011：6］．アナンは，1997 年に国連開発グループ（United Nations Development Group）を設立，議長にマロック・ブラウン（Mark Malloch Brown）世銀副総裁（1994〜99 年）を任命した．世銀と国連 3 機関（国連社会経済理事会，途上国の利害を反映した国連貿易開発会議 UNCTAD，および UNDP）はその枠で協力し合い，世銀の貧困削減戦略ペーパー，UNDP の一般国別評価，国連の開発援助枠組みを調整しあうことになった．マロック・ブラウンは UNDP 総裁に就任し（1999〜2005 年），説明責任を果たす強力な制度，参加と民主尊重の文化，公開性（e-government）を含む「UNDP の民主的ガバナンスへの支援を公然化した」．もっとも，UAE（アラブ首長国連邦）など一部の国に対しては民主的ガバナンスを言及しなかったが［Murphy 2014：邦訳 514；527］．

　UNDP の民主的ガバナンスは『人間開発報告書 2002：ガバナンスと人間開発』で包括的に展開された．「はじめに」でブラウン総裁は，「今年の報告書でまず第一に伝えたいこと，それは開発を成功に導くうえで，政治は経済と同じように重要であるということである」．「今年の報告書の中心的なメッセージは，効果的なガバナンスは人間開発の中心をなす．『最も広い意味での民主政治』にしっかり立脚する必要があるということである」と書いた［UNDP 2002：邦訳 iii］．同報告書では，「教育や保健医療への投資と公平な経済成長の促進は開発の 2 つの柱だが，民主的ガバナンスは人間開発戦略の第 3 の柱である」［UNDP 2002：邦訳 61；69］として，社会開発，経済開発，民主的ガバナンスを三大柱戦略と規定した．また，民主主義を深化させるために一番重要なのは，民主的ガバナンスの中核となる制度や組織を構築することであると主張した．具体的には，政党と利益団体，普通選挙権，独立の司法部，政府や企業を監視し政治参加を実現できる市民社会，自由で独立したメディア，軍の文民統制がそれにあたると，政府と政治の制度化に焦点を当てたのである［UNDP 2002：邦訳 5-6］．

　これが，経済成長より社会開発（焦点は貧困対応）の重要性を説いた 1970 年代の第 1 回のパラダイム変動に次ぐ，第 2 回目のパラダイム変動とも言えるものであった．開発目標は貧困削減であり，貧困削減に結びつく社会開発諸目標を実現するのは政府の公共政策であり，その公共政策を実施する財源と国民の

生活向上は，経済成長に決定的にかかっているということで，経済成長が再度開発の中心の１つに据えられ，その経済成長のかぎは政府の統治能力と結びつけられた［木村他編 2011：6］．MDGs は一見，社会開発中心の戦略に見えるが，それは皮相な見方である．社会開発遂行のキーは政府と経済であり，その理解の上に，UNDP だけでなく世銀も，MDGs に賛成したのである．

　ガバナンスに関して，次に重要な UNDP の文書はガバナンス元部長モレケティの『UNDP 民主的ガバナンス実施ガイド』[2010] である．それによれば，「UNDP 執行部は，包摂的参加，責任ある政府機関，民主的ガバナンスを国際基準に乗せるという，民主的ガバナンスの３本柱を決定した」[Fraser-Moleketi 2010：2-3]．そこでは，人々の参加とそれを受ける政府が対等に位置付けられ，その実施に関しては，やるべきことを実行する行政の役割とその能力構築が「決定的な重要性をもつもの」と位置づけられるとともに，市民の権利行使に対等の比重が置かれている [Fraser-Moleketi 2010：16-18；木村他編 2013：49]．（南アの経験などから）民主化は，経済成長による生活向上が伴わなければ国民の信頼を得ることができないとして，参加を促進するとともに，責任ある政府の能力を強化するという２つを同時に達成することが，今日の UNDP の民主的ガバナンスの核心であるとした．その結果，行政改革（経済・社会政策遂行能力：地方の制度，議会の監視能力，法の支配を含む）はガバナンス強化の決定的局面に位置付けられた [Fraser-Moleketi 2010：16-21]．それはガバナンスの定義に反映した．「権力がいかに行使され，決定がいかに行われ，市民がいかにその関心を集積し，その法的権利を行使し，その義務を果たし，その差異を調整するメカニズム，過程，制度からなる」[Fraser-Moleketi 2010：14] というのであった．

　『人間開発報告書 2013：南の台頭』もとくに日本の読者には画期的であった．今日の途上国一般が向かうべき方向の第一に「開発国家（developmental state）」を掲げたのである．日本では，東アジア各国の近代化経験はそれぞれ特殊な歴史的背景を持ち，他の途上国が真似できるものではないといった議論もあるが，それは開発国家の国際的議論とは真逆の議論であった．ラウラ・ロートレイは開発国家についての大部（61 ページ）のレビュー論文で，日本も脱亜入欧で欧米の全く歴史的経緯を異にする近代化を真似ながら，開発国家というまったく違った国家をつくったと議論し，いま，別の途上国が東アジアの経験を学んだ場合，多分かなり違う国家をつくる可能性があると示唆した [Routley 2012 : 27]．開発国家論の国際的基本書であるウー・カミングス（Woo-Cumings）編著の『開発国家』では，英米に遅れて近代化した大陸ヨーロッパ諸国はいずれも国家主導型で後発の経済成長を目指したのであり，国家主導を体現する官僚国家の典型は日本よりフランスであると主張した．日本の経験から開発国家論を最初に提起したチャーマーズ・ジョンソンは，同書に寄稿して，「私は日本モデルのほうが，英米型モデルより旧ソ連圏や途上国に適合的であると信じて疑わない」と，日本モデルの途上国への一般化を主張した［Johnson 1999 : 40］．レフトウィッチも，「より総合的な開発国家の定義」として，「19世紀から今日にかけて現れた後発社会の近代国家への移行形態」と規定した［Leftwich 2000 : 167］．経営学者のピーター・ドラッカーも言う．「官僚の優位制はほとんどあらゆる先進国で見られる．英語圏の一部（アメリカ，カナダ，オーストラリア）が例外である．日本の官僚の優位制はフランスに比べるとまだ劣っている」と［Drucker 2002 : 邦訳250］．

UNDPの『人間開発報告書2013 : 南の台頭』はまた，米国でさえ，「数多くの産業部門において，研究開発への公的資金提供，防衛関連（コンピューター，航空機，インターネット）と医療関連（医薬品，遺伝子工学）の政府調達を通じて，国際競争力を確立した」［UNDP 2013 : 邦訳79］と，フレッド・ブロックの「隠れた開発国家アメリカ」の議論を引用した［Block 2008］．こうして，開発国家への志向は世界に普遍的であるという方向が示された．中国も1980年代から開発国家であると規定されている［Jing 2017］．

最後にUNDPの近年の議論として，『戦略計画2022–2025』以下を見ておこう．『戦略計画』は，UNDPの3つの方向性を提起した．(1)構造的変革，とくに環境，貧困層包摂，デジタル（約50億人がインターネットを使っているなかで，使っていない人たちが置き去りにされているという問題）．(2)人間開発に基礎を置く「誰も取り残さない」（包摂）と，権利を基礎としたアプローチ．(3)構造的不確実性とリスクに対応する強靭性構築がそれである．その方向でのSDGs実現に向けて1兆ドル以上を投資する．その対象は，貧困と不平等，ガバナンス，強靭性，環境，エネルギー，ジェンダーの6つである．

『戦略計画』で1つ特徴的なのは，貧困層が1990年の19億人から2017年には7億人弱に減ってはいるが，貧困線のすぐ上に13億人が非常に脆弱な状態で存在することに注意を喚起していることである（UNDP *Strategic Plan* : 3/16）．この問題は2020年に，習近平が中国の絶対的貧困層のゼロ化を展望した時，

李克強首相が，中国にはまだ平均月収 1.5 万円前後の相対的貧困層が 6 億人（全人口の 4 割強）もいることを暴露したことで世界的な注目を浴びた．絶対的貧困層の上で中産階級から下のこの膨大な階層は，先進国では中産階級の貧困化として議論され，途上国では貧困層として認識されない階層になってきた．中産階級の下限について説得力があると筆者が考える議論は「自動車クラブ」，小型中古自動車が月賦で買えるぐらいの所得がある階層である［Islam 2014］（非常にラフに言うと一家で新型コロナ前 10 万円ほどの月収）．

UNDP『アフリカのガバナンスと平和構築枠組みの刷新 2022–2025』で興味深いのは，その 6 つの焦点のうち，(1)紛争防止と早期対応，(2)若者への投資，に次いで，(3)経済ガバナンスが (4)民主的ガバナンスの前に来ていることである．「われわれの分析枠組みは政治経済分析を優先させる．それには，アフリカの開発のために，海外居住者，その送金，帰国者の役割を含む」というのも，開発の遅れと雇用の不足が切実な声になっていることを反映している［UNDP 2022］．民主的ガバナンスの重要性を主張する見解は，世界的な民主主義の後退のなかで，その影響力を後退させている．

4　イギリス国際開発省（Department for International Development： DFID）

DFID はブレア労働党政権の 1997 年に海外開発庁（Overseas Development Administration：ODA）から国際開発省に格上げされた．DFID は，キャメロン保守党政権の時代（2010–2016）に，1970 年の国連合意である GDP の 0.7% を途上国の開発援助に回す決議を，大国として初めて 2015 年に実現した[4]［Clarke 2017：26］．しかしその後ジョンソン政権は，2020 年に，外務・英連邦・開発省（Foreign, Commonwealth & Development Office：FCDO）の案件として，途上国への開発協力政策を外交政策の一部に格下げした．

植民地大国であったイギリスは，英連邦を組織して，多くの旧植民地各国との特別な関係を維持してきた．当然それらの国の開発に対する関心も高く，1960 年代前後に 4 つの新しい学問分野が世界にできたときに（女性学，老年学，開発学，環境学），「開発学」の中心を担い，10 ほどの開発学関係の大学院もつくった．

イギリスの開発戦略で画期をなしたのは，『国際開発白書 2006：ガバナンス

を機能させ世界の貧困を根絶する』であった。「効果的な国家は開発の中心にある。国家は，人々の権利を守り，安全と経済成長と教育・医療などの公共サービスを提供する」[DFID 2006: 21]。ここでの国家の位置付けは世銀やUNDPと同じである。より詳細なグッド・ガバナンスの一覧表も作っている。その実現には，強力な政治的リーダーシップと活発な民間部門・市民社会とメディアが必要であり，その実現を阻むものは汚職，説明責任なし型の（自己利益追及型の）エリート，クライエンテリズム，および民族分断である。これらは政治の問題であり，政治が財源の利用や政策を決定する，というのも同様である[DFID 2006: 22-23]。援助の基準は，次の諸項目に政府がコミットメントを出しているかどうかであるとして，経済成長を通じた貧困削減，人権擁護，国際的義務遵守，財政改善，透明性，反汚職，良いガバナンスをあげている。同白書は，「より良いガバナンス建設には時間がかかり，各国の内部から起こって来なければならない」ことを確認する。その上で，第3章で「国際社会はそれを支援することはできる」と支援リストを提示する。具体的には，国際貿易取引の出生を明らかにし，非合法取引をあぶり出すEITI（Extractive Industries Transparency Initiative：石油・ガス・鉱産物等採取産業透明性イニシアチブ）やキンバリー・プロセス（Kimberly Process：ダイヤモンド関係），森林過剰伐採への対応（Forest Law Enforcement），持続可能な漁業（High Seas Task Force）などである。

　しかしながらガバナンス主任顧問のスー・アンズワースらは，白書を評価して次のような現状分析を行った。「2006年白書は冒頭で，『リソースがどのように使われ，政策がどのように決められるのかは，政治が決める』と書きながら，経済成長や公共サービスについては政治にほとんど触れずに技術的な説明をしている。過去10年以上，開発活動はガバナンスをめぐって展開してきた。しかし概して技術的で，規範的だった。援助側は，政治家の制度的動機づけ（既得権）を変えるような政策を模索する必要がある。優先順位は財政管理である」と［Unsworth 2008］。

　さらに言う。「アフリカでは中国が急速に勢いを増しているが，彼らは，ガバナンスは仕事ではないという。それは，ガバナンスは西欧（外部アクター）の仕事でもないだろうと言っているのだ」。また，白書は，DFID内や世銀でも話し合われている「バッド・ガバナンス」の原因についても触れていない。「要するに，多くの貧しい諸国に対して，ウェーバー流の行政組織を樹立することや，より現実的な『それなりのガバナンス』を実施することについても，

能力構築の具体化についても，期待していないのだ」と批判した［Moore and Unsworth 2006］.

　DFID ガバナンス部長のコゾフ（Stefan Kossoff）氏と話した（2018. 3. 8）. 彼によれば，「DFID 職員は 2500 人. 1500 人が海外で勤務し，800 人が開発の専門家だ. また，多くの外部専門家にアドバイザーとして協力してもらっている. ガバナンス部門は行政改革,財政,民主化,安全保障, と課題が増え続け，120 人と最大の部署になっている」.「DFID としては経済成長がいちばんの優先順位であることは認めている. その経済成長のためには，政治とガバナンスがいちばん重要と考えている」ということであった. 筆者が，「1990 年代には，腐敗し，非効率な政府に失望して，NGO に援助が傾斜した時期があった. しかし 2000 年ごろまでに，NGO では全国をカバーする開発は進まない. 政府しかないという考えに変わっていったという議論があるが」, と質問すると，「しかし，その行政改革は行き詰まった. 世銀のアンドリュースが書いている通りだ. 今は NGO と政府の両方を追求している. なかでも財政管理が焦点だ」という返答だった.

　DFID の援助政策の認識は，ガバナンス重視の枠内で，政治の重要性への注目に傾斜した.「開発とは国家建設のことである」［DFID 2008］. アンズワースの指揮下で，開発コンサルタントのアレックス・ダンカンを先頭に，DFID のシンクタンク ODI（Overseas Development Institute）のデイビッド・ブース（David Booth）やマンチェスター大学のデイビッド・ヒューム（David Hulme）ら多くの学者が協力し，各国の「変革主体と体制の分析」［Drivers of Change. DFID 2004］や政治経済分析（PEA）が進んでいった.

　初発のバングラデシュ PEA では，一方で，変革主体として，中産階級と民間企業，自由度を増したラジオ・テレビや新聞，NGO，女性参加が，分散的にではあれ増加しているとしながら，他方で，それらと，非効率な中央集権的政府と既得権層，地方に根付いた伝統的支配層，イスラーム原理主義，対立と暴力にまみれた政党政治に特徴付けられる支配構造と対抗できるほどではないとする［Duncan 2002］.「貧困層を焦点とした変革」への展望は見出せていないのではないか. それにはコゾフ氏も同意した.

　しかしながら，健全な開発計画と部門別計画作成にあたって，「変革主体」の可能性を視点に入れつつ，リスクを避けながら構想する PEA は，その後，他のヨーロッパ諸国援助機関や世銀にも採用されていった. 各種社会集団（政

府，与野党，メディア，NGO，農民など）がどのような利害を持って展開しているのか，公式・非公式の制度，文化，宗教，政治行動など，開発の具体的展開のカギになるのは政治過程であると理解は進んでいった．PEA によって，実務家は，各方面の支持が得られてかつ貧困層に益することができるような計画に役立てることができる．PEA によって，ある予算計画では，NGO からの情報提供を受けて，公的な予算の陰で行われていた非公式な予算執行の暴露に結びついた [DFID 2009]．開発機関は，地方に根を張った制度や政治権力者の利害がどのように作用するのか，その非公式制度と関係（ネットワーク）を理解するのに多くの時間をかける必要がある．彼らと共通の利益を見出せるなら，プロジェクトが成果をあげる見通しは立ちやすくなる．共通の利益を模索する駆け引きにおいて決定的な影響を及ぼすのは地方エリートである [Unsworth 2011]．

　ただ，PEA は援助側のアプローチであり，途上国側の開発のオーナーシップを損なうのではないかという懸念もあった．PEA は，崇高な「政治思考」より「問題解決」型あるいは「地方版」のより現実的・技術的なものになってきたという指摘もあった．DFID の官僚層は PEA を政治的にセンシティブだ，あからさまだとみなし，否定的に考えていた．途上国の交渉相手の利害関係を知りながら交渉するのは，やりにくくはある．相手国政府に知れたら相互不信になるのではないか，相互信頼がなければ交渉や計画はうまくいかない．現地の情報提供者の情報をどれだけ信用できるのかという懸念もあった．それゆえ，次世代の PEA は途上国側との合同研究にするとか（ルワンダでやったところ，換骨奪胎になった［木村 2016: 51-52]），改革派連合に資するようにするとか，考える必要があるという議論展開になった [Fisher and Marquette 2014]．

　PEA の中心的な貢献は，政治文脈を考慮した場合，開発計画の何が実行可能で，何がそうでないかを明らかにすることにある．ガバナンス改善は援助受け入れ国の内政問題である．それは公共経営の問題であって，政治文脈は表面化しない．政治文脈は裏の非公式の論理である．政治家の支持基盤強化に結びつくようなら開発計画は進展するが，貧困層や NGO のエンパワメントといった計画は，政治家が熱心でなければ進展しない．現実は現場の政治家の裁量が非常に重要である．そこでは公的な制度は限定的な影響しか持たない．開発は政治であるという事実を公言することは，開発機関には困難である．政治が問題だと認識されていながら，問題であるようにすることが，必要な手順になる．要するに，現実には，政府の効率性や説明責任を強化するためには，開発

プロジェクトを推進するにあたって、政治の利害がどう絡んでいるかの分析を掛け合わせることが必要とされるのだ [cf. Routley and Hulme 2013; Unsworth 2007].

5 ガバナンスとSDG政策
——SDG 16, 17 に寄せて——

　経済・社会開発や持続可能な開発政策の中心には政府とその統治 (ガバナンス) がある. とりわけ, 経済界も市民社会団体も弱い途上国では, 政府がしっかりしなければ開発もSDGsも進まないという幅広い国際的合意がある.

　SDGsは, その正式名称が「われわれの世界を変革する：持続可能な開発に向けた2030年アジェンダ」であり, その中心命題は「世界の変革」である. SDGsは2000年のMDGs (ミレニアム開発目標) が終了する2015年に合わせてのその後継戦略と, 1992年の国連環境開発会議 (リオ・サミットまたは地球サミット) の後継戦略を話し合った2012年の「リオ＋20」(リオ・サミットの20年後の意味. 国連持続可能な開発会議) とが合体したものである. SDGsは, 序文と宣言, 国際的な参加型で集約した17目標, それに実行手段と進展状況に関する「フォローアップとレビュー」の説明からなっている.

　SDGsの「宣言」は持続可能な開発の5項目を提起した. 第一に「最大の地球規模課題」である貧困撲滅, そのための経済成長, 不平等対応, および社会的包摂という途上国の貧困課題を念頭に置いた4つの課題が提起されるとともに, 5つ目の環境が実際には中心的な論点になってきた. それは途上国側が重視する経済成長と貧困撲滅重視より, 先進国や多くの国際NGOが重視する環境課題が, 力関係から中心議題のようになったということである. 「宣言」の環境課題も, ①持続可能な消費および生産, ②天然資源の持続可能な管理, ③気候変動に関する緊急の行動となっているのに, 最も重要度が置かれた①があまり重視されず, ③のなかの二酸化炭素問題に関心が集中してきた感が否めない. 岩波新書『SDGs』[2020] の著者の1人であるNPO畑の稲葉雅紀は, ある調査報告をもとに, 「現代の人類社会は, 2016年の段階で, 地球の再生能力の1.69倍を消費している」として, その生産・消費構造の変革にもっと焦点を当てるべきだと主張している. 慧眼である [南 2020: 118-120]. 世界経済フォーラムの会長でダボス会議主催者クラウス・シュワブは, 世界が持続可能なレベル

の資源消費を超えたのは 1970 年で，2020 年には持続可能なレベルのほぼ倍に達していると書いた [Schwab 2020].

　参加型で集約された 17 目標とその細目の 169 ターゲット，および達成状況をはかる指標 232 は，あまりにも多岐にわたり，どれも重要ではあるが優先順位がなく，希望リストを連ねたウイッシュリストとなった感は否めない．実施は各国の主体性に委ねられたため，優先順位の設定（否定的に言えば各種項目のネグレクト）も，権威主義化を強める各国政府の事情に基づいた判断に委ねられたのである．ここには，SDGs を達成するもしないも，その中心には各国の政府とガバナンスにかかっているという前提，あるいは枠組みがある．2016 年から始まった 2030 年目標は，すでに半分が過ぎた．MDGs の総括でもあったように，各国は SDGs でも取組やすい項目を中心に成果を述べ，肝心の部分には口をつぐむ報告が多いように見える．社会や企業の民間レベルや地方政府では SDGs をめぐって多くの熱心な取組が見られるが，目標は各国ごとなので，政府がリーダーシップを持って目標達成の国家レベル全体の戦略を立てなければならないはずである．2030 年までの総論の目標提示はされている．それさえも，3/4 の国の目標が不十分と分析されているが，目標達成への各国の具体的政策はさらにあいまいである．

　「宣言」第 9 項では，民主主義，良きガバナンス，法の支配（SDG 16），およびそれを可能とする政策環境（SDG 17）が，持続可能な開発には不可欠であるとする（essential：外務省仮訳では「極めて重要」とぼかしてある）．要するに，SDGs の各項目を達成するためには，ガバナンス条項といわれる SDG 16 とパートナーシップ条項といわれる SDG 17 が不可欠であると規定しているのである．

　よくいわれるように，ガバナンスは 1 つの分野ではない．国際協力（global partnership）と並んで，全部の開発目標にかかる推進力なのである．世界銀行の 2022 年ガバナンス総括報告は言う．「ガバナンスは，SDGs 2030 年の達成に不可欠である．SDG 16 と 17 は他のすべての SDG 目標の達成に不可欠であると広く認識されている．イノベーションと政府全体の取組が，幅広い目標の達成，SDG 全体の成果を保証する公共部門，そして市民と民間部門との信頼を築く上で必要であり，それらの達成を支える諸資源をもたらすのである [World Bank 2022: 8].「SDGs 達成のためには，政府による政策分野全体への働きかけが必要である．戦略的構想，優先順位設定と実行のためには政府全体の取り組みが必要

である」[OECD 2019 Executive Summary]．MDGs 推進の時もそうであった．「援助側には次のようなコンセンサスがある．MDGs 達成の中心的障害物の1つが弱いガバナンスである．貧困削減は経済成長を促進する政策や制度環境なしには達成できない」[GOVNET 2005: 7]．

　途上国の貧困克服を目指す学問分野である国際開発学関係者の2著では，高柳彰夫・大橋正明編『SDGs を学ぶ』(2018 年) の SDGs を解説した第9章と，野田真里編著『SDGs を問い直す』(2023 年) の第13章はいずれも，SDG 16 と 17 がともに全体の目標にかかることをよく押さえている．もっとも野田編の序文や環境問題が専門である蟹江憲史の『SDGs』(中公新書, 2020 年) は SDG 16 の認識が不十分である．出回っている SDGs の解説図で，政府のリーダーシップが明示できていない図は随分多い．本来は南博が岩波新書の『SDGs』で描いたような図式が欲しいところである [南・稲葉 2020: 114]．新型コロナの数年の経験で，人々は，政府が経済と社会を采配する現実をいやというほど見せつけられたはずであるが，一旦できあがった政府軽視の思い込みは容易に崩れないということであろう．

　歴史の史料を読むとき，書かれていることの内容を理解するだけでは「読めた」とは言えない．その時代とそこに置かれた人の背景を理解し，その上で何が書かれ，何が書かれていないかも理解して初めて「読めた」という．

　MDGs もガバナンスに沈黙していた．その中心となる理由は，ガバナンスが本質的にセンシティブな政治問題であるからである．世界には，ガバナンスが未熟な国や非民主的な国が多くあり，国連決議でコンセンサスを形成するにあたって，配慮が必要だったのである [ODI 2012: 1]．SDGs にも同じ政治問題の構図があり，SDG 16 の策定は困難を極めたという [南・稲葉 2020: 第2章]．それが明言されることは少ない．それゆえ，SDGs の解説者はそれについて言及する義務がある．

おわりに

　日本の援助関係者の間では，『世界開発報告 2017: ガバナンスと法』は不評だったという．それはそうだろう．日本の外務省や JICA は内政不干渉厳守政策で政治という言葉を使わないが，それは国際機関や他の先進国援助機関の「途上国開発の真の問題は政治にある」という認識とはかけ離れた政策になっ

ている．イギリス開発学会会長デイビッド・ヒュームがSDGs決議の年である2015年の著書で述べた「問題は政治だよ．分からず屋さん」という言葉の理解など，考えられないのであろう．しかし国際開発の世界では「政治が問題だ(Politics matters)」が基本認識になっている．

長年，アメリカ国際開発庁（USAID）で働いてきたカラザースは，その著『政治に対決する開発援助：ほとんど革命』のなかで言う．「1990年代はじめから，政治の話を避けてきた国際諸機関は，急に政治と経済開発の密接な関係を繰返し強調し始めた．それは国際援助文脈の大変動であった」．汚職だけでなく，やる気のなさや予算が適切に使用できないなど，途上国政府が原因で膨大な援助の無駄が発生しており，変化させることの重要性は分かっていた．しかし多くの開発実務家は，開発に政治が係っていることは知っているが，「立ち入らないという状況」があったと［Carothers 2013: 7; 21; 55］．それがいまや政治的視点を援助の目的から方法にまで適用するようになったのは，「ほとんど革命的変化」であった．

しかしまだ課題が山積している．ガバナンス重視の関係者は，ガバナンスがあらゆる分野の援助効率を改善する中心であると認識しているが，社会分野・経済分野の関係者は「ガバナンスはガバナンスの分野のもの」という認識を続けている．PEA（政治経済分析）への不満の1つは，開発計画が失敗する理由を説明することはできるが，ではどうしたらいいのかを示すことができていないことである．オーナーシップで被援助国の主体性を重視すると，被援助国が民主化やガバナンス計画に反対すれば，それらは進まない［Carothers 2013: 234-236; 263; 270］．

SDGs推進も同じ問題に直面してきた．一方で，SDG 16とSDG 17は全体にかかり，各国に委ねられた進展を総括するのは各国政府であるという議論に対して，各国政府のリーダーシップを軽視し，SDG 16が全体にかかることを認識しない人は多い．さらに，途上国では，政府は，努力するといいながら具体的政策は弱く，公約の実現はあやふやであることも少なくない．

「先進例を移植して近代化を促進する」というこれまでの途上国開発戦略の標準的な政策枠組みが大規模に失敗し，あるいは（制度をつくるといった）形だけの進展を見せている潮流があるなかで，国家能力を引き上げる諸方策はなお停滞状況にある．制度や国家能力は成功の結果であり，成功例を積み重ねるのは各国の状況に合った対応への工夫・過程である［Andrews 2017: 27-28; 47］．

かつてウィーアルダは『入門比較政治学』のなかで書いた．経済学者も社会学者も途上国開発の政治的要因にまったく注意を払わなかった．政治学者は，途上国に行ったことのないタルコット・パーソンズや，アーモンドらの『発展途上地域の政治』から出発し，後続の研究者は，その理論とは似ても似つかぬ現実に直面したと［Wiarda 2000：邦訳 63-67］．途上国開発政策や環境政策のガバナンスをめぐる議論において，開発や国家建設より選挙や政争に焦点を当てる政治家や政治学者が多分いちばんの問題なのだろう．

注

1）非公式な制度とは，社会慣習，人間関係，明文化されていない規則，合意形成の仕方などの社会・文化を言う．
2）西欧や日本では，法的共同体である国家と公的機関の束である政府とを区別する．しかしアメリカでは国家と政府は同じであるという認識が一般化しており，国際諸機関もそうなっている．
3）ハク（Mahbub ul Haq）はパキスタンの経済学者．UNDP 顧問として人間開発理論の元祖的存在．セン（Amartya Sen）はインドの経済学者．Oxford, Cambridge, Harvard で教え，94 年アメリカ経済学会会長．98 年ノーベル経済学賞受賞．
4）北欧諸国はその福祉国家政策を延長して早くから実現していたが．日本は 0.39%．

◆参考文献◆

<邦文献>

木村宏恒［2014］「総論ガバナンスの開発政治学的分析」，国際開発学会『国際開発研究』（特集ポスト 2015 年開発戦略におけるガバナンス）23-1．
―――［2016］「ルワンダの開発と政府の役割」，名古屋大学大学院国際開発研究科 Discussion Paper, No. 200［online］．
木村宏恒監修［2018］『開発政治学を学ぶための 61 冊』明石書店．
木村宏恒・近藤久洋・金丸裕志編［2011］『開発政治学入門』勁草書房．
―――［2013］『開発政治学の展開』勁草書房．
野田真里編［2023］『SDGs を問い直す』法律文化社
前田啓治［2000］『開発の人類学――文化接合から翻訳的適応へ――』新曜社．
南博・稲場雅紀［2020］『SDGs』岩波書店．
山口定［1982］「ネオ・コーポラティズム論における"コーポラティズム"の概念」『思想』2 月号．

<欧文献>

Andrews, M. et al.［2013］*The Limits of Institutional Reform in Development*, Cambridge University Press.

———— [2017] *Building state capability*, Oxford University Press.

Bevir, M. [2012] *Governance : A Very Short Introduction*, Oxford University Press（野田牧人訳『ガバナンスとは何か』NTT 出版, 2013 年).

Blind, P. K. [2019] "How" relevant is governance to financing for development and partnership - interlinking SDG 16 and SDG 17 at the target level," UN DESA working papers.

Block, F. [2008] "Swimming Against the Current : The Rise of a Hidden Developmental State in the United States," *Politics & Society*, 20(10).

Carothers, T. (& D. De Gramont) [2013] *Development Aid Confronts Politics : The Almost Revolution*, Carnegie Endowment for International Peace.

Castañeda, J. G. [2010] Not Ready for Prime Time-Why Including Emerging Powers at the Helm Would Hurt Global Governance," *Foreign Affairs*, Sept 2010（カスタニェダ「本当に新興国を世界の中枢に迎え入れるべきなのか——ブラジル, 中国, インド, 南アフリカの成功の限界——」『Foreign Affairs Report』, 2010. 10).

Clarke, G. [2017] "UK development policy and domestic politics 1997–2016," *Third World Quarterly*, 39(1).

Collier, P. [2007] *The bottom billion*, Oxford University Press（中谷和男訳『最底辺の 10 億人』日経出版, 2008 年).

DFID [2004] Drivers of Change（https : //www.shareweb.ch/site/DDLGN/Documents/DFID%202004%20drivers%20of%20change.pdf, 2024 年 4 月 24 日閲覧).

———— [2006] *Eliminating World Poverty : Making Governance Work for the Poor-A White Paper on International Development.*

———— [2008] "States in Development-Understanding State-Building," （https : //www.eldis.org/document/A 42049, 2024 年 4 月 24 日閲覧).

———— [2009] "Political Economy Analysis : How to Note," （https : //beamexchange.org/resources/468/, 2024 年 4 月 24 日閲覧).

Djurfeldt, A. A. [2013] "African Re-Agrarianization? Accumulation of Pro-Poor Agricultural Growth," *World Development*, 41.

Dollar, D. and A. Kraay [2000] *Growth is good for poor*, World Bank.

Drucker, P. F. [2002] *Managing in the Next Society*, St. Martin's Press（上田惇正訳『ネクスト・ソサエティ』ダイヤモンド社, 2002 年).

Duncan, A. and D. Hulme et al. [2002] BANGLADESH - Supporting the drivers of pro-poor change.

Ellis, F. [2006] "Agrarian Change and Rising Vulnerability in Rural Sub-Saharan Africa," *New Political Economy*, 11(3).

Fisher, J. and H. Marquette [2014] "Donors Doing Political Economy Analysis-TM : From Process to Product," International Development Department, University of

Birmingham.

Fraser-Moleketi, G. [2010] *A Guide to UNDP Democratic Governance Practice*, UNDP.

GOVNET（OECD DAC Network on Governance）[2005] Lessons learned on the use of Power and Drivers of Change Analyses in development cooperation.

Grindle, M. [2004] "Good Enough Governance : Poverty Reduction and Reform in Developing Countries," *Governance*, 17(4).

——— [2007] *Going Local : Decentralization, Democratization, and the Promise of Good Governance*, Princeton University Press.

——— [2012] *Jobs for the Boys : Patronage and the State in Comparative Perspective*, Harvard University Press.

——— [2017] "Good Governance : A Critique and an Alternative," *Governance*, 30 (1).

Haq, M. ul [1995] *Reflections on Human Development*, Oxford University Press（植村和子他訳『人間開発戦略――共生への挑戦――』日本評論社，2007年）.

Hulme, D. [2016] *Should Rich Nations Help the Poor?* Polity Press（佐藤寛監修『貧しい人を助ける理由』日本評論社，2017年）.

Islam, N. [2014] "Beware, the Middle Class is being Hijacked by the World Bank," *Bangladesh e-Journal of Sociology*, 11(2).

Jing, Y. [2017] "The Transformation of Chinese Governance : Pragmatism and Incremental Adaptation," *Governance*, 30(1).

Johnson, C. [1999] "The Developmental State : Odyssey of a Concept," in M. Woo-Cumings ed., *The Developmental State*, Cornell University Press.

Kassen, R. [1986] *Does Aid Work?* Oxford University Press（国際援助研究会訳『援助は役立っているか？』国際協力出版会，1993年）.

Kaufmann, D. and A. Kraay [2009] *Governance Matters VIII*, The World Bank.

Kossoff, S. [2017] The WDR 2017 on Governance and Law : Can it drive a transformation in development practice?（https : //frompoverty.oxfam.org.uk/the-wdrs-2017-on-governance-and-law-can-it-drive-a-transformation-in-development-practice/，2024年4月24日閲覧）.（online）.

Leftwich, A. [2000] *State of Development*, Polity.

Leftwich, A. ed. [2004] *What is Politics*, Polity.

Levy, B. [2017] Two cheers for the 2017 World Development Report（2017年8月28日閲覧）.

Milanovic, B. [2023] "The Great Convergence : Global Equality and Its Discontents," *Foreign Affairs*, July 2023（「資本主義の衝突――『民衆の資本主義』か『金権エリート資本主義』か――」『Foreign Affairs Report』，2020年1月号）.

Moore, M. and S. Unsworth [2006] "Book Review Article, "Britain's New White Paper : Making Governance Work for the Poor," *Development Policy Review*, 24(6).

Murphy, C. [2006] *The United Nations Development Programme : a better way?* Cambridge University Press（峯陽一・小山田英治監訳『国連開発計画の歴史』明石書店 2014 年）.

North, D [1990] *Institutions, institutional change and economic performance*, Cambridge University Press（竹下公視訳『制度・制度変化・経済成果』晃洋書房，1994 年）.

ODI（Overseas Development Institute）[2012] Lessons from the MDG framework and why governance matters.

OECD [2019] *Governance as an SDG Accelerator*, OECD Publishing.

Peters, G. [2004] Chapter 2 Politics is about Governing, in Adrian Leftwich ed., *What is Politics?* Polity.

——— [2018] *The Politics of Bureaucracy*, 7th edition, Routledge.

Pomerantz, P. R. [2011] "Development Theory," in M. Bevin ed., *The Sage Handbook of Governance*, Sage.

Rhodes, R.A.W. [1997] *Understanding Governance*, Open University Press.

Routley, L. [2012] "Developmental states : a review of the literature," ESID Working Paper No.03, University of Manchester, UK.

Routley, L. and D. Hulme [2013] *Donors, Development Agencies and the use of Political Economic Analysis*, ESID, University of Manchester（https : // www.effective-states. org / wp-content / uploads / working_papers / final-pdfs / esid_wp_19_routley-hulme. pdf，2024 年 4 月 24 日閲覧）.

Sandbrook, R. [1985] *The Politics of Africa's Economic Stagnation*, Cambridge University Press（小谷暢訳『アフリカ経済危機の政治分析』三嶺書房，1991 年）.

Schneider, B. R. [1999] "The Disarrollista State in Brazil and Mexico," in M. Woo-Cumings ed., *The Developmental State*, Cornell University Press.

Schwaib, K. [2020] "Capitalism Must Reform to Survive From Shareholder to Stakeholder," *Foreign Affairs*, January 16（「資本主義を救う改革を——株主資本主義からステイクホールダー資本主義へ——」『Foreign Affairs Report』2020 年 2 月号）.

Stevens, M. and S. Gnanaselvam [1995] "The World Bank and Governance," *IDS Bulletin*, 26(2).

Sundaram, J. K. and A. Chowdhury eds. [2012] *Is Good Governance Good for Development?* Bloomsbury Academic.

Turner, M. and D. Hulme [1997] *Governance, Administration and Development*, Macmillan.

UNDESA, UNDP, UNESCO [2012] *Governance and Development*, UN.

UNDP [2002] *Human Development Report 2002*, Oxford University Press（横田洋三 他 監修『人間開発報告 2002：ガバナンスと人間開発』国際協力協会，2002 年）.

——— [2013] *Human Derelopment Report 2013*（横田洋三・秋月弘子・二宮正人監修『人間開発報告：南の台頭——多様な世界における人間開発——』阪急コミュニケー

ションズ, 2013 年).

——[2021] *UNDP Strategic Plan, 2022-2025.*

——[2022] *Renewed Governance and Peacebuilding Framework for Africa 2022-2025.*

Unsworth, S. and Conflict Research Unit [2007] Framework for Strategic Governance and Corruption Analysis, Netherlands Institute of International Relations.

Unsworth, S. [2008] "Is Political Analysis Changing Donor Behaviour?" paper prepared for Development Studies Association conference, London.

Unsworth, S. and G. Williams [2011] "Using Political Economy Analysis to improve EU Development Effectiveness," Devco (Development Committee), Finland.

Whaites, A. [2008] "States in Development : Understanding State-building," DFID Working Paper.

Wiarda, H. J. [2000] *Introduction to comparative politics*, Harcourt College Publishers (大木啓介訳『入門比較政治学』東信堂, 2000 年).

Woo-Cumings, M. ed. [1999] *The Developmental State*, Cornell University Press.

World Bank [1989] *Sub-Saharan Africa : From Crisis to Sustainable Growth*, World Bank.

——[1992] *Governance and Development*, World Bank.

——[1997] *World Development Report : The State in A Changing World*, World Bank (『世界開発報告 1997：開発における国家の役割』東洋経済新報社, 1997 年).

——[2000] *World Development Report : Attacking Poverty*, World Bank (『世界開発報告 2000：貧困との闘い』東洋経済新報社, 2000 年).

——[2002] *World Development Report : Building Institutions for Markets*, World Bank (『世界開発報告 2002：市場制度の構築』シュプリンガー, 2002 年).

——[2005] *World Development Report : A Better Investment Climate for Everyone*, World Bank (『世界開発報告 2005：投資環境の改善』シュプリンガー, 2005 年).

——[2011] *World Development Report : Conflict, Security and Development*, World Bank (『世界開発報告 2011：紛争. 安全保障と開発』一灯社, 2012 年).

——[2017] *World Development Report : Governance and the Law*, World Bank (『世界開発報告 2017：ガバナンスと法』一灯社, 2018 年).

——[2021] *Global Governance Program*, World Bank.

——[2023] *World Development Report : Migrants, Refugees and Societies*, World Bank.

第2章
世界的な民主主義の後退と民主的ガバナンス

金丸 裕志

はじめに

アメリカでのトランプ大統領の登場，イギリスのEU離脱（Brexit），西欧で激化する排外主義，人権を軽視する政治リーダーの台頭，中国の影響力の増大と拡張主義，そしてロシアのウクライナ侵攻．世界的に，民主主義が危機的状況にある．数々の世界的な政治学者が近年，相次いでそう訴える（Mounk [2018], Levitsky and Ziblatt [2018], Runciman [2018] など）．こうした世界的趨勢をスタンフォード大学の著名な政治学者ラリー・ダイアモンドは「民主主義の後退（democratic recession）」と呼んでいる［Diamond 2011；2015；2019；川中編 2018］．実際，個々の事例だけでなく，世界大での各国の自由と民主主義の状況を継続的に調査している団体が，相次いでそのエビデンスを示している．

他方，国際開発における議論と実務は，経済開発から社会開発，人間開発から貧困削減などの議論と実践を経て，2000年の国連における「ミレニアム宣言」を基にまとめられた「ミレニアム開発目標（MDGs）」から，そのMDGsを継いで2015年に国連で決議された「持続可能な開発目標」すなわちSDGsに結実する．

今やこのSDGsは，日本でも広く一般に認知されるようになった．しかし一般に言及されるSDGsの内容とは，例えば気候変動や地球温暖化といった環境問題やフードロス，プラごみの問題や貧困削減といったものが多いように思われる．これらはいずれも実際にSDGsの17のゴール（目標）と169のターゲットに含まれるものであり，なおかつ取り組みが急がれる喫緊の課題でもある．しかし，開発政治学を専門分野とする筆者を含む本書の執筆陣が着目するSDG

16「平和と公平をすべての人に」は，SDGs の内容としては一般の方にはあまりなじみがないものかもしれない．ましてや本章がテーマとする「民主主義」や「ガバナンス」は，具体的にそれがどう SDGs の内容と関係するのかピンと来ないかもしれない．

この SDG 16 について，高柳彰夫・大橋正明編『SDGs を学ぶ』の第 9 章「平和とガバナンス——SDG 16」で若林秀樹はこう書いている．

> ゴール 16『平和と攻勢をすべての人に』は，ゴール 17 と並び，ゴール 1 ～15 までを達成するための横断的な目標であり，その達成度合い如何でゴール 15 までの達成に大きな影響を与えるものである．……この目標は，MDGs では存在しなかった性格の目標であり，MDGs の反省に立ち，改めて持続可能な開発を目指す前提としての社会の在り方を問うものであるともいえよう．[若林 2018: 179-180].

また国連事務総長は 2019 年版『SDGs 進捗状況報告』(Report of the SG on SDG Progress 2019) で「制度，ガバナンスそしてスキルセットはまだ，このような一連の情報を政府全体および社会全体へのアプローチ，そして 2030 年のアジェンダ（＝SDGs：筆者）の各項目をまたぐアクションに読み替えていくよう調整できていない」[United Nations 2019: 36] とのべている．さらにこれを引用しながら，世界銀行の『世界ガバナンスプログラム』[World Bank 2021] は，「2030 年 SDGs を達成するために」という項目で，「これら一連のガバナンスの成果は，2030 年の SDGs 達成にとって本質的である．そして，SDG 16 および 17 の目標は，そのほかのすべての SDGs 目標にとって本質的であるということも広く認識されている」[World Bank 2021: 8-9] と書いている．

このように，本章の主題となる「民主主義」と「ガバナンス」は SDGs ともかかわり，なかでもその目標 16 とかかわっている．そして 17 ある SDGs の目標のなかでも一般的にはなじみの少ないこの目標 16 は，実は他の目標を包括するものであり，そのベースをなしているともいえるのである．

政治学者などが民主主義を論じる際に力点が置かれている部分と，開発の実務と議論において力点が置かれている部分とは異なっているように思われる．後に見るように，前者は政治過程に着目し，後者は執行過程に着目している．しかし，それらはいずれも一体不可分のもので，どちらかがあればよいというものではない．ところが，開発と政治を巡る議論の中では，しばしばそれらが

別のものとして，そしてときには互いに背反するものとして論じられてきた．

　以下ではまず1で，「民主主義の後退」と呼ばれる世界の現状について各種の世界的な調査をもとにその実態を紹介したあと，そうした現状や趨勢を政治学はどう把握してきたかをみる．そのあと2では，民主主義と開発やガバナンスが政治システムの2つの側面を別の方向からみてきたことを明らかにする．そして3で，開発と民主主義がこれまで別物として理解され，ときに背反するものとして捉えられていたことを紹介し，それが別の側面であったとしてもいずれも必要であること，そしてそれは，民主主義が後退局面にある現在でこそ，なおさら重要であると主張する．

1　世界的な「民主主義の後退」

(1)　世界における「民主主義の後退」の現状

　「民主主義の度合い」を計測することは今日，民間シンクタンクなどがさかんに行っている．なかでも政治学者やメディアがよく利用するのが，フリーダムハウス（Freedom House）やV-Dem研究所，そしてエコノミスト誌の研究部門であるEIU（Economist Intelligence Unit）であろう．いずれも独自の指標を用いて各国の民主化度合いを数値化し，それを毎年報告している．

　これらの調査・報告のなかでまず，フリーダムハウスの調査結果によると，**図 2-1** のように，2010年代以降，同調査による「自由」とされる国の数は減少傾向にあり，とくに2016年以降，その傾向が著しい．逆に2019年以降は「自由でない」と分類される国の数の割合が顕著に増加していることがわかる．

　同様の傾向は別の指標を用いているV-Dem研究所の調査でも明らかになるが，この調査では，「民主主義化／権威主義化」する国の数の推移だけでなく，各国の人口も勘案して，その変化の傾向を示している．2023年に発表された報告の中に示されている**図 2-2** にその傾向が示されている．2つあるグラフの左側がそれぞれの国の数を示したものであり，2002年以降，現在までの増加傾向が分かる．興味深いのはその右側のグラフで，こちらはそれらの国々の人口を加味したものであるが，そこではさらにこの10年間，2012年以降の増加がきわめて顕著であることが分かる．つまり，この10年間の「民主主義の後退＝権威主義化」は，より多くの国々で起きているのみならず，なかでも人口の多い国で起きていることがここに示されているのである．言い換える

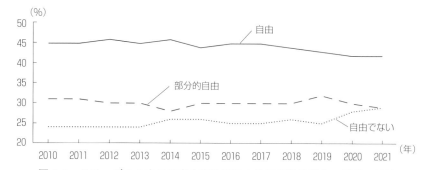

図 2-1 フリーダムハウスの自由度分類による国の数の割合：2010〜2022
（出所）https://freedomhouse.org/report/freedom-world より筆者作成．

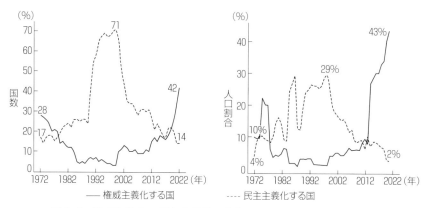

図 2-2 権威主義化・民主主義化の変化：1972〜2022（国数・人口比）
（出所）V-dem_democracyreport 2023, p.20.

と，近年はきわめて多くの人々が権威主義体制の下で暮らすようになったということである．

(2) 政治学における民主化／権威主義化論の動向

　こうした，近年における世界的な「権威主義化」の趨勢は，政治学者によって比較的早期に観察されていた［金丸 2019］．冷戦崩壊後の 1990 年代に頂点となる民主化の「第三の波」［Huntingtong 1991］の一方で，すでに 90 年代後半には，多くの新興民主主義国が「見せかけの民主主義」［Diamond, Linz and Lipset

1995],「半民主主義」[Case 1993 ; Crouch 1993],「非自由民主主義」[Zakaria 1997],「選挙民主主義」[Diamond 1996],「委任民主主義」[O'Donnell 1999] であることが指摘されていた. これらはいずれも「不完全な民主主義」[Croissant and Merkel 2004] あるいは「部分的な民主主義」[McFaul 2002] であるという点で共通しており, いわば民主主義体制と権威主義体制との間に位置する「グレーゾーン」[Carothers 2002] あるいは「ハイブリッド」[Diamond 2002] の政治体制であるといえる. ただし気を付けたいのは, これらはいずれも「民主主義」に何かしらの「形容詞」が付けられたものであり, この 1990 年代後半に指摘されていた民主化の不全の問題は,「形容詞つきの民主主義体制」[Collier and Levitsky 1997] として指摘され続けてきたということである.

　ところが 2000 年代にはいると, 政治学者は,「形容詞つきの権威主義体制論」[宇山 2014] を盛んに論じ始めた. その代表的なものが, レヴィツキーとウェイの「競争的権威主義体制」[Levitsky and Way 2002 ; 2010] であろう. ほかに,「半権威主義体制」[Ottaway 2003] や「選挙権威主義体制」[Schedelr ed. 2006] といった呼称も出されている. よってこの時代には, 同じ「グレーゾーン」の政治体制を「権威主義体制」に何らかの形容詞を付することで呼ぶようになったのである[1].

　こうした権威主義化する趨勢はとどまることなく続き, 2010 年代後半以降は相次いで「権威主義」研究が提出されるようになった. その代表的なものとして, フランツ『権威主義——独裁政治の歴史と変貌——』[Frantz 2018] やアプルボーム『権威主義の誘惑——民主主義の黄昏——』[Applebaums 2020], ベン゠ギアット『新しい権威主義の時代』[Ben-Ghiat 2021], そして日本人研究者の中でも, 川中豪編 [2018]『後退する民主主義, 強化される権威主義』をはじめ, 大澤傑 [2020]『独裁が揺らぐとき——個人支配体制の比較政治——』, 山田紀彦編 [2015]『独裁体制における議会と正当性——中国, ラオス, ベトナム, カンボジア——』, また最近では東島雅昌『民主主義を装う権威主義』[2023] といったすぐれた研究がある. こうした政治学の議論の動向をまとめたものが, 次の**表 2-1** である.

表 2-1 政治学の議論の動向

時代	政治学の議論の中心
～1990 年代前半	民主化（民主化移行・定着）
1990 年代後半	形容詞付きの民主主義
2000 年代	形容詞付きの権威主義
2010 年代～	権威主義

(出所) 筆者作成.

2　政治と開発

(1)　政治システムから考える

　それでは，このような「民主主義の後退」ないしは「権威主義化」は「ガバナンス」とどのような関係にあるのであろうか．その際，民主主義の政治体制をきわめて単純にそして図式的にとらえた「政治システム論」をもとに考えてみたい．政治システム論は古くアメリカの著名な政治学者デイヴィッド・イーストンによって提唱されたもので，政治決定の主体に対する社会・国民からの「入力」と逆に政治決定によって行われる「出力」，そして結果として再び「フィードバック」として次の「入力」へとつながるという捉え方で，これらが一連の「システム」としてとらえられるというものである（図2-3）．

　政治システム論でいう「入力」「出力」といういい方は，国家や政府といっ

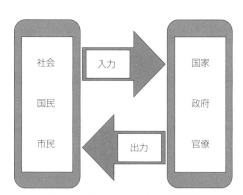

図 2-3　政治システムの概略図
(出所) 筆者作成.

た政治決定の主体からの視点に立脚するものであるといえ，私たち政治社会にいる国民や市民の視点とは異なるといえる．近年の研究の中には，これら「入力」にあたるものを「権力へのアクセス」，また「出力」に当たるものを「権力の行使」と呼ぶものもある［Mazucca 2010: 342-344］．これに対して本章では，「入力」にあたるものを「政治過程」，「出力」にあたるものを「執行過程」と呼ぶことにする．

この政治システムのイメージを詳しくすると下記の**図 2-4** のようになる．ここでは，政治システムにおいて「入力」とされていたものを「政治過程」とし，国民や有権者のいる「政治社会」の領域からその意思を「政治決定」が行われる領域へと伝達するプロセスを示す．その際，この政治過程には，政党や利益団体などの団体，ソーシャルメディアも含む各種メディアがそれを媒介するアクターとして存在する．このようにして各種の媒体を通じて伝達された政治社会の意思は，政治決定により政策（public policy）として結実する．よってこの政治決定領域は政策決定と呼んでもよい．

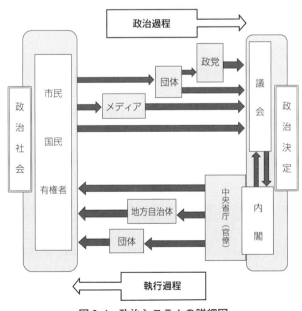

図 2-4　政治システムの詳細図

（出所）筆者作成．

こうして決定された各種の公共政策は，今度は逆にその決定を執行する「執行過程」に入る．政治システムにおいて「出力」と呼ばれるものである．この「執行過程」は一般に，「行政」ともいわれる．議会や内閣などで作成・決定された政策が，中央官庁（官僚）や地方自治体，特殊法人なども含む各種団体によって実施され，私たち国民や社会に届く．これが執行過程である．

むろんこれは**図 2-3** の政治システムの概略に各種のアクターを付け加えたもので民主主義の政治の仕組みの理念型である．実際は，市民や団体などが省庁や自治体に直接，働きかけたり，「コーポラティズム」[Schmitter and Lehmbruch eds. 1973；Lehmbruch and Schmitter eds. 1979] と呼ばれるように，政府の諮問機関の中で影響力を行使することもある．また近年では，内閣や政府の議会に対する自律性が高まり，政治が「大統領制化」しているともいわれる[金丸 2023；Poguntke and Webb eds. 2005；岩崎編 2019]．ただしここでは，のちにみるように，民主主義を強調する政治学者が主に「政治過程」を重視し，ガバナンスが「執行過程」に主に着目する点を強調するために，このように単純化した理念型的な図式を示している．

(2) 民主主義の焦点としての「政治過程」

ここまで世界的な「民主主義の後退」の潮流を各種調査から確認し，また1990 年代以降，政治学者が民主化の停滞と権威主義化の兆候をすでに論じ始めていたということを紹介した．そのうえで，この前に，民主主義の政治システムはかつて「入力」と「出力」と呼ばれていた 2 つのプロセス，本章でいう「政治過程」と「執行過程」という 2 つのプロセスが体系的（systematic）に組み合わされて形成され機能しているということを確認した．本章で指摘したいのは，政治学者が強調する民主主義や民主化は，この民主主義のシステムのうちの「政治過程」の方に重点があるのではないかということ，他方，開発やガバナンスを論じる側は「執行過程」に主眼を置きがちではないかということである．

まず，前述した政治学における民主化論や「民主主義の後退」論そして「権威主義化」の議論において，その議論の力点はどこにあるのかを確認する．冷戦の終焉期にかけて盛んに論じられてきた民主化論の中でその後もっとも影響力を持った，サミュエル・ハンチントンの『第三の波』を見てみると，民主化する国が増加傾向にあると彼が断じる際，それは次のように定義された民主主

義国が増加していることを意味していた．すなわち，彼は「候補者が自由に票を競い合い，しかも実際にすべての成人が投票する資格を有している公平で公正な定例の選挙によって，その最も有力な決定作成者集団が選出される20世紀の政治システムを，民主主義的なものと定義する」[Huntington 1991: 邦訳7]とした．これは政治学において，民主主義の「手続き的定義」と呼ばれ，この時期に盛んに使われてきた民主主義体制の基準となるものである．

この定義では何より，最終的な政治決定にかかわるものすなわち議会の議員や執政長官としての大統領や首相そしてその執政長官が形成する内閣が何よりも「選挙」を通じて選出されるということ，そしてその「選挙」も「すべての成人が投票する資格を有している公平で公正な定例の選挙」であることが条件づけられている．すなわち，この1990年代初めにかけての政治学における民主化論は，「選挙」（およびその中で公正な競争が課されている政治家や政党など）を民主主義体制の最大の条件としており，その意味でもっぱら「政治過程」に着目するものであったといえる．これは，その後の「形容詞付き民主主義／権威主義」の議論にしても同様で，選挙が行われていてもそれが形だけの選挙であったり，そもそも市民的自由の伴わないものであったり，あるいは政治参加や市民的自由が限定的であったりする点を指摘するものである．

次に，民主主義の度合いを調査する各団体がどういった指標を用いているの

表2-2　V-Dem 自由民主主義指標

選挙民主主義指標 （EDI）	自由に関する指標 （LCI）	平等指標 （ECI）	参加指標 （PCI）	熟議指標 （DCI）
選挙権に関する指標（1項目）	法の下の平等と個々人の自由指標（20項目）	平等性保護指標（3項目）	市民社会参加指標（4項目）	熟議指標（5項目）
選挙による公職の指標（16項目）	司法から内閣への制約に関する指標（5項目）	アクセス平等性指標（3項目）	直接人民投票指標（1項目）	
選挙の清廉性指標（8項目）	司法から議会への制約に関する指標（4項目）	資源配分の平等性指標（4項目）	地方自治指標（3項目）	
結社の自由指標（6項目）			地域政府指標（3項目）	
表現の自由指標（9項目）				

（出所）V-Dem [2023: 50-55] より筆者作成．

かを見てみる．まず V-Dem 研究所の指標 (表 2-2) は，「選挙民主主義指標」
「自由に関する指標」「平等指標」「参加指標」「熟議指標」の大項目に分かれて
いる．このうち，「選挙民主主義指標」「参加指標」「熟議指標」はいずれも，
国民や団体の政治決定への参加についての項目であり「政治過程」に関するも
のである．また，「自由に関する指標」と「平等指標」は基本的人権にかかわ
るもので，民主的政治参加の基礎となるものであってやはり「政治社会」にお
ける「政治過程」への参加の条件を意味するものである．よって，V-Dem の
多数ある指標の項目はいずれも政治過程に関するものとみてよいだろう．

次にフリーダムハウスの指標 (表 2-3) では，まず「政治的権利」と「市民
的自由」の２つの大項目から形成されており，それらの組み合わせによって，
政治体制を「自由 (F)」「部分的に自由 (PF)」「自由でない (NF)」という３つ
に分類している (表 2-4)．これら「政治的権利」と「市民的自由」の２つの大
項目はいずれも，上記 V-Dem の指標と同様，政治過程に関するものと理解で
きる．ただし FH の項目の中には「政府の機能性」というものが含まれてい

表 2-3　フリーダムハウスの「自由度」

政治的権利	市民的自由
選挙過程（3項目） 政治的多元性と参加（4項目） 政府の機能性（3項目）	表現と信仰の自由（4項目） 結社と組織の権利（2項目） 法の支配（4項目） 個人の自由と権利（4項目）

（出所）Freedom in the World Methodology ウェブサイトより筆者作成．

表 2-4　Key to Scores and Status

		Political Rights score						
		0-5	6-11	12-17	18-23	24-29	30-35	36-40
	55-60	PF	PF	PF	F	F	F	F
	44-52	PF	PF	PF	PF	F	F	F
Civil	35-43	PF	PF	PF	PF	PF	F	F
Liberties	26-34	NF	PF	PF	PF	PF	PF	F
score	17-25	NF	NF	PF	PF	PF	PF	PF
	8-16	NF	NF	NF	PF	PF	PF	PF
	0-7	NF	NF	NF	NF	PF	PF	PF

（注）表中の「F」は「自由 (Free)」，「PF」は「部分的自由 (Partly Free)」，「NF」は「非自由 (Not Free)」
　な政治体制を表す．
（出所）Freedom in the World Methodology ウェブサイト．

表 2-5 　EIU（Economist Intelligence Unit）民主主義指標の項目

政治的権利時代

選挙過程と多元主義（12 項目）
（選挙は公正に行われているか，選挙権は全成人に与えられているか，政党は複数あり，自由に活動できるか，市民の結社や団体は自由に作れるかなど）

市民的自由（14 項目）
（新聞・雑誌，テレビメディアやインターネットの自由，専門家の団体や労働組合の自由，司法の独立，法の下の平等など）

政府の機能（9 項目）
（議会が最高決定機関であるか，選挙で選ばれた代表が政策決定をしているか，権力の抑制近郊は働いているか，汚職はないかなど）

政治参加（8 項目）
（投票率の高さ，マイノリティの参加保証，女性議員の割合，情報へのアクセスなど）

民主的政治文化（17 項目）
（民主主義への合意，民主主義と公的秩序のとらえ方，民主主義が経済に資するという認識など）

（出所）EIU［2022：69-78］より筆者作成.

て，これにかんしては執行過程に関するものであるといえる.

　最後に EIU の指標（**表 2-5**）をみると，この中にも FH と同様，「政府の機能性」という項目が含まれている. これはやはり執行過程に関するものと理解できるが，そのほかの多くは政治過程に関するものである. このように，FH と EIU の指標の中には「政府の機能性」が含まれており，これらは政府およびその執行過程にかかわるものといえるが，それは多数あるその他の項目の1つであるにすぎず，そこに含まれている指標のほとんどは政治過程に関するものであるといえる.

(3) 「執行過程」に重点を置く開発・ガバナンス

　開発援助を行う国際機関や先進国（ドナー）が，政治過程よりも執行過程を重視する傾向があるのは想像に難くない. 資金援助も含む開発援助が，被援助国（レシピエント）の開発に結果として現れるかどうかは重要な問題だからだ. また，援助の実務においてはまさに各国の公共政策の形成に関与したり，政策の実施をサポートしたりすることがその主な任務となっているため，政策の執

行過程に直接かかわることになるからである．しかし，そうした開発援助は過去に必ずしもうまくいかなかった経緯もある．多額の援助を行ったにもかかわらず低開発状態から脱することのできなかった後発途上国（アフリカ地域の多くの国々のほか，ネパール，ミャンマー，イエメン，ハイチなど45カ国）のような国々があったからである．かくして国際機関は，構造調整改革などを通じ，各国の「ガバナンス」が開発に与える重要性に着目するようになるのである．

SDGs すなわち「持続可能な開発目標」はいうまでもなく「開発」をその目標としている．国際開発学［大坪・木村・伊東編2009］は，経済開発（経済発展）や社会開発，人間開発とその意味内容を広げながら，世界の貧困削減や生活の向上，平和と安定などを実現しようとしてきた．そこでは実際に，経済成長を実現するための公共政策から，保健医療の普及・充実，教育の普及と向上など，総合的な「開発」を実現するために必要な具体的な公共政策をどう形成し実施するかが問題の焦点となり，そのために国際機関や先進諸国が盛んに開発援助を行ってきた．

例えば，1990 年にノーベル賞経済学者のアマルティア・センらによって開発され，現在でも毎年，国連開発計画（UNDP）によって発表されている人間開発指数は，各国の所得のみならず識字率や就学率，平均余命等の指標をもとに算出される．これは，UNDP が途上国開発とそれに対する援助において，経済・教育・医療福祉など，主に公共政策を通じて提供されるサービスがどのようにパフォーマンスとして現れているかを表しているといえる．

この点については，さらに広範囲で総合的な内容を含むSDGs にかんしても同様である．要するに，今日のSDGs に代表されるような「開発」は，その対象として，途上国を中心とする各国の公共政策の形成と実現そしてその実施という点にその焦点があり，その意味で，「政治過程」よりも（政策の）「執行過程」に重心が置かれているのである．

その「開発」の中心課題として「ガバナンス」がある．例えば，長く開発援助が行われてきたにもかかわらず開発の実績が現れないアフリカ諸国の現状に対して，アフリカ委員会の報告『われわれの共通の利益』では，「過去40 年のアフリカの歴史に生起したあらゆる困難には，通底する1つの事柄がある．それはガバナンスの弱さと効率的な政府の欠如である」［The Commission for Africa 2005: 24］と書かれている．また国際開発学の大家であるターナーらの有名な著作はそのタイトルも『ガバナンス，マネジメント，開発』であるが，その結

論で彼らは次のように書いている.

> 「次第に広く賛同されるようになってきたのは，国家が重要な役割を握っているということそしてガバナンスが中心的な重要性を持っているということである．これらの観点はすでに本書の第1版で明確に示されていたことである．そして今や，多くの人々が，成長が起こりうる，そして／あるいは人間開発が漸進するのであれば，国家は「十分に有効である」必要があるということ，そしてガバナンスは「それなりの（good enough）ガバナンス」であることが賛同を得ている［Turner, Hulme and McCourt 2015 : 269］.

かつて第1版［Turner and Hulme 1997］の出版時（1995 年）の段階で国家とガバナンスの重要性を強調していたものが，2014 年の第2版出版時には「十分に有効な国家」と（ある程度の項目に絞った）「それなりのガバナンス」に変わってはいるものの，国家とガバナンスが重要であることに変わりはない.

なかでも開発の成否にかかわる「ガバナンス」に関しては，その執行過程の始まりとなる政治（政策）決定そして国家・政府の制度や能力，その有効性をも問うものとなっている．すでに 1990 年代前半に『東アジアの奇跡』で，東アジアにおける急速な経済発展の最大の要因として「有効な政府」に着目した世界銀行は，『世界開発報告 1997：開発における国家の役割』において，「有効な国家」こそ持続可能な経済・社会開発に不可欠であるとしている．このことも，開発やガバナンスが，政治過程よりは執行過程に重点を置いているということを示している.

3　民主主義とガバナンス

(1)　民主的ガバナンスへの展開

このように「開発」は「執行過程」に大きくかかわる．この点について木村は，「今日のガバナンス議論は，技術的・行政的・経営的議論に限定されてしまっており，政治・社会勢力の力関係の中で形成される国家構造と切り離して議論されている」［木村 2011：34］（強調は金丸）と述べ，その点を問題として提起している．ガバナンス（governance）がその語源を，「政府（government）」と同じく「統治する（govern）」という語に持つことから，ガバナンスが図2-3 の「政治決定」および「執行過程」に重点を置くということは想像に難くない.

ところが実際，このガバナンスという用語は非常に多様な内実を持ち，論者や国際機関の間でもその意味合いはかなり異なる．大坪［2011］の整理によると，まず世界銀行は，1992 年の『ガバナンスと開発』において，ガバナンスを「開発のための 1 国の社会経済資源のマネジメントにおいて権力が使用される方式」［大坪 2011: 54］（強調は金丸）と定義し，IMF は当初，「ガバナンス議論の主眼を，マクロ経済マネジメントを中心とした『経済ガバナンス（economic governance）』においてい」［大坪 2011: 55］（強調は金丸）たと指摘する．

　ところがのちに世界銀行は，「グッド・ガバナンス」とは「『健全なる開発マネジメント（sound development management）』であるとし，それに不可欠な 3 要素を，① 説明責任（accountability），② 開発のための法体系（legal framework for development），および③ 情報（提供）と透明性（information and transparency）であるとした」［大坪 2011: 54］という．また IMF も，1997 年刊行の『グッド・ガバナンス：IMF の役割』では「経済ガバナンスにおけるグッド・ガバナンスの 3 要素は，① 政府勘定の透明性，② 公共（財政）資源マネジメントの有効性，および③ 民間セクターの活動にかかわる経済環境や規制の安定性と透明性であるとしている」［大坪 2011: 55］という．

　そしてこの間，UNDP は「世界銀行や IMF が提唱していた『健全なる開発マネジメント』としてのグッド・ガバナンスの領域を，『参加』や『公平性・平等』等の要素を加えて経済以外の領域にまで拡大した」．その結果，「世界銀行／IMF，アジア開発銀行に比べてガバナンス議論の対象領域は広くなり……（中略）……『参加』『合意形成』『公平性』等の新しく加味されたグッド・ガバナンスの要素は，その後『民主的ガバナンス（democratic governance）』という表現につながっていった」［大坪 2011: 55-56］という．

　こうして開発の中で中心的論点となり続けてきた「ガバナンス」は当初，「マネジメント」や「権力行使」といった「執行過程」にその重心が置かれていたが，1990 年代後半からは「参加」「公平性」「平等」などの「政治過程」の方にかかわる要素が新たに加わるようになり，さらに「民主的ガバナンス」と呼ばれるようになった．つまり従来，開発の観点からは**図 2-4** の執行過程（＝国家・政府・行政）が重視されており，開発の中心的論点となったガバナンスも同様であったのに対し，1990 年代後半の UNDP でのガバナンス解釈の拡大を契機に，世界銀行なども「政治過程」の要素も取り入れ，**図 2-4** の全体像をその射程に取り入れられるようになった．こうして，「開発／ガバナンス」と

「政治／民主主義」は,「民主的ガバナンス」を結節点として接合されることになったのである.

(2) 開発と民主主義のジレンマを超えて

ではどうして,開発と政治,民主主義とガバナンスは接合される必要があったのか. そこにはかつて,民主化と開発とが切り離して捉えられていたのみならず,それらがときに背反の関係にあるとも捉えられていたという背景がある. 冷戦終結後の1990年代は,民主化の「第三の波」の時代としても知られる. 実際,多くの旧共産主義諸国すなわち「東側陣営」の国々が,ソビエト連邦をはじめとして,自由選挙を実施し「民主化」を実現した. それに続いて多くの開発途上国,つまりアジアやアフリカ,ラテンアメリカを中心とする「南側諸国」も,民主化支援の後押しを受けて自由選挙を実施し「民主化」を実現した. そこには民主主義と開発とが好ましい関係にあるという前提があった.

しかし,この民主化の「第三の波」の時代は期せずして,最も苛烈な民族紛争が相次いだ時代でもあった. しかもこの民主化と民族紛争との関係は単なる偶然の一致ではない. 例えば冷戦後の最も苛烈な民族紛争の1つであったユーゴスラヴィアの内戦なかんずくボスニア・ヘルツェゴビナ紛争は,まさに自由選挙の導入によって紛争がもたらされた [久保 2003; 月村 2006; 2020]. それは,冷戦終結による旧共産主義体制の崩壊から,自由選挙による民主化の導入が直接的に民族紛争に発展したものとして,民主化が紛争を招いた典型的な事例であるといえよう. また開発途上国では,「民主主義がアフリカ経済を殺す」[Collier 2009] ともいわれるように,民主化が民族紛争を招き,結果,経済開発はもちろん社会開発や人間開発までも損なう結果となったことがしばしば指摘されてきた (ポール・コリアーはこれを「デモクレイジー」と呼んだ).

そうした時代が続いたことにより,「自由民主主義」の導入が国家統合や経済開発にとって害悪であり,むしろ民主化に逆行したり権威主義を強くしたりする方が国家や国民のためではないかと考えた途上国があったとしても不思議ではない. まさにこの民主化の「第三の波」の時代の後,完全に自由民主主義体制であるとはいえない「ハイブリッド」な政治体制にとどまる途上国が増えて民主主義はむしろ「後退」し,逆に権威主義を強化する体制が増えつつあるという潮流は,その結果であるともいえる. 実際,多民族国家などで,国民統合と政治の安定を正当化するために,野党の活動が制限されたり,国民の政治

的権利が抑制されたり，結果として長期政権が確立したり，一党支配体制が確立するといったケースがある［金丸 2011；2013；2017］．そしてここにこそ，「開発と民主主義」のジレンマが鋭く反映されている．

さらに「開発と民主主義」のジレンマはかつて，「開発と独裁」という議論のなかでも見られた．「独裁」が「民主主義」の対義語であるとすれば，「開発と民主主義」のジレンマが「開発と独裁」に回収されていくことは容易に想像できる．かつては東アジアの (経済) 開発の成功が目覚ましい中で，それらの国々の中に少なくない「独裁体制」が見られたことが，この「開発と独裁」の議論の発端となった［末廣 1994；浅見 2002］．韓国や台湾，インドネシアなどこれらのいくつかの国々はその後，民主化することになったが，中国やベトナムのように，依然，民主主義ではなく共産主義体制を維持しながら経済発展を遂げている例もある．またタイは，民主化と軍事クーデタによる揺り戻しを繰り返しながら，今日では上位中所得国となっている［世界銀行ブログ 2024］．

とりわけ中国とロシアは，「BRICs」と呼ばれるように，著しい経済発展によって注目され，世界的なプレゼンスを持つ存在になった［Diamond 2019：Ch.6 -7］．そしてこれらの「権威主義」大国が，グローバルサウスとも呼ばれる途上国への影響力行使などを通じて，世界的な「民主主義の後退」に果たしている役割は決して小さいものではないだろう［Halper 2010］．

民主主義が必ずしも開発を導くわけでもなく，開発が必ずしも民主化をもたらすわけではないことは，これまでの研究でも明らかになっている．しかし，開発と民主主義とが別物であったとしても，またときにそれらが背反するものであったとしても，政治過程と執行過程とは１つのシステムの中で連動している．よってどちらか一方があればそれでよいということにはならない．

なかでも中国のような権威主義体制が急速な経済発展を遂げて経済大国となった今日，この「開発と民主主義」のジレンマは，かつて「開発と独裁」が盛んに論じられた時代以上に深刻な意味を持っているといえる．その意味で，有能な政府や有効な政策，そしてその結果としての経済成長のような良好な政策パフォーマンスがあったとしても，やはり政治学者が論じてきた自由と民主主義の政治過程があらためて重要であることが強く認識される．政治学者が，1990 年代以降の民主化の「停滞」に着目し，そして今日，民主主義の「後退」および権威主義化の進行を強く懸念するゆえんである．

おわりに

　近年，政治学者は「民主主義の後退」や「権威主義化」をさかんに論じている．そしてそれは実際に各種の調査報告によって明らかにされている．また国際開発は，国連を中心にSDGsとして強力に進められているが，その目標16については必ずしも多くの人になじみがあるものでもない．しかしそれは，他のすべての目標に通底し，その基盤となるものである．他方で，政治／民主主義と開発／ガバナンスとはかつて，必ずしもうまく結合するものではなかった．そして政治学や民主主義論は政治過程に着目し，開発の議論や実務は執行過程に着目する傾向にあった．政治や民主主義と開発やガバナンスは別物であり，分けて論じられるものであるという主張は成り立つ．しかし，実際の政治や途上国開発（援助）において，1つの政治システムは政治過程と執行過程との両方がシステムとして連繋するもので，それらいずれがあればよいというものではない．よって，開発の進展は必要である一方で，政治の民主化もまた必要である．そしてそのことは，UNDPが主張し，世銀，IMFといったその他の国際開発機関も言及するようになった．それが，今日に至る「民主的ガバナンス」の提案に他ならない．

　ところが，とくにパンデミック以前は急速に経済発展を遂げてきた中国が世界的プレゼンスを急拡大させ，経済開発においてもグローバルサウス諸国がその影響を強く受けている．また米中関係の悪化が深刻化し，東アジアの国際関係も不安定化している．そこへ，権威主義化を強めるロシアがウクライナに侵攻した．さらに権威主義化の波は，中国やロシア，グローバルサウス諸国に留まらない．そうした状況下では，かつての「開発と独裁」の議論のように，開発が進めば独裁（権威主義体制）が容認されるといった考えは受け入れがたいであろう．SDGsをみても，開発における政治の問題は関心が低くなりがちであるが，そうした世界情勢にある今日においてこそ，政治と民主主義の問題がとくに重要な意味を持つように思われる．

注

1）エジプトの権威主義体制を研究した今井真士は，「政治体制研究の論調は，理論的想定と分析的視点の違いから主に2つの時期（2つのパラダイム）に大別できる」とし，

最初を「1980 年代中頃から 1990 年代後半にみられた比較民主化論」の時期，次を「2000年代前半から 2010 年代後半の現在まで続く比較権威主義体制論」の時期と区別している［今井 2017: 35］．

◆参考文献◆

<邦文献>

浅見靖仁［2002］「開発・ナショナリズム・民主化──開発独裁論再考──」，赤木攻・安井三吉編『講座東アジア近現代史第 5 巻　東アジア政治のダイナミズム』青木書店．

伊藤芳明［1996］『ボスニアで起きたこと──「民族浄化」の現場から──』岩波書店．

今井真士［2017］『権威主義体制と政治制度──「民主化」の時代におけるエジプトの一党優位の実証分析──』勁草書房．

稲田十一［2014］「『民主的開発国家』は可能か──紛争後の 4 カ国の経験──」『国際開発研究』23(1)．

岩崎正洋編［2019］『大統領制化の比較政治学』ミネルヴァ書房．

上谷直克［2023］「デモクラシーの揺らぎと〈法の支配〉」比較政治学会第 26 回大会自由企画 1，於山梨大学．

大澤傑［2020］『独裁が揺らぐとき──個人支配体制の比較政治──』ミネルヴァ書房．

大坪滋［2011］「民主的ガバナンスと経済成長・貧困削減」，木村宏恒・近藤久洋・金丸裕志編『開発政治学入門──開発途上国のガバナンス理解のために──』勁草書房．

大坪滋・木村宏恒・伊東早苗編［2009］『国際開発学入門──開発学の学際的構築──』勁草書房．

金丸裕志［2011］「多民族国家における国民統合と民主化」，木村宏恒・近藤久洋・金丸裕志編『開発政治学入門──開発途上国のガバナンス理解のために──』勁草書房．

───［2013］「多民族国家における民族間協調の方法と条件」，木村宏恒・近藤久洋・金丸裕志編『開発政治学の展開──途上国開発戦略におけるガバナンス──』勁草書房．

───［2017］「多民族国家における権威主義体制と開発──政治的側面におけるルワンダの『シンガポール・モデル──』」『和洋女子大学紀要』57．

───［2019］「権威主義体制論の興隆と政治体制の分類枠組み」『和洋女子大学紀要』60．

───［2023］「政治の『個人化』について──個人政党論の観点による『大統領制化』論の批判的検討──」『和洋女子大学紀要』64．

川中豪［2022］『競争と秩序──東南アジアに見る民主主義のジレンマ──』白水社．

川中豪編［2018］『後退する民主主義，強化される権威主義』ミネルヴァ書房．

木村宏恒［2011］「有効な国家とガバナンス──国家の対応能力構築と公共政策」，木村宏恒・近藤久洋・金丸裕志編『開発政治学入門──開発途上国のガバナンス理解のために──』勁草書房．

木村宏恒・近藤久洋・金丸裕志編［2011］『開発政治学入門──開発途上国のガバナンス

理解のために――』勁草書房.

―――― [2013]『開発政治学の展開――途上国開発戦略におけるガバナンス――』勁草書房.

久保慶一 [2003]『引き裂かれた国家――旧ユーゴ地域の民主化と民族問題――』有信堂.

末廣昭 [1994]「アジア開発独裁論」, 中兼和津次編『講座現代アジア (2) 近代化と構造変動』東京大学出版会.

高柳彰夫・大橋正明編 [2018]『SDGs を学ぶ――国際開発・国際協力入門――』法律文化社.

月村太郎 [2000]「ユーゴスラヴィアの民主化とアイデンティティの民族化」, 吉川元・加藤晋章編『マイノリティの国際政治学』有信堂高文社.

―――― [2006]『ユーゴ内戦――政治リーダーと民族主義――』東京大学出版会.

―――― [2020]「ボスニアにおける多民族主義と民族主義」, 飯田文雄編『多文化主義の政治学』法政大学出版局.

東京大学社会科学研究所編 [1998]『20 世紀システム (4) 開発主義』東京大学出版会.

中兼和津次編 [1994]『講座現代アジア (2) 近代化と構造変動』東京大学出版会.

東島雅昌 [2023]『民主主義を装う権威主義――世界化する選挙独裁とその論理――』千倉書房.

山田紀彦編 [2015]『独裁体制における議会と正当性――中国, ラオス, ベトナム, カンボジア――』アジア経済研究所.

若林秀樹「平和とガバナンス――SDG 16」, 高柳彰夫・大橋正明編『SDGs を学ぶ――国際開発・国際協力入門――』法律文化社.

<欧文献>

Applebaum, A. [2020] *Twilight of Democracy : The Seductive Lure of Authoritarianism*, Doubleday（三浦元博訳『権威主義の誘惑――民主主義の黄昏――』白水社, 2021年）.

Ben-Ghiat, R. [2021] *Strongmen : How They Rise, Why They Succeed, How They Fall*, Profile Books（小林朋則訳『新しい権威主義の時代（上・下）――ストロングマンはいかにして民主主義を破壊するか――』原書房, 2023 年）.

Bermeo, N. [2016] "On Democratic Backsliding," *Journal of Democracy*, 27(1).

Collier, P. [2009] *Wars, Guns, and Votes : democracy in Dangerous Places*, Harper Perennial（甘糟智子訳『民主主義がアフリカ経済を殺す――最底辺の 10 億人の国で起きている真実――』日経 BP 社, 2010 年）.

Diamond, L. [2011] "The Democratic Recession : Before and after the Financial Crisis," in N. Birdsall and F. Fukuyama eds., *New Ideas on Development after the Financial Crisis*, Johns Hopkins University Press.

―――― [2015] "Facing Up to the Democratic Recession," *Journal of Democracy*, 26(1).

───── [2019] *Ill Winds : Saving Democracy from Russian Rage, Chinese Ambition, and American Complacency*, Penguin Press（市原麻衣子訳『浸食される民主主義——内部からの崩壊と専制国家の攻撃——（上・下）』勁草書房，2022 年）.

Easton, D. [1953] *The Political System : An Inquiry into the State of Political Science*, Alfred A. Knopf（山川雄巳訳『政治体系——政治学の状態への探求——』ぺりかん社，1976 年）.

Frantz, E. [2018] *Authoritarianism : What Everyone Needs to Know*, Oxford University Press（上谷直克・今井宏平・中井遼訳『権威主義——独裁政治の歴史と変貌——』白水社，2021 年）.

Halper, S. [2010] *The Beijing Consensus : Legitimizing Authoritarianism in Our Time*, Basic Books（園田茂人・加茂具樹訳『北京コンセンサス——中国流が世界を動かす？——』岩波書店，2011 年）.

Huntington, S. P. [1991] *The Third Wave : Democratization in the Late Twentieth Century*, University of Oklahoma Press（川中豪訳『第三の波——20 世紀後半の民主化——』白水社，2023 年）.

Ignatieff, M. [1993] *Blood & Belonging : Journeys into the New Nationalism*, Chatto & Windus（幸田敦子訳『民族はなぜ殺しあうのか——新ナショナリズム 6 つの旅——』河出書房新社，1996 年）.

Lehmbruch, G. and P. C. Schmitter eds. [1979] *Patterns of corporatist policy-making*, Sage Publications（山口定監訳『現代コーポラティズム〈2〉——先進諸国の比較分析——』木鐸社，1986）.

Levitsky, S. and D. Ziblatt [2018] *How Democracies Die : What History Reveals about Our Future* Viking.

Linz, J. J. [1978] *The Breakdown of Democratic Regimes : Crisis, Breakdown and Reequilibration*, Johns Hopkins University Press（横田正顕訳『民主体制の崩壊——危機・崩壊・再均衡——』岩波書店，2020 年）.

Mazzuca, S. L. [2010] "Access to Power Versus Exercise of Power : Reconceptualizing the Quality of Democracy in Latin America," *Studies in Comparative International Development*, 45(3).

Mounk, Y. [2018] *The People vs. Democracy : Why Our Freedom Is in Danger and How to Save It*, Harvard University Press（吉田徹訳『民主主義を救え！』岩波書店，2019 年）.

Poguntke, T. and P. Webb eds. [2005] *The Presidentialization of Politics : A Comparative Study of Modern Democracies*, Oxford University Press（岩崎正洋監訳『民主政治はなぜ「大統領制化」するのか——現代民主主義国家の比較研究——』ミネルヴァ書房，2014 年）.

Runciman, D. [2018] *How Democracy Ends*, Profile Books（若林茂樹訳『民主主義の壊れ方——クーデタ・大惨事・テクノロジー——』白水社，2020 年）.

Schmitter, P. C. and G. Lehmbruch eds.［1973］*Trends toward corporatist intermediation*, Sage Publications（山口定監訳『現代コーポラティズム〈1〉——団体統合主義の政治とその理論——』木鐸社，1984年）．

The Commission for Africa［2005］*Our Common Interest : Report of the Comission for Africa*.

Turner, M., Hulme, D. and M. McCourt［2015］*Governance, Administration and Development 2nd. Edition*, Palgrave MacMillan.

Turner, M. and D. Hulme［1997］*Governance, Administration and Development*, MacMillan.

United Nations［2019］*Report of the Secretary-General on SDG Progress 2019 Special Edition*, September 2019（https : // sustainabledevelopment. un. org / content / documents/24978 Report_of_the_SG_on_SDG_Progress_2019.pdf，2024年4月3日閲覧）．

World Bank［2022］*Global Governance Program*, 2021.

＜website＞

EIU（Economist Intelligence Unit）（https : //www.eiu.com/n/，2024年4月3日閲覧）．

EIU［2022］Democracy Index 2022（https : //www.eiu.com/n/campaigns/democracy-index-2022/，2024年4月3日閲覧）．

Freedom House（https : //freedomhouse.org，2024年4月3日閲覧）．

Freedom in the World Methodology（https : //freedomhouse.org/reports/freedom-world/freedom-world-research-methodology，2024年4月3日閲覧）．

世界銀行ブログ［2024］「世界銀行グループ加盟国の所得水準別分類—2024年度（2023年7月1日〜2024年6月30日）」（https : //blogs.worldbank.org/ja/voices/new-world-bank-group-country-classifications-income-level-fy24，2024年4月3日閲覧）．

V-Dem［2023］*Democracy Report 2022*（https : // www. v-dem. net / publications / democracy-reports/，2024年4月3日閲覧）．

第3章

持続可能な開発へ向けた民主的選挙の制度化の課題

杉浦 功一

はじめに

2015年に国連で採択されたアジェンダ2030文書では，「民主主義 (デモクラシー)」が言及され，同文書に含まれる持続可能な開発目標 (SDGs) のターゲット16.7では「あらゆるレベルにおいて，対応的，包摂的，参加型及び代表的な意思決定を確保する」ことが求められている．しかしながら，民主主義は，統治の原理として国際的な合意を得る一方で，その中身や国際的な促進と擁護の方法は，国際政治での米中対立にも関わる大きな争点になっている．2022年2月に始まるロシア・ウクライナ戦争によって，民主主義など政治体制の相違は国際社会を分断する争点になりつつある．そもそもSDGsでは，「民主主義」の文言は表れていない．関連するターゲットはあるものの，選挙など要件は明示されていない．確かに目標16は持続可能な開発における「ガバナンス」の必要性を示したものとされるが，ガバナンスと民主主義の関係は複雑である (序章参照).

たしかに，冷戦終結後，自由で公正な選挙 (以下，民主的選挙) を中核とする西側先進諸国の「自由民主主義 (体制)」は，「普遍的」な民主主義の形態として国際的に推進されるようになった．しかし，ここ10年あまり，中国の台頭ともにその国際的な正当性は次第に揺らぎ，当の西側先進諸国も含めて「民主主義の後退」が起きている (第2章参照)．民主主義の後退では，権威主義政権による選挙での広義の不正が，市民社会の制約，法の支配の侵害と並んで主要な現象の1つである [杉浦2019]．個別の選挙での不正だけでなく，むしろ外見は民主的選挙を装う権威主義的な選挙 (以下，疑似民主的選挙) や自由と公正さ

を著しく欠く閉鎖的な選挙（以下，非民主的選挙）の「制度化」すら進みつつある［東島 2023］．他方で，持続可能な開発のさまざまな側面で民主主義の有効性は主張されてきた[1]．また，中国など少数を例外に，権威主義国家や民主主義の後退が起きている諸国でも，自らの民主的正統性を示すために，選挙が定期的に行われるか，実施が約束されている．

　このように持続可能な開発と選挙は，民主主義の概念を挟む形でつながると同時に，複雑な政治現象が両者の関係の実際に関わっている．しかし，持続可能な開発や SDGs の議論では，選挙を含む政治の問題は避けられる傾向にあった．他方，政治学においては，民主主義の後退や権威主義化の問題が SDGs の達成にどう影響するかは視野には入ってこなかった．そこで本章では，現実の開発における政治分析の重要性を指摘する開発政治学の視座に立ち，SDGs を含む持続可能な開発と民主主義の関係を考える一環として，民主的制度としての選挙を取り上げる．民主主義の後退と権威主義化が進展する現在の国際社会で，民主的選挙の制度化の課題を考察する．

　最初に SDGs を含む持続可能な開発と民主主義，そして選挙の関係を整理する．そのうえで，現代民主主義の根幹とされてきた民主的制度としての競合的選挙（＝民主的選挙）の「制度化」とは何かを示し，制度化を左右する要因と現状をまとめる．そこでは，カンボジアを事例に取り上げ，むしろ疑似ないし非民主的選挙の「制度化」が起きている状況を明らかにする．最後に，改めて持続可能な開発と民主主義の関係について考える．

1　民主主義と持続可能な開発

⑴　民主主義とは何か

　民主主義は論争的な概念である．その出自が古代ギリシャにおける直接民主政であるとされるように，選挙の実施が不可欠というわけではない．しかし，現代民主主義の主要な形態である代表制民主主義において，選挙は，近代国家で国民の意思を政治に反映する有効な制度として発展してきた［大西 2018 b：17；Keane 2022］．第二次世界大戦後には，国際法など国際規範において，世界人権宣言の第 21 条 3 項や自由権規約第 25 条(b)にあるように，競合的選挙の実施は，民主主義に必要不可欠なものとされるようになった[2]．さらに冷戦終結前後からの民主化の「第三の波」を通じて，西側諸国で実践される代表制民主

主義，すなわち「自由民主主義」こそが望ましい民主主義の形態であると，開発援助の場などで認識されるようになった．そこでは，競合的な選挙を軸に，政策を競う複数政党の存在，結社の自由や言論の自由等の人権の保障，自由なメディアの存在，法の支配，権力の監視や少数者の意思伝達を担う活発な市民社会の存在が民主主義の重要な要素とされた [杉浦 2014]．

比較政治学の民主化研究では，選挙権の拡大と（＝包摂性）と，集会や結社，言論の自由の保障の程度（＝自由化）から測定されるポリアーキーの概念に代表されるように，選挙関連の要素が政治体制の分類に用いられてきた．また，民主化の進行を測る際にも選挙が基準とされ，競合的選挙の実施は民主主義体制への「移行」の最初の「敷居」であり，繰り返されることで「定着」が示されると考えられた [Huntington 1991]．

フリーダムハウスの自由度指数や EIU の民主主義指数，V-Dem の自由民主主義指数といった各国の民主主義の評価では，競合的選挙を含めた複数の要素から民主主義の程度が測られている．確かに，先進民主主義国では代表制民主主義の限界が指摘され，熟議民主主義や牽制民主主義（monitoring democracy）など，新しい民主主義の模索が盛んである [Keane 2022；山本 2021]．また，サウジアラビアや中国など，少数ではあるが有力な国家で国政レベルの競合的選挙自体が実施されていない．しかし，現在では，選挙は民主主義と同じではなく，選挙の実態はさまざまであるものの，選挙のない民主主義は存在しないという認識が広く共有されている．多くの国家で，体制の正統性を示すため，形式的にでも選挙が広く実践されている．

(2)　「持続可能な開発」と民主主義の関係について

その民主化が進んだ 1990 年代には，経済開発と環境保全の両立を求める「持続可能な開発」の概念が注目を集めるようになった．持続可能な開発とは，ブルントラント委員会の定義によると「将来の世代の欲求を満たしつつ，現在の世代の欲求も満足させるような開発」である．[3] 民主主義との関係について，一方で，自由民主主義の制度が保証する正義や正当性，透明性は，持続可能な開発の成果をより広く受け入れられるものにするという主張がある．しかし他方で，数年で選挙が繰り返される民主的な政治システムでは，政府は短期的な利益を追求しがちであり，長期的な視野が必要な持続可能な開発と相反することがある．また，民主政治では国境や時間で区切られた人々のみが意思決

定に参加するのに対して，持続可能な開発では国境を越えかつ未来世代の利益が反映される必要がある．このように，民主主義と持続可能な開発の間の対立関係も指摘されている [Westall 2022].

それでは，持続可能な開発の概念が国際目標として具体化されたSDGsでは，民主主義はどのように扱われているであろうか．SDGs採択の過程では，ガバナンスはすべての分野にまたがる重要な要素であるという認識が共有され，目標16に取り入れられる一方，その具体的な内容，特に「政治的」である民主主義や平和に関わる要素や，進捗の測定方法が争われた [杉浦 2022]．結局，合意された2030アジェンダ宣言では，「民主主義，グッド・ガバナンス，法の支配，そしてまたそれらを可能にする国内・国際環境が，（中略）持続可能な開発にとってきわめて重要である世界」（「2030アジェンダ」外務省仮訳，9項）として，民主主義はガバナンスとともに持続可能な開発の手段であるとされた．

しかし，民主主義はSDGsの目標やターゲットでは言及されず，SDG 16や先述のターゲット16.7で「参加」や「包摂」，「代表」といった民主主義に関わる要素が含められるにとどまった [杉浦 2022]．SDGsの評価のメカニズムのために，SDG指標に関する機関間専門家グループが作成した244の指標（重複を除くと233）を含むグローバルなSDG指標の枠組みにおいても，先述のターゲット16.7に対する指標16.7.2は，「国の政策決定過程が包摂的であり，かつ応答性を持つと考える人の割合（性別，年齢別，障害者及び人口グループ別）」とされており，競合的な選挙の実施はターゲットの進捗を測る基準とは明記されていない．ターゲットの実現の具体的な制度は，各国に委ねられていることになる．その点で，確かに中国は，2021年の『中国における民主』白書などを通じて，中国流の「民主（主義）」を主張している [杉浦 2024]．しかし，多くの国家では，選挙を中心とする自由民主主義の主要な法制度を憲法レベルで取り入れている [Schultz 2022]．問題は，それらが実際には民主的なものとして機能していない，本章でいえば「制度化」されていないことである．

2　民主的選挙の制度化とは何か

(1)　民主的選挙の「制度化」

現在の政治学では，新制度論の議論にあるように，「制度」には，公式の法制度のみならず，非公式の規範，価値，慣行も含まれる．選挙を1つの政治制

度とするのなら，その「制度化」とは，選挙法や選挙管理機関など選挙実施のための法令や組織が形式的に作られるだけでなく，自由や公正さといった規範が選挙に関わるアクターに内在化され，「正しく」機能することまで含まれる．同時に，やはり新制度論が指摘するように，制度の形成は，政治アクターによる取引コストの計算に基づく合理的選択だけではなく，経路依存性，偶然性，歴史的経緯，社会構造や国際環境との相互作用といった多くの要素に左右される [Peters 2005]．それでは，民主的選挙の「制度化」をその継続的な実施であるとすると，制度化はどう測られるのであろうか．

　まず，目標とする民主的選挙について，国際条約や各国での慣行を踏まえて，いくつかの国際的な選挙ガイドラインが存在する．国際民主主義・選挙支援機関（International IDEA）が 2002 年に公表した「選挙の法的枠組みのレビューのための国際選挙基準ガイドライン」では，選挙システム，区割り，選挙権・被選挙権，選挙管理機関，有権者登録，政党および候補者の投票へのアクセス，選挙キャンペーン，メディアへのアクセスと表現の自由，選挙資金と支出，投票行為，票のカウントと議席の配分，政党および候補者の代表者の役割（監視や申し立てなど），選挙監視，選挙法の遵守と執行に分けて，国際的な義務をまとめ，チェックリストを提示している[4]．EU も，国際的な選挙の基準のデータベースを公開し，自由権規約など国際条約や欧州安全保障協力機構（OSCE）のコペンハーゲン文書など政治的合意文書の規定を選挙過程に沿って整理し，選挙監視などの際の参考としている[5]．

　カーターセンターは，より網羅的に，選挙過程を 10 の部分に分けて，例えば③選挙管理について「選挙管理機関は法に従って行動した」といった，チェック用の基準とその国際的な根拠を提示する [Carter Center 2023][6]．①「法的枠組み」では，選挙過程が国家の人権義務と整合的であることを保証するために，選挙過程のあらゆる側面がどう展開されるか規制する規則が関係する．②「選挙システムと区割り」では，票を（政治家への）委任に変換する方法と選挙区の区割りに焦点が当てられる．③「選挙管理」では，独立性や専門性を含め，選挙管理機関の仕組みと権限に関連する問題を対象とする．④「有権者登録」では，有権者登録に関連する選挙過程のあらゆる側面が含まれる．⑤「有権者教育」では，選挙過程についての市民教育のために，国家，選挙管理機関，政党，市民社会が提供する取り組みをチェックする．⑥「立候補と選挙運動」では，候補者と政党の登録，選挙資金および選挙運動や，候補者と政党に

関連する選挙過程のその他の側面に関する基準が示される．⑦「メディア」では，ジャーナリストの権利に関する問題，メディア環境全体，メディア報道，政治家がメディアに公平にアクセスする能力を対象にする．⑧「投票業務」では，投票所の運営と管理，投票用紙の秘密，投票用紙や技術の調達，代替投票手段の確立といった問題など，選挙当日の運営とイベントに関連した基準を示す．⑨「開票」では，開票から集計，最終的な結果発表までが含まれる．⑩「選挙に関する紛争解決」では，選挙期間中，選挙関連の紛争を審理し裁定するために設立されたメカニズムに関する基準が示される．

　さらに，選挙監視・支援 NGO のネットワーク団体である「自由選挙のためのアジアネットワーク」(ANFREL) を中心に，アジア諸国の選挙管理機関や NGO，メディアなどが集まり「アジア選挙ステークホルダー・フォーラム」(Asian Electoral Stakeholder Forum) が，2012 年のバンコクから 2023 年のカトマンドゥまで 6 回開催されており，民主的な選挙の実施へ向けた改革を求める宣言などが採択されている．2015 年の第 2 回フォーラム（ディリ）で採択された「民主的選挙の指標」では，あえて「競争条件を同じくする (Level Playing Field)」という項目が設けられ，野党の自由で平等な活動の保証やメディアによる各候補や政党の平等な取り扱いなどが強調されている[7]．

(2) 選挙ガバナンス

　上記の基準を満たし選挙が正しく実施されるためには，「選挙ガバナンス」が不可欠である．選挙ガバナンスとは，選挙を成り立たせる一連の活動のセットのことであり，選挙に関するルール作成，ルールの適用，ルールによる決着が含まれる［大西 2018 a：4］．選挙ガバナンスは，選挙期間前，選挙期間，選挙期間後という選挙サイクルすべてに関わる［大西 2018 b：20-22；Norris 2017：37-38］．選挙ガバナンスが機能するためには，第 1 に，選挙権付与，投票環境の整備，立候補権の保証を意味する「包摂性」，第 2 に，マスメディアや選挙資金の適正な運用による選挙関連情報へのアクセスの平等と，有権者の選好表明の自由を指す「政策直結投票」が求められる．さらに第 3 に，適正な集計作業，中立的な得票数の議席への変換，選挙という競争の場を歪めないという意味での公平性と，誰からも妨害を受けないという意味での公開性，選挙は自由で公正だという人々の認識を保証する透明性，すべてを含む「効果的な集計」を満たす必要がある［大西 2018 b：15-16］．

「選挙管理（election management）」は，選挙ガバナンスの一部であり，かつ中核的業務である．選挙管理には，選挙過程の組織化，選挙過程を通じた選挙に関わる行動を監視すること，選挙結果の認証といったタスクが含まれる［James and Garnett 2022］．この選挙管理を担う「選挙管理機関」の機能は，主に選挙人資格認定，立候補受付，投票行為指揮，開票，票の集計の5つである．ただし，選挙管理機関は選挙ガバナンスの中心的役割を担うが，実際に扱う範囲は各国で異なる［大西 2018 b: 21］．

選挙管理機関のパフォーマンスについては，政治的な干渉を受けないように政府・与党からの「独立性」と，行政的側面を持つ選挙管理を担う「専門性」の両方が重要とされる．ただし，やはり各国でそれぞれのバランスは異なり，選挙管理機関の仕組みにも反映される．選挙管理機関は，政策・監視部門と実施部門に大別されるが，両部門が制度的に独立する「独立モデル」では，政府から自律的な選挙管理機関によって選挙が組織・管理される．「政府モデル」では，逆に両部門が執政府によって指揮され，政府組織や地方政府が選挙を管理する．「混合モデル」は，政策・監視部門は政府から独立した組織が担い，実施部門は政府の部局と地方政府が担当するもので，日本はこれに該当する．民主化途上にある国では独立モデルが好ましいとされ，国際的に増加していて，2016 年段階で7割に及ぶ．ただし，安定した民主主義国では，より専門性の高い職員が選挙の実務担う政府モデルも採用されている［大西 2018 b: 24-26］．選挙管理機関の政策・監視部門である選挙管理委員会のメンバーについて，一般政府官僚が選挙を主管する「政府内アプローチ」，特別に選出された司法の判事が選挙行政を担当する「司法アプローチ」，党の代表たちが選挙機構を構成する「複数政党的アプローチ」，政党の合意の下で独立性を保証すると考えられる専門家を任命する「専門家アプローチ」があり，各国で異なる［大西 2018 b: 27-28］．

選挙ガバナンスでは，他にも，電子投票など新しい技術にどのように対応するかが課題である．普通選挙権は広く達成されているものの，外国にいる国民の投票権をどうするかといった新たな問題もある．そのような「積極的投票権保障」も，選挙ガバナンス主要なテーマである［大西 2018 b］．その解決のために，インターネット投票を導入する国もある．

(3) 選挙の「制度化」の測定

　民主的選挙の基準が設定されたとしても，先述の選挙ガバナンスを通じて，それらがどの程度実現したのか，すなわち制度化をどのように測るかは別の問題である．国際基準をもとに選挙の質を測る指標がいくつか存在しているが，有名なものとしては，ノリスらの「選挙の完全性（electoral integrity）」の研究がある．「選挙の完全性」とは，「選挙の適切な実施を支配する国際基準およびグローバルな規範を尊重すること」であり，選挙過程のすべての段階に関わるものである［Norris 2017: 20］．その「選挙の完全性プロジェクト」（EIP）は，先述のカーターセンターとも協力しながら国政選挙の質を評価し，「選挙の完全性の認識指数」（PEI）として毎年公表している[8]．PEI では，**表 3-1** にある選挙過程の 11 のステップに沿った 48 のコア項目に対する専門家の回答をスコア化する．

　ただし，PEI のスコアは必ずしも民主化の程度と一致するわけではない．例えば，ルワンダは，2023 年度 EIP 報告書で PEI のスコアは 58 で，インドネシアと並ぶ．しかし，フリーダムハウスの 2023 年度の自由度指数では，インドネシアは「部分的に自由」なのに対し，ルワンダは「自由ではない」のカテゴリーである．同指数の「政治的権利」にある「選挙過程」のスコアは最大 12 のうちの 2 であり（インドネシアは 11），「政治的権利」全体のスコアも最大 40 のうちの 8 に過ぎない（同 30）．そのため，ルワンダは，インドネシアとは違い，「選挙過程」で 7 以上，「政治的権利」全体で 20 以上が求められる「選挙民主主義」のカテゴリーには入っていない[9]．

表 3-1　PEI のコアとなる調査質問項目

選挙前	1. 選挙法	1-1 選挙法は小政党に不公平	N
		1-2 選挙法は与党に有利	N
		1-3 選挙法は市民の権利を制限した	N
	2. 選挙手続き	2-1 選挙は適切に管理された	P
		2-2 投票手続きに関する情報が広く入手可能であった	P
		2-3 選挙管理委員会は公正であった	P
		2-4 選挙は法律に従って実施された	P
	3. 区割り	3-1 区割りは一部の政党に差別された	N
		3-2 区割りは現職に有利	N

		3-3 区割りは公平であった	P
	4．有権者登録	4-1 一部の市民が登録されていない	N
		4-2 選挙人名簿が不正確であった	N
		4-3 一部の不適格な選挙人が登録されていた	N
	5．政党登録	5-1 一部の野党候補は立候補を阻止された	N
		5-2 女性は公職に立候補する機会が平等にあった	P
		5-3 民族的・民族的マイノリティは公職に立候補する機会が平等にあった	P
		5-4 党のトップリーダーのみが候補者を選んだ	N
		5-5 一部の政党・候補者は選挙集会の開催を制限された	N
キャンペーン	6．選挙運動メディア	6-1 新聞はバランスの取れた選挙ニュースを提供	P
		6-2 テレビニュースは与党に有利	N
		6-3 政党/候補者は政治放送と広告に公平にアクセスできた	P
		6-4 ジャーナリストが選挙の公正な報道をした	P
		6-5 ソーシャルメディアは選挙の不正を暴くために利用された	P
	7．選挙資金	7-1 政党/候補者は公的助成金を公平に受けられる	P
		7-2 政党/候補者は政治献金を公平に受けられる	P
		7-3 政党/候補者は透明な財務会計を公表する	P
		7.4 金持ちは選挙を買う	N
		7-5 一部の国家資源が選挙運動に不適切に使われた	N
選挙日	8．投票プロセス	8-1 投票所で暴力を振るうと脅された有権者もいた	N
		8-2 不正投票もあった	N
		8-3 投票のプロセスは容易だった	P
		8-4 投票箱で有権者に本物の選択肢が提示された	P
		8-5 郵便投票が利用可能だった	P
		8-6 障害者のための特別な投票施設が利用可能だった	P
		8-7 海外在住の国民は投票できる	P
		8-8 何らかの形のインターネット投票が可能	P
選挙後	9．開票	9-1 投票箱は安全	P
		9-2 結果は不当な遅滞なく発表された	P
		9-3 投票は公正に集計された	P
		9-4 国際選挙監視員は制限された　N 9-5 国内選挙監視員は制限された	N
	10．結果	10-1 政党/候補者が結果に異議を唱えた	N
		10-2 選挙は平和的な抗議行動につながった	N

	10-3 選挙は暴力的な抗議行動を引き起こした	N
	10-4 あらゆる紛争は法的手段を通じて解決された	P
11. 選挙管理委員会	11-1 選挙管理当局は公平だった	P
	11-2 当局は市民に情報を配布した	P
	11-3 当局は自分たちのパフォーマンスを国民が精査することを認めた	P
	11-4 選挙管理当局はうまく機能した	P

(注) Pはポジティブの方向, Nはネガティブの方向で計算.
(出所) https://www.electoralintegrityproject.com/pei-core-questions(2024年4月3日閲覧).

(4) 民主的選挙の制度化の世界的動向

　PEIの世界全体の平均スコアの推移をみると，民主主義の後退の議論で示される継続的な悪化が見られるわけではない（図3-1）．しかし，改善も見られず，多くの国で選挙が不正操作されている状況に変化がない．むしろ，選挙がより多く実施される一方，選挙の不正工作（rigging）もよりなされている，あるいは，不正選挙が「制度化」されているといえる［Cheeseman and Klaas 2018；東島2022］．そのような不正な選挙の制度化が特徴である「選挙権威主義体制」は，冷戦終結直前に権威主義体制の全体の2割弱から，2010年代には権威主義体制の7割を占めるようになった［Levitsky and Way 2020；東島2022：39］．背景には，各国の国内的要因のほかに，民主化を推進してきた欧米諸国の相対的な衰退と，内政不干渉を掲げて援助・投資する中国の台頭といった国

図3-1　PEI指数の経年変化

(出所) Garnett et al. [2023：9].

際的要因がある［杉浦 2020］．

　選挙権威主義体制では，最初の3回の競合的選挙を生き延びれば，体制が安定的になるという研究結果もある［Bernhard et al. 2020］．そのため，民主主義が後退し権威主義化が進む状況では，民主的選挙の制度化には，選挙における不正を阻むことがまず必要となる．

　民主的選挙の制度化を妨げる不正には，まず，投票日より前に長期的に行われ，かつ目立たない選挙上の詐欺や操作として，選挙に関わる法的枠組みの操作や，選挙管理機関や治安機関，司法などに対する党派的影響力の行使，特定の集団を優遇あるいは妨害するための政治的・市民的権利の侵害，不正な選挙資金の寄贈，国家資源の濫用などがある．また，投票日直前や当日に行われる詐欺や不正として，偽装（不正投票，投票箱の中身を偽の票で満たす，投票者リストや選挙結果の操作，透明性の低下），強制（買収，投票の妨害，監視委員への妨害），暴力（特定の集団を標的にした暴力，選挙物資の窃盗や破壊，サイバー攻撃），行動の不作為や拒絶（特定の集団や有権者に対する意図的な中断や遅延）がある［USAID 2021: 17］．近年では，投票日前の不正が広く巧妙に行われるようになっている．本章では，民主的選挙の制度化の要因について，それを阻む上記のような選挙の不正の発生，さらには不正の「制度化」と結び付けて考察する．

3　どのように民主的選挙は制度化するのか

(1) 民主的選挙の「制度化」の国内的要因

　より自由で公正な選挙の継続的な実施へ向かうのか，逆に政権による不正が繰り返されるようになるのか，選挙の制度化の方向を左右する国内的要因はさまざまにある．まず，主体的要因として，信頼性のある選挙の実施を担う選挙のステークホルダー，特に政権の有力者の政治的意思が重要である．ただし，その意思や行動は，他の主要な政治的・経済的アクターの動機や利害関係，同盟関係といった権力のダイナミクスから影響を受ける［USAID 2021: 16］．多くの国家で，公式の法制度上では民主的選挙の定期的な実施が要請されていることを考えると，政権が選挙で不正を行わないことが，民主的選挙の制度化の鍵となる．

　まず，政権側が選挙で不正を行う動機には，なによりも権威主義的な体制の維持がある．東島が「独裁選挙」と呼ぶ権威主義体制における疑似あるいは非

民主的選挙には，①「誇示効果」(選挙を通じて体制の政治的正統性を国内外に示す)，②「情報収集効果」(選挙過程を通じて体制に忠実な統治エリートを特定する)，③「分断統治効果」(選挙を通じて野党の勢力結集を阻み取り込む)という機能がある［東島 2022: 55］．これらのうち，政権は特に誇示効果を目論んで選挙を実施する．権威主義体制下では，政権は，体制を維持するために圧倒的勝利を手にする「確実性」が求められる．同時に，国内外に正統性を誇示するために，選挙結果自体の「信憑性」も維持する必要がある．しかし，その信憑性は，圧倒的勝利の確保のために不正を行った場合，その程度に応じて損なわれる．この権威主義国家における「選挙のジレンマ」にどう対応するかにより，選挙の制度化の中身は異なってくる［東島 2022］．

　権威主義体制の政治指導者は，不正な「選挙操作」をできるだけ少なくし，かつ大勝することを目指す．なぜなら，彼（女）にとっての脅威は，体制内エリートの反乱と野党が率いる大衆の抗議運動であり，辛勝や選挙操作はそれらを活性化させる可能性があるからである．体制内エリートは，選挙での得票差が小さいと指導者の影響力低下を感じて反乱を起こしやすい．他方，選挙後の大衆の抗議活動は，大規模な選挙操作が引き金となりがちである．政権側の選挙操作には，野党の登録抹消や選挙過程からの排除，性別・民族・宗教による選挙立候補資格の制限，有権者や野党に対する暴力やいやがらせ，選挙管理機関メンバーの党派的人事，票の改ざん，代理・多重投票といった「露骨な選挙不正」や，与党有利な小選挙区制の導入や，恣意的な選挙区割りであるゲリマンダリングなど「制度操作」がある［東島 2022: 69-71］．

　選挙操作以外にも，選挙での支持獲得のために，政権には「経済操作」として経済政策を用いる手法がある．経済操作には，クライエンテリズム（＝パトロネージ，投票の褒美として便益の提供）とポークバレル配分（特定の地域や社会集団にばらまき）がある．体制側は，この「経済操作」に頼ることができるならば，選挙の信憑性を損ないかねない「露骨な選挙操作」を避けることができる．ただし，経済操作によってどれくらい支持獲得のための動員能力を高められるかは，（特に途上国の場合）天然資源の収入や国際援助からもたらされる財政資源の多寡とそれらの流用に対する自由裁量の高さ，支配政党や国家組織，非公式の民族ネットワークといった「組織の力」に左右される．対する野党勢力の強さも重要であり，野党が強いほど選挙操作への依存度は高くなる［東島 2022: 71-85］．カンボジアのように，財政資源と統治エリートを規律する組織

を両方備えている場合，大衆の支持を得るためのばら撒きは効果的に行える．実証研究から，東島は，独裁者の高い動員能力は，あからさまな選挙干渉の減少につながると同時に，（多数決制以上に議席獲得により高い得票率を求められる）比例代表制の選挙制度を導きやすいこと，また，選挙操作の程度が低い独裁選挙は，経済操作を経験する可能性が高いことを指摘する［東島 2022: 85］．

　先述のように選挙権威主義体制は，ある程度競合的な選挙を繰り返すことで，むしろ疑似民主的選挙を「制度化」してしまう．しかし，政権側の不正確な情報分析や計算ミスで，1990 年や 2020 年のミャンマー総選挙における軍部系の政党の大敗や後述の 2013 年のカンボジア総選挙のように，権威主義支配の不安定化を招くことがある．政権側が動員能力を過信して選挙操作が過剰に低い場合，選挙で大勝できず体制の弱点をさらし，内部からの脅威やその後の野党勝利の可能性が高まる．逆に，負けないよう選挙を過剰に操作した場合，選挙後の野党の団結や大規模抗議運動など政権外部の脅威が活性化しやすくなる．結局，政権側が「選挙のジレンマ」に適切に対処できない場合，民主化へ向かうとは限らないものの，選挙は体制側の政治秩序を脅かすものとなる［東島 2022: 89-90］．

　環境的・構造的な要因は，政治アクターの行動に影響を与え，選挙の制度化を左右する．まず，政治体制のタイプや政治システムは，選挙の制度化の結果であると同時に，制度化に影響を与える［USAID 2021］．例えば，タイでは，1932 年に立憲君主制に移行して以降も君主の権限は比較的残されており，王族につながる軍，保守派，経済界の利権を脅かす勢力を防ぐために，事前事後の選挙の操作や司法介入，ひいてはクーデターが行われてきた．また，大統領の権限が強いなど，選挙で勝利した勢力が得る権力が大きい「勝者総取り」の政治システムの場合も，各勢力が選挙で不正を行う動機を強める［川中 2022: 73-74］．

　より構造的な要素として，経済状況，地理，教育水準，ジェンダーの障壁の程度，若者の割合，特定のエスニックや宗教的，社会的集団の周縁化，政治的分極化なども，民主的選挙の制度化に影響を与える［USAID 2021］．財政難や政府の能力不足のために，選挙ガバナンスが未発達な途上国も多い．紛争や治安環境も，選挙暴力の発生など選挙過程に影響を与えると同時に，治安状況を理由とした選挙の延期や選挙運動の制限など，政権による選挙操作の口実となりうる．2020 年に始まるコロナ禍も，選挙操作に利用される場合があった．また，多民族国家では，議会選挙の比例代表制の導入や各党候補者の民族バラン

スの条件付けなど，民族対立を考慮した選挙制度の導入が行われる場合がある．しかし同時に，そう条件付けることは，候補者リストに少数民族の候補者を含めることを義務づけるシンガポールのグループ代表選挙区のように，政権与党に有利に作用しやすい [川中 2022: 129-130]．

　さらに，科学技術の発達は，エストニアでの在外有権者のインターネット投票の制度化のように，積極的選挙権保障につながる場合もある [中井 2018]．逆に，2013年アゼルバイジャンの大統領選挙での政権による電子投票の操作のように，新たな選挙操作の形態を生む場合もある [Cheeseman and Klaas 2018]．出稼ぎ労働者の増加などグローバル化は，トルコのエルドアン政権による2023年5月の大統領・議会選挙での在外有権者の取り込みのように，別の選挙操作につながる場合がある[10]．

(2) 国際的要因としての選挙支援

　民主的選挙の制度化の国際的要因のうち，不正を防ぎ民主的選挙の制度化を促す主体的要因として，選挙支援がある．選挙支援は，大きく分けると，選挙ガバナンスの改善へ向けた技術・財政支援と選挙監視活動がある [James and Garnett 2022]．

　30年にわたり，西側先進諸国や国際機構によって選挙支援が行われてきた．例えば，国連は，政治・平和構築担当事務次長をフォーカルポイントにして，政治・平和構築局 (DPPA) を中心に選挙支援を行っている．国連は，加盟国の要請に基づいて，選挙支援のニーズ評価の後，同局の選挙支援部 (EAD) を中心に UNDP などとともに支援を提供する．技術支援の割合が圧倒的に大きく，ここ10年はおおむね50前後の国・地域に提供されている．技術支援では，選挙法，選挙の過程および制度を開発または改善するために，法的，運営および資材調達の側面への支援が行われる．国連の技術支援は，主に選挙管理と制度づくりに焦点を合わせるが，他の多くの利害関係者や組織への支援が含まれる場合もある．他方で，国連は，安保理や総会の決議にもとづいて，選挙そのものの組織化・実施，選挙結果の認証・検証，選挙監視，選挙の監督を行う．ただし，最近は，平和維持活動 (PKO) に組み入れられる場合を除き，それらは行われていない．国連による選挙監視では，ミッションを派遣して選挙プロセスの各段階を観察し，事務総長に報告し，事務総長は選挙の実施に関する公式声明を発表する．選挙の過程を追跡し報告するために少人数の

専門家チームを派遣することがあるが，調査結果が公表されるとは限らない．国際選挙監視員の調整を行うこともある[11]．

　機関ごとにどこまで支援するかは異なるが，技術的な選挙支援プログラムは，① 選挙行政や資材調達，予算と計画づくり，② 憲法上の原則や選挙法，規則の見直しや改革，③ 選挙区の区割り，④ 有権者登録，⑤ 情報通信技術の選挙での利用，⑥ 選挙に関わる役人や（政党やメディアなど）他の利害関係者の訓練と能力構築，⑦ 市民教育と情報，エンゲージメント，特に女性や若者，民族少数派など代表が過小な集団の包摂と参加，⑧ ジャーナリストとニュースメディアの役割，⑨ 政治資金の規制，⑩ 政党の組み立てや組織化，資金調達，⑪ 選挙の際の安全を提供し紛争を防止する警察と軍隊の役割，⑫ 投票の過程と票カウントの設備，⑬ 争議の解決過程での司法と仲裁機関の役割など，選挙過程全体が支援対象となる [Norris 2017: 33]．

　技術的な選挙支援の効果については，例えば UNDP は，2012 年の評価で，UNDP の過去 10 年の選挙支援が，対象の選挙が国際的な基準を満たすのを助けたと肯定的に評価している [UNDP 2012]．しかし，先述のノリスが PEI との組み合わせる試みを提案しているものの，選挙過程は複雑であり，不正選挙の意図をもつ政権はそもそも選挙支援を受け入れないといった因果関係の特定の難しさもあって，他分野の支援に比べて効果の測定が難しい[Norris 2017]．2018 年のカンボジア総選挙における日本による有権者登録の電子化への支援のように，選挙の実施は改善しても，民主化そのものには貢献できない場合もある．そこで，USAID は，選挙支援の支援内容やタイミングの決定に際して，政治経済分析を行い，アクター間の権力関係などに与える影響を考慮するよう推奨している [USAID 2021]．それでも，権威主義体制の政権は，後述のカンボジア政府によるタイの政党法の模倣のように，他の権威主義国家における不正選挙の手法を学習し模倣し，不正の技術を高めていく．

　その点で，選挙支援のうちの選挙監視は，より直接的に選挙の不正を防ぐために行われるものである．国際的な選挙監視は，1990 年代初頭に以降広く実践されるようになった．OSCE では，旧共産主義諸国の民主主義体制への移行を促すために，技術支援と並行して国際選挙監視団を派遣するようになり，現在も加盟国の招待を受けて，長期的な選挙監視と短期的な選挙監視を組み合わせて実施している．米州機構 (OAS) やアフリカ連合 (AU) など国際機構も，加盟国に対して選挙監視を行い，EU は域外に対して選挙監視団を派遣してい

る. カーターセンターや米国民主党研究所 (NDI), 国際共和党研究所 (IRI), ANFREL といった国際 NGO も, 選挙監視活動を行っている[13]. 2005 年には, 選挙監視に携わる組織が国連に集まり, 「国際選挙監視の原則に関する宣言と国際選挙監視員の行動規範」が採択されている.

国際的な選挙監視は国際規範の 1 つとなって, 政権の正統性を国内外に示すためにも, 多くの旧共産主義諸国や途上国が国際選挙監視を受け入れてきた [Hyde 2011]. 2000 年の大統領選挙での混乱を受けて, アメリカも OSCE の選挙監視を受けれている. 選挙監視活動の内容は, 長年の経験を踏まえ変化しており, 当初は選挙当日の短期的な監視が主であったが, 今では選挙過程全体を監視し評価することが望ましいとされる.

国際的な選挙監視の効果について, 2010 年代初めの段階で, ケリーは, それまでの選挙監視活動を, ① 監視員は選挙を正確かつ客観的に評価するのか, ② 監視員は選挙の質を改善するのかという 2 つの問いを検証している. そのうえで, 国際的な選挙監視は不完全だが改善する価値があると結論付けた. しかし同時に, ①の問いについて, 国際選挙監視の受け入れは標準的な実践になっているが, 2000 年と 02 年のジンバブエや 2008 年のロシアでの選挙のように, 友好的な国や国際組織から監視団を招く, 選挙監視の「影のマーケット」が広がりつつあること, 民主的な国家が少ない国際機構ほど選挙過程に批判的でないこと, 監視する側とされる側の政治的関係が監視結果に影響を与えていることを指摘している. さらに, 国際選挙監視側は民主化という結果を求めるので, カンボジアの 1998 年の選挙など, 選挙が民主化の移行期にあるときや紛争後の場合は特に, 肯定的に評価しがちであるとした (Kelley [2012]; Cheeseman and Klaas [2018] も参照). また, 監視側のアクターに評価の責任を避ける傾向が見られ始めており, IRI のように「自由で公正な」という表現の使用を避け, あいまいな「人民の意思を代表している」かどうかで評価したり, 国際選挙システム財団 (IFES) のように最終評価を避けたりする傾向が一部にあるという [Kelley 2012: 163-164].

②選挙監視は選挙の質を改善するのかの問いについて, ケリーは, 選挙監視団の存在が不正をするインセンティブを変え, 国内アクターと関わりをもつことで選挙を改善できる一方, 改善の効果は長続きしないことを指摘している. さらに, 国際選挙監視の実効性は, その国の政府が国際選挙監視を必要とする動機の内容や, 好ましい国内環境の有無にも影響を受ける. 特に, 暴力や勝者

総取り政治が浸透した国では，国際監視団の存在や助言に対応しそうにない．国内的な行政や資材調達の能力も，選挙監視の実効性を妨げうる．1990年代後半のロシアへの西側諸国のアプローチのように，政治的対立を恐れて監視団が消極的であるときも，選挙監視の効果は低下する．選挙後から次の選挙までのフォローの失敗も，効果を弱める．民主的な選挙より安定性を求めて選挙結果を受け入れたアフガニスタンでのアメリカのように，一部の国際アクターが国際監視団の努力を無駄にさせることもある [Kelley 2012: 165-71]．この点，監視側自身の戦略的利益への配慮も影響を与える．例えば，OSCE の選挙監視は，対象国の経済規模が大きく，天然資源が多く，ODA の規模が大きいと，選挙を肯定的に評価する傾向があることが指摘されている [Mochtak et al. 2022]．

民主主義の後退や権威主義化が進む現在，国際選挙監視を取り巻く状況に変化がみられる．OSCE では，SNS も監視するなど，時代の変化に合わせた監視内容の改革を行っている [Shlyk 2022]．他方，OSCE がロシアとその同盟国に対して，寛大な姿勢を示す傾向も指摘される．背景には，2004年にロシアを中心にして，OSCE は二重基準を適用していると非難する共同宣言（アスターナ宣言）が公表されるなど，OSCE 内で影響力が強くかつ権威主義化が進むロシアからの反発があり，それに OSCE（諸国）が配慮する「プッシュバック効果」が起きている [Mochtak et al. 2022]．このような民主化関連の支援への権威主義国家の反発や「権威主義支援」ともいわれる連携は，中国の台頭とともに強まる傾向にある [杉浦 2020; 2024]．実際，OSCE に限らず，監視側の戦略的利益への配慮や「ゾンビ監視員」の存在による評価の分裂で，権威主義体制下での民主的でない選挙が容認されてしまう事例が目立ちつつある．しかも，選挙の不正な操作には先述のように多様な手法があるが，投票の改ざんや野党勢力の抑圧は目立つため，「洗練された」権威主義体制ほど投票前に操作を始める傾向がある．国際選挙監視団がそのような不正な操作を見抜いて，かつ防ぐことは，外交的にもコスト的にもいっそう難しくなっている [Cheeseman and Klaas 2018: 182-206]．それどころか，2016年のアメリカの大統領選挙でのロシアの関与のように，いわゆる「シャープパワー」として，SNS などを通じて自らに好ましい結果を導こうとする，権威主義国家による民主的選挙への介入すら起きている [Walker 2022]．

(3) 民主的選挙の制度化失敗の事例——カンボジア

　以上のような選挙と選挙支援の傾向が選挙の「制度化」に表れているのが，カンボジアである．カンボジアは，紛争後の1992–93年に国連暫定統治機構（UNTAC）のもとで最初の競合的選挙である制憲議会選挙が実施された．選挙では，対立より平和を重視するパリ和平協定の理念に基づいて権力分有のために拘束名簿方式の比例代表制が導入された [山田 2024]．ポルポト派のボイコットなどがあったものの，紛争後という事情の考慮の上で，総じて選挙は自由で公正なものとして国際的に評価された．ただし，UNTAC下での選挙は国際的な選挙支援を受けた高価すぎるものであり，カンボジア自体の選挙実施能力の構築にはつながらなかった [杉浦 2010]．選挙結果を受けて93年に採択された憲法では，第1条にカンボジアが「自由民主主義および多党制の国家」であることが規定された．

　1997年7月に政変が発生し，93年の選挙で勝利したフンシンペック党のラナリット第一首相が政権の座を追われ，和平以前の独裁政党で国家機構を掌握するカンボジア人民党 (CPP) のフン・セン第二首相が再び実権を握った．西側諸国の批判を受け，結局，日本などによる仲介でラナリットが帰国し，翌年総選挙が実施された．ただし，CPPはこの間に選挙関連法などを自らに有利な形で制定した [山田 2024]．CPPが第一党となったが，国際合同監視団からは「自由で公正」と評価された [天川 1998]．その後も，国際的な選挙支援を受けつつ，2003年，08年と総選挙が行われた．一連の選挙では，CPP政権は，野党の切り崩しを行うと同時に，治安の維持や経済成長，パトロネージとして政府機関を使った学校や道路の建設など，「実績」のアピールで支持を調達した [Luo and Un 2021；山田 2016]．同時に，技術的な選挙支援を受けて，カンボジア政府の選挙ガバナンスの構築が進められた．それらの選挙は，93年のような自由で公正さについて好ましい評価は与えられなかったが，やはり「前進」を理由に国際的に受け入れられた[14]．

　2008年の総選挙以来，カンボジア国内における若年層の増加と給与の低水準により，CPP政権に対する不満が高まった．国民の政府への要求が強まる中で，CPP政権による従来のパトロネージを通じた正統性の確保は，2013年の総選挙の頃には厳しくなり，政権は次第に中国からの援助と投資で「実績」の確保を目指すようになった [Luo and Un 2021]．他方，野党への支持は拡大し，13年に合併で誕生したカンボジア救国党 (CNRP) は，CPPへの強力な対

抗勢力となった．メディアの締め付けやサム・ランシー党首の逮捕など反対派の排除を進め，09 年末にサム・ランシーは亡命を余儀なくされた．このような野党勢力の抑圧に対し，国内や西側諸国，EU，国連からの批判が強まった．結局，2013 年 7 月の選挙直前にサム・ランシーは恩赦で帰国し，立候補は許されなかったものの CNRP に勢いを与えた．

2013 年 7 月 29 日に投票が行われた総選挙は，有権者登録の不備などがあったもののおおむね平穏に行われ，CPP が 68 議席，CNRP が 55 議席を獲得し．両党の得票差は 4 % に過ぎなかった．EU をはじめとした西側のアクターは選挙過程を肯定的に評価したものの，国内の選挙監視 NGO である COM-FREL は，前回選挙からの改善を認めつつも，いまだ自由で公正ではなく，選挙結果は有権者の意思を完全には反映していないと厳しく評価した [COMFREL 2013]．CNRP は得票数で僅差に終わった選挙結果を認めず，議会をボイコットし，不正を訴えて支持者とデモを繰り広げ膠着状態に陥った．14 年 7 月，フン・センとサム・ランシーの党首会談で，議会における権力分掌や選挙管理機関の強化など政治改革を行うことで合意が成立した．実際，15 年 3 月には，選挙管理委員会と選挙法の改正が行われ，日本などの支援を受けながら選挙改革が進められた [原田 2019]．

しかし，2013 年の選挙結果は CPP に強い衝撃を与え，それまでの選挙権威主義体制からより強権的な「覇権的権威主義体制」へ向かう方向性が決定的となった [Morgenbesser 2019; Loughlin and Norén-Nilsson 2021]．フン・セン政権は，ロシアなどの手法を模倣して 15 年 8 月に NGO と結社に関する法（LANGO）を制定し，平和や安定を脅かしていると判断される NGO を解散できる権限を政府に与えた．以後，国際 NGO を含め政権に批判的な NGO への抑圧がシステム化されていく [Morgenbesser 2019]．15 年には CNRP のサム・ランシー党首は，外遊中に有罪判決に対する逮捕状が出たため，帰国できなくなった．

それでも，CNRP の勢いは強く，2017 年 6 月の地方選挙（コミューン評議会選挙）でも CNRP が躍進した．同選挙に際して，日本は物資の提供や選挙改革支援を行い，選挙人登録や投開票作業など選挙管理の改善によって，選挙の信頼性向上に貢献した[15]．しかし，コミューン評議会を通じて地方エリートを掌握し国政選挙での勝利を図ってきた CPP にとって，この選挙結果は，従来の選挙操作や経済操作ではもはや対応できないという「情報収集効果」をもたらした [山田 2024]．そこで政権は，NGO やメディアのあからさまな抑圧を強める方向

へ舵を切り，同年8月にはNDIをLANGOに基づいて追放するなど西側の民主化支援に抵抗した．さらに，同年7月軍事クーデター後のタイの政党への規制を模倣して政党法を改正し，総選挙前の11月にサム・ランシーと後継のケム・ソカーを外国との通謀罪などで訴追して，CNRP解党を命じた [Lawrence 2022；Morgenbesser 2019: 164-66]．これらの行為に対し，欧米諸国やEUは経済援助を中断し，国連からも強く批判された．しかし，CNRPの解党は覆らなかった．

2018年の選挙過程では，CNRP以外の新しい野党の参加を認め，一応「複数政党制」選挙の外見が取り繕われた．政権は，政府の影響下に置かれたメディアを活用し，インターネットの一部サイトの遮断を行った．投票率を上げるため，ボイコットキャンペーンに関わった者に罰金を科し，大学を3日間休みにして企業に労働者を投票に行かせるよう働きかけた．結果，投票率は前回の68%から83%に上がる一方，それまで監視団を派遣してきた欧米諸国や国際NGOは派遣を取りやめ，COMFRELなど国内NGOも正式な監視は行わないことに決めた．対して政権は，中国やASEAN諸国に加えて，ヨーロッパの極右の政治家や「アジア政党国際会議」(ICAPP) など中立性が疑われる監視員を招待している．政権に近い国内NGOを含め，いわゆる「ゾンビ」監視員によって選挙の自由と公正さが宣言された [Morgenbesser 2019: 168-169；杉浦 2020]．結局，2018年7月の選挙は，有力野党不在のまま，中国や日本から物資の支援を受けて実施され，CPPが議席を独占した．

選挙後，EUは同選挙について厳しい評価を下し，EBA (Everything But Arms) と呼ばれる貿易上の特恵制度の見直しを行った．他方，トランプ政権下のアメリカは，選挙を厳しく批判し外交制裁は行ったものの，経済制裁は行わず特恵関税を延長し，対EU向けの輸出減少の肩代わりを果たす結果となった [杉浦 2020]．さらに，2007年度に9240万ドルで援助総額の割合で11.9%だった中国が2015年度の推計で3億4880万ドル (26%) へと大幅に増加して日本やEUを追い抜くなど，中国との結びつき強化によって西側諸国の影響力は低下した [Luo and Un 2021；杉浦 2020]．

2018年の選挙後もCPPは強気の姿勢を崩さず，選挙操作を継続した．2023年7月の総選挙でも，CNRPの流れを汲み前年の地方選挙で善戦したキャンドルライト党は，直前に「書類の不備」で登録を拒否され，結果，再度CPPの圧勝に終わった．選挙後，首相の座はフン・センの息子であるフン・マネット

に譲られ，覇権的権威主義体制の長期化が図られている［山田編 2024］．

このようにカンボジアでは，民主的選挙の制度化は頓挫し，同時に CPP による疑似民主的な選挙の制度化もうまくいかず，より閉鎖的な選挙の固定化が進みつつある．PEI のスコアでも，2019 年は 29（世界平均 60）で，2023 年も 29（同 62）である．2023 年度の自由度指数でも「選挙過程」のスコアは 0 であり，「政治的権利」全体のスコアも 4 に過ぎない．V-Dem 研究所は民主主義のさまざまな側面を長期的にスコア化しているが，経年的に見ても，選挙の自由・公正のスコアで図 3-2 のように悪化傾向にある（2023 年 -2.37，世界平均 0.27）．

他方で，持続可能な開発の視点から見た場合，カンボジアは基本的に改善の傾向にある．持続可能な開発ソリューションズ・ネットワーク（SDS）とドイツ・ベルテルスマン財団は毎年「持続可能な開発報告書」を公表し，SDGs の各国のパフォーマンスについてのスコア化ランキングを公表している．図 3-3 にあるように，2023 年度の V-Dem の「選挙の自由・公正」のスコアで 1.12，自由度指数の「選挙過程」のスコアで 11 と，カンボジアを大きく上回るインドネシアと比べても，カンボジアは，改善の程度で劣ってはいない．この点については，より世界的かつ包括的な検証が必要とはいえ，先述の持続可能な開発と民主主義との関係についてさらなる検証の必要を提起しているともいえる．

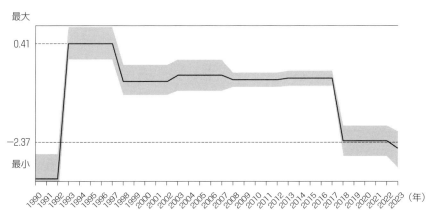

図 3-2　V-Dem の「選挙の自由・公正のスコア」の推移（カンボジア）
（出所）https://www.v-dem.net/data_analysis/CountryGraph/（2024 年 4 月 3 日閲覧）．

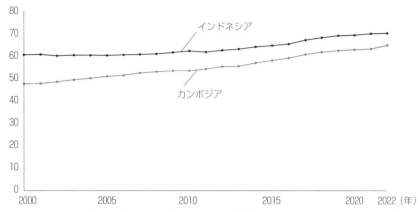

図 3-3　インドネシアとカンボジアの SDGs 進捗状況についての総合スコアの変遷
(出所) https://dashboards.sdgindex.org/explorer (2024 年 4 月 3 日閲覧).

おわりに

　以上，本章では，持続可能な開発と民主主義の関係を検討し，民主的制度の中核である選挙を取り上げ，民主主義の後退と権威主義化が進展する現在の国際社会で，その「制度化」について考察した．持続可能な開発と民主主義の関係は，国際的には肯定的に認識されているものの，現代民主主義の根幹とされる民主的選挙の「制度化」を検証すると，国際的な選挙支援にもかかわらず多くの国で停滞しており，むしろ疑似あるいは非民主的な選挙の「制度化」すらみられる状況にあることがわかった．その背景には，各国国内の独自要因に加えて，先進民主主義諸国や国連，EU，国際 NGO などが選挙支援を行う一方で，それらが権威主義国家との戦略的関係などを配慮して，選挙の不正に対し一貫した姿勢を示すことができないこと，同時に，中国やロシアの相対的な影響力の拡大という国際的要因を指摘できる．

　さらに，カンボジアの事例で見られたように，持続可能な開発と民主主義の関係については，従来の想定よりも複雑であることが示唆された．民主主義の中核である民主的選挙の制度化自体が難しいことに加えて，制度化に成功したとしても，そうでない国よりも持続可能な開発が進展するとは限らない．自由で公正な選挙を土台とした民主主義自体は好ましいとしても，それが持続可能

な開発にどのように貢献しうるか，今後研究を進めて，より説得的な証拠を示すことが求められよう．それは途上国の人々に民主化の意義を示し，世界的な民主主義の後退と権威主義化を止めることにもつながる．

注

1) 例えば，Acemoglu and Robinson 2012；UNDP, "The role of democracy in sustainable development,"（https：//www.undp.org/blog/role-democracy-sustainable-development, 2024年4月3日閲覧）．

2) 世界人権宣言第21条3項「人民の意思は，統治の権力を基礎とならなければならない．この意思は，定期のかつ真正な選挙によって表明されなければならない．この選挙は，平等の普通選挙によるものでなければならず，また，秘密投票又はこれと同等の自由が保障される投票手続によって行われなければならない．」（邦訳 https：//www.unic.or.jp/activities/humanrights/document/bill_of_rights/universal_declaration/，2024年1月4日閲覧）．自由権規約第25項（b）「普通かつ平等の選挙権に基づき秘密投票により行われ，選挙人の意思の自由な表明を保障する真正な定期的選挙において，投票し及び選挙されること．」（邦訳 https：//www.mofa.go.jp/mofaj/gaiko/kiyaku/2c_004.html, 2024年1月4日閲覧）．

3) 次のサイト参照（https：//www.mofa.go.jp/mofaj/gaiko/kankyo/wssd/wssd.html, 2024年4月3日閲覧）．

4) International Electoral Standards Guidelines for reviewing the legal framework of elections（https：//www.idea.int/publications/catalogue/international-electoral-standards-guidelines-reviewing-legal-framework，2024年1月4日閲覧）．

5) https：//www.eods.eu/compendium-of-international-standards-for-elections（2024年1月4日閲覧）．

6) カーターセンターのウェブサイトも参照（https：//eos.cartercenter.org/，2024年1月4日閲覧）．

7) ANFREL のサイト参照（https：//anfrel.org/tag/asian-electoral-stakeholder-forum/，2024年1月4日閲覧）

8) Norris 2022 およびプロジェクトのウェブサイト（https：//www.electoralintegrityproject.com/，2024年1月4日閲覧），PEI のデータセット（https：//www.electoralintegrityproject.com/pei，2024年1月4日閲覧）．

9) https：//freedomhouse.org/country/rwanda/freedom-world/2022（2024年1月4日閲覧）．

10) 「大接戦のトルコ大統領選　在外票の争奪戦が過熱」『日本経済新聞』2023年5月9日（https：//www.nikkei.com/article/DGXZQOGR090K60Z00C23A5000000/，2024年3月17日閲覧）．

11) United Nations 2023，政治平和構築局のサイト（https：//dppa.un.org/en/elections,

2024 年 1 月 4 日閲覧).

12) Council of Europe（https：//pace.coe.int/en/pages/election-observation），EU（https：//www.eods.eu/index.html），OSCE（https：//www.osce.org/odihr/elections），OAS（https：//www.oas.org/en/topics/elections.asp），AU（https：//au.int/en/elections）（いずれも 2024 年 1 月 4 日閲覧).

13) カーターセンター（https：//www.cartercenter.org/peace/democracy/index.html），NDI（https：//www.ndi.org/international-election-mission-chronological），IRI（https：//www.iri.org/what-we-do/election-integrity/），ANFREL（https：//anfrel.org/）（いずれも 2024 年 4 月 3 日閲覧).

14) 例えば「過去の選挙よりも公正な選挙が実施された」とする日本政府の選挙監視団の声明（https：//www.mofa.go.jp/mofaj/press/release/h20/7/1182156_912.html，2024 年 3 月 19 日閲覧).

15) 外務省報道発表「カンボジアに対する日本製投票箱等の選挙用物品の供与」2018 年 2 月 21 日（https：//www.mofa.go.jp/mofaj/press/release/press4_005687.html，2024 年 3 月 19 日閲覧).

16) V-Dem については次のサイト（https：//v-dem.net/data_analysis/CountryGraph/，2024 年 4 月 3 日閲覧). カンボジアの SDGs の状況について次の国連のサイトも参照（https：//cambodia.un.org/en/sdgs，2024 年 4 月 3 日閲覧).

◆参考文献◆

＜邦文献＞

天川直子［1998］「1998 年のカンボジア」『アジア動向年報 1998』アジア経済研究所.

大西裕［2018 a］「選挙ガバナンスの焦点」，大西裕編『選挙ガバナンスの実態　世界編――その多様性と「民主主義の質」への影響――』ミネルヴァ書房.

―――［2018 b］「選挙管理と積極的投票権保障」，大西裕編『選挙ガバナンスの実態　世界編――その多様性と「民主主義の質」への影響――』ミネルヴァ書房.

川中豪［2022］『競争と秩序――東南アジアにみる民主主義のジレンマ――』白水社.

杉浦功一［2010］『民主化支援――21 世紀の国際関係とデモクラシーの交差――』法律文化社.

―――［2014］「デモクラシー重視の開発援助――ポスト 2015 年へ向けた民主的ガバナンスの評価と援助戦略――」『国際開発研究』（国際開発学会），23(1).

―――［2019］「民主化支援の今日的課題――市民社会スペースの制約の問題を中心に――」『平和研究』（日本平和学会）53.

―――［2020］「民主主義体制の脆弱化と権威主義体制の強靭化における国際的要因の考察」『日本比較政治学会年報』22.

―――［2022］「SDGs における目標 16 の進捗状況の測定についての考察――ガバナンスとデモクラシーに注目して――」『清泉女子大学人文科学研究所紀要』43.

―――［2024］「権威主義勢力の『規範パワー』は上昇しているのか――世界的な『民

主主義の後退』の中で——」『文教大学国際学部紀要』34(2).

中井遼［2018］「偶然と党略が生み出したインターネット投票——エストニアによる世界初導入へと至る政治過程——」『年報政治学（特集：選挙ガバナンスと民主主義）』（日本政治学会）2018－Ⅱ.

原田志郎［2019］「2018年までの選挙改革の概要」（機動研究中間報告），『カンボジア——最大野党不在の2018年総選挙——』アジア経済研究所.

東島雅昌［2023］『民主主義を装う権威主義——世界化する選挙独裁とその論理——』千倉書房.

山田裕史［2016］「人民党一党支配体制下のカンボジア議会の役割——反対勢力の取り込み・分断による体制維持——」『アジ研ワールド・トレンド』245.

————［2024］「体制維持に資する選挙機能の多様性とその限界——人民党支配下のカンボジアにおけるコミューン評議会選挙——」，山田紀彦編『権威主義体制にとって選挙とは何か』ミネルヴァ書房.

山田裕史編［2024］『強化されるフン・セン体制——2023年カンボジア総選挙と世襲内閣の誕生——』アジア経済研究所.

山本圭［2021］『現代民主主義——指導者論から熟議，ポピュリズムまで——』中央公論新社.

＜欧文献＞

Acemoglu, D. and J. A. Robinson［2012］*Why Nations Fail : The Origins of Power, Prosperity, and Poverty*, Crown Publishers.

Bernhard, M., Edgell, A. B. and S. I. Lindberg［2020］"Institutionalising electoral uncertainty and authoritarian regime survival," *European Journal of Political Research*, 59.

Carter Center［2023］*Election Obligations and Standards : A Carter Center Assessment Manual*, Second Edition, the Carter Center.

Cheeseman, N. and B. Klaas［2018］*How to Rig an Election*, Yale University Press.

COMFREL［2013］2013 *National Assembly Elections Final Assessment and Report*, December 2013.

Garnett, H. A., James, T. S., MacGregor, M. and S. Caal-Lam［2023］*Electoral Integrity Global Report 2023*, The Electoral Integrity Project, July.

Huntington, S. P.［1991］*The Third Wave : Democratization in the Late Twentieth Century*, University of Oklahoma Press.

Hyde, S. D.［2011］*The Pseudo-Democrat's Dilemma : Why Election Observation Become an International Norm*, Cornell University Press.

James, T. S. and H. A. Garnett［2022］"Electoral Management," in D. Schultz and J. Toplak eds., *Routledge Handbook of Election Law*, Routledge.

Keane, J.［2022］*The Shortest History of Democracy*, Black（岩本正明訳『世界でいちばん短くてわかりやすい民主主義全史』ダイヤモンド社，2022年）.

Kelley, J. G. [2012] *Monitoring Democracy : When International Election Observation Works, and Why It Often Fails*, Princeton University Press.

Lawrence, B. [2022] "Authoritarian Constitutional Borrowing and Convergence in Cambodia," *Contemporary Southeast Asia*, 43(2).

Levitsky, S. and L. Way [2020] "The New Competitive Authoritarianism," *Journal of Democracy*, 31(1).

Lister, S. [2023] "The role of democracy in sustainable development," UNDP (https : // www.undp.org/blog/role-democracy-sustainable-development, 2024 年 1 月 4 日閲覧).

Loughlin, N. and A. Norén-Nilsson [2021] "Introduction to Special Issue : The Cambodian People's Party's Turn to Hegemonic Authoritarianism : Strategies and Envisaged," *Contemporary Southeast Asia*, 43(2).

Luo, J. J. and K. Un [2021] "China's Role in the Cambodian People's Party's Quest for Legitimacy," *Contemporary Southeast Asia*, 43(2).

Mochtak, M., Drnovsky, A. and C. Lesschaeve [2022] "Bias in the eye of beholder?25 years of election monitoring in Europe," *Democratization*, 29(5).

Morgenbesser, L. [2019] "Cambodia's Transition to Hegemonic Authoritarianism," *Journal of Democracy*, 30(1).

Norris, P. [2017] *Strengthening Electoral Integrity*, Cambridge University Press.

Peters, B. G. [2005] *Institutional Theory in Political Science : The New Institutionalism*, 2nd ed., Continuum (土屋光芳訳『新制度論』芦書房, 2007 年).

Schultz, D. [2022] "Democratic Theory and Election Law," in D. Schultz and J. Toplak eds., *Routledge Handbook of Election Law*, Routledge.

Shlyk, A. 2022] "International Election Observation and Standards," in D. Schultz and J. Toplak eds., *Routledge Handbook of Election Law*, Routledge.

UNDP [2012] *Evaluation of UNDP Contribution to Strengthening Electoral Systems and Processes*, UNDP.

United Nation [2023] *Strengthening the role of the United Nations in enhancing periodic and genuine elections and the promotion of democratization*, Report of the Secretary-General, A/78/260, 31 July.

USAID [2021] *Electoral Assessment Framework : A Tool to Assess Needs, Defne Objectives, and Identify Program Options*, USAID, March.

Walker, C. [2022] "Rising to the Sharp Power Challenge," *Journal of Democracy*, 33(4).

Westall, A. [2023] *Exploring the tensions : The relationship between democracy and sustainable development.*, a Briefing Paper, Foundation for Democracy and Sustainable Development (FDSD).

第 *4* 章

ワースト・ガバナンスの国々における
SDGs の達成状況

井上 健

はじめに

　本書の基本的な目的は，2015 年 9 月に第 70 回国連総会で採択された「われ
われの世界を変革する：持続可能な開発に向けた 2030 年アジェンダ」に掲げ
られている 17 の持続可能な開発目標（略称 SDGs）を 2030 年までに達成するた
めには，有効に機能するガバナンスを構築することが極めて重要であることを
示すことである．そこで，本章では，逆に，ガバナンスがほとんど機能してい
ない国々においては，SDGs もほとんど達成されていないと示すことによっ
て，部分的ではあるが本書の目的に貢献したい．

　そこで本章では，まず，第 1 節において，改めて筆者の考えるガバナンスの
本質的な意味を検討する．第 2 節では，SDG 16 を中心とした SDGs 全体の中
でガバナンスがどのように位置づけられているかを確認する．第 3 節では，ガ
バナンスが機能していない国とは，具体的にはどの国であるかを 4 つの指標に
基づいて指摘する．第 4 節では，これらのガバナンスの機能していない国々の
SDGs の達成状況を世界全体の SDGs の達成状況の中で検討し，ガバナンスが
機能していない国では SDGs の達成状況も悪いことを示す．そしておわりに，
本章のまとめとして，ガバナンスと SDGs の達成に関して，今後の方向性を検
討する．

1　ガバナンスの本質

　ガバナンス（統治）という言葉は，コーポレート・ガバナンス（企業統治），

グッド・ガバナンス（良き統治），民主的ガバナンス，グローバル・ガバナンスなどさまざまな局面において使われている．しかし，世界的に合意されている唯一の定義があるわけではなく，世界銀行，国連開発計画（UNDP），国連教育科学文化機関（UNESCO），国際協力機構（JICA）などのさまざまな機関が独自にその意味を定めているのが現状である．以下に主要機関のガバナンスの定義・説明を引用する．なお，下線は筆者によるものである．

世界銀行の定義

世界銀行［World Bank 1992］は，ガバナンスを「開発のための一国の経済的社会的資源の経営において権力を行使するやり方」であると定義している．

ガバナンスは，国の権威が行使される伝統と制度からなる．これには，政府が選択され，監視され，交代するプロセス，健全な政策を効果的に策定し実施する政府の能力，そして国民と国家の間の経済的・社会的相互作用を管理する制度に対する国民と国家の尊重が含まれる[2]．

UNDP の定義

UNDP（1992,5）[3]は，ガバナンスを「あらゆるレベルで国家の問題を適切に経営するための政治的・経済的・行政的権限の行使」と定義している．ガバナンスは，市民やグループが自らの利益を明確にし，相違を調停し，法的権利と義務を行使するための複雑なメカニズム，プロセス，制度で構成されている．グッド・ガバナンスには多くの特性がある．それは参加型であり，透明性であり，説明責任である．資源の有効活用であり，公平性である．そしてそれは法の支配を促進する．

UNESCO（ユネスコ＝国連教育科学文化機関）の定義

UNESCO はガバナンスを「説明責任，透明性，対応性，法の支配，安定性，公平性と包摂性，エンパワメント，広範な参加を確保するために設計された構造とプロセスを指す」と定義している．ガバナンスはまた，透明性，参加性，包摂性，対応性のある方法で公務を経営するためのゲームの規範，価値観，ルールを表している．したがって，ガバナンスは微妙であ

り，簡単に観察できない場合がある．広い意味では，ガバナンスとは，国民と利害関係者が相互に交流し，公務に参加する文化と制度的環境に関するものである．それは政府の機関を超えたものである[4]．

JICA の定義

JICA［2004: iii］は，「ある国の安定・発展の実現に向けて，その国の資源を効率的に，また<u>国民</u>の意思を反映できる形で，動員し，配分・管理するための政府の機構制度，政府・市民社会・民間部門の協働関係や意思決定のあり方など，制度全体の構築や運営の形」と定義している．

ガバナンスは，国家の<u>政治体制</u>にかかわるガバナンスと，政府自体の政策策定・実施能力（「<u>政府機能</u>」）にかかわるガバナンス，政府と<u>市民社会</u>や民間部門との相互関係にかかわる仕組みや制度としてのガバナンスの3つの側面を含む．政府機構や制度を含めて，政府，市民社会，民間部門の間の関係を規定する仕組みや制度の面からガバナンスを考えることが適切である［JICA 2004: 21］．

以上からわかるようにガバナンスの定義はさまざまであり，どの定義にも多様な内容が含まれている．しかし，一定の共通性も示している．それは，国家のガバナンス（国家統治）[5]の概念には，その国の経済社会開発を目指す国家経営の視点と政治制度のもととなっている国家理念の視点の2つが含まれているということである．以上の点を簡潔にまとめると，「国家のガバナンスとは，特定の国家理念に基づいた国家経営である」と言える．これを図示すると次のようになる[6]．

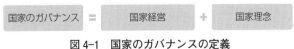

図 4-1　国家のガバナンスの定義
（出所）筆者作成．

(1) 国家経営（経済社会開発）の視点

ガバナンスの国家経営（経済社会開発——現在は，これに環境保護を加えて，持続可能な開発ともいう）の視点とは，上述のどの4つの定義にも述べられているよう

に，その国の経済社会開発のために政府をどのように運営し，国家の資源をどのように活用していくかということである．具体的には，その国の指導者の選出方法，戦略，意思決定システム，官僚機構，国民の権利と義務，法の支配のための法整備などである．一言でいえば，経済社会開発のための効果的効率的な制度構築であると言える．つまり，いかに経済社会開発を進めるかというという視点から見た国家のガバナンスは，国家経営であるといえる．

　国家経営とは，その国家へのインプットを効果的・効率的にアウトプットに変換することである．企業経営は，ヒト・モノ・カネ・情報といった企業に入ってくるインプットを，いかに効果的・効率的に活用して，財やサービスなどの商品を高品質・低価格・短期間でアウトプットできるかという取り組みに他ならないが，同様に，国家経営とは，国家のさまざまな組織や制度が，インプット（税収，外国からの援助などであり，徴兵制のある国では国民もインプットである）をいかに効果的・効率的にアウトプット（各種経済振興政策，インフラ整備・社会保障・国防などの国民へのサービス）に変換しているかということである．したがって，こうした国家経営がうまくいっている，つまり，税収などのインプットを効果的・効率的に国民へのサービスというアウトプットに変換している国家は，国家経営の視点から見たガバナンスがうまく機能している国家であると言える[7]．なお，ここでいう効率的とは，できる限り小さなインプットで大きなアウトプットを産み出すことであり，それは少ない資源でより高い経済成長を達成することであるといえる．また効果的とは，アウトプットがどれだけ多くの人にインパクトを与え，受け入れられるかということであり，それはアウトプットを社会にどれだけ公正に分配できるかという社会開発の問題である．以上の点を図示すると以下のようになる．

図 4-2　国家経営とは

(出所) 筆者作成．

(2) 国家理念（政治制度）の視点

　ガバナンスの国家理念（政治制度）の視点とは，単にその国の政治体制のみならず，その体制の基礎となっている国家の基本理念である．国家理念は，そ

れぞれの国の伝統や歴史によって規定されている．つまり，なぜこの国家は建てられたのか，その目的は何であり，その基本原理は何であるのかという問題である．具体的には，共産主義のようなイデオロギー的な理念，イスラム教のような宗教的な理念などさまざまであるが，日本や米国を含むいわゆる西欧諸国の国家理念は西欧民主主義（自由民主主義）に基づいたものであると言えよう．西欧諸国はこれを普遍的な価値であると主張しているが，厳密にいえば，全世界に遍く受け入れられる価値にしたいと考えているだけであって，現実には，普遍的価値としてはいまだに全世界に受け入れられていない．むしろ西欧民主主義の理念を，例えば形式的な選挙制度として，他国に押し付けようとして，かえって反発を招いていることも多いといえよう．具体的には，イギリス，フランス，アメリカ，北欧諸国，そして戦後の日本など国は，民主主義の理念に基づいて国を作った民主的ガバナンスの国であると言える．しかし，ここで注意すべきことは，国家のガバナンスの基本理念は民主主義の理念に限らないということである．例えば，宗教的理念（カトリックの理念に基づくバチカン市国やイスラムの理念に基づくイラン・イスラム共和国など）や社会主義理念（中国や北朝鮮など）に基づく国も現実に存在するし，これらの国は必ずしも民主主義の理念に基づいて建国されたわけではないが，これらの国にガバナンスがないわけではもちろんない．敢えていえば，これらの国のガバナンスは，イスラム・ガバナンスや社会主義ガバナンスといえるだろう．

　しかしながら，上述の4つ組織のどの定義においても，ガバナンスは市民とのかかわりの中でとらえるべきことが述べられている．そして，ユネスコの定義にはガバナンスは，アカウンタビリティ，透明性，法の支配などの規範や価値を示すと述べられている．これらは，ひと言でいえば民主主義の基本理念である．つまり，少なくとも国連諸機関では，このような民主主義の理念に基づいている民主的ガバナンスが現在のグローバル社会の目指すべきガバナンスであると考えられている．自由民主主義思想の近代における淵源は，やはりトマス・ホッブス（1588〜1679），ジョン・ロック（1632〜1704），ジャン＝ジャック・ルソー（1712〜1778）にあるといえるだろうが，筆者は，彼らとその後継者によって形作られてきた西欧民主主義の基本原理は，国民主権，人権保障，法の支配の3つであると考える．国民主権の原理からは，代議制民主主義とそれを実現するための議会選挙の制度が生まれる．人権保障の原理からは，すべての人間は，生命・自由・財産の権利を持ち，個人として尊重されるべきであると

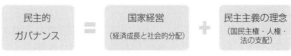

図 4-3　民主的ガバナンスとは

(出所) 筆者作成.

いう考えに基づく法制度や社会保障制度が生まれる．そして法の支配の原理からは，権力の相互監視のための三権分立の制度が生まれる．したがって，国民主権，人権保障，法の支配という民主主義の理念に基づいた国家経営が，民主的ガバナンスといえる（**図 4-3**）．

国家経営と国家理念に関して次の2点に留意しておくことが重要である．第1に，国家経営面でのガバナンスの良し悪しは，少なくとも短期的には，国家理念とはほとんど無関係だということである．民主主義が国家理念であっても効果的・効率的に国民へのアウトプットを出していない，つまり，国家経営がうまくいっていない国もあれば，専制的な国家理念に基づいていても極めて効率的にアウトプットを出している国もある．簡単に言えば，国家のガバナンスにおける経済的な側面である国家経営は，ある程度は技術的な問題である．第2に，専制的な国では，成長のための経済開発がうまくいっても分配のための社会開発がうまくいくとは限らない．なぜならば，専制的な国では，一部の特権階級が経済開発の果実を独占してしまうからである．第3に，国家機構内部における汚職・腐敗という問題である．政府の役人，議員，司法関係者などの公務員が関与している汚職は，国家の財政が絡む場合が多い．すなわち，インプットである税収が財やサービスなどのアウトプットに変換される過程において抜かれてしまうのである．したがって，当然ながらアウトプットの量や質は低下し，国家経営の効果や効率が低下することになる．汚職・腐敗は，民主主義体制のみならず，どのような国家体制においても国家経営に悪影響を及ぼすものであるといえる．

従って，ある国のガバナンスがグッドかバッドを論じる際には，国家経営の視点と国家理念の視点を区別する必要がある．単純な分類だが，ガバナンスの2つの視点から，世界の国々は**表 4-1** の4つのタイプに類型できる．この類型の A にあたる国が，民主的ガバナンスが機能しているいわゆる西側先進国である．B の国々は，民主主義を国家理念として掲げているが，国家経営として

表 4-1　国家経営と国家理念から見た国家の分類

		国家経営の視点	
		グッド	バッド
国家理念の視点	グッド	A：民主的で経済社会開発もそれなりにうまくいっている国家（西側先進国） 例：日本・欧米諸国	B：ある程度民主的だが経済社会開発がまだ不十分な国家（多くの発展途上国） 例：トリニダード・トバゴ，東ティモール
	バッド	C：非民主的だが経済開発はそれなりにうまくいっている国家（開発独裁国） 例：中国・カンボジア	D：非民主的で経済社会開発も不十分な国家（破綻国家） 例：ソマリア・アフガニスタン

（出所）筆者作成.

のガバナンスがうまくいっているとは言えない国家である．C の国々は，非民主的な国だが，いわゆる開発独裁によって，それなりの経済発展を達成している国家である．したがって，経済開発中心のガバナンスは機能しているとしても民主的ガバナンスが機能しているとは言えない．D の国々は，国家経営が破綻し，国家理念も専制的なワースト・ガバナンスの国である．もちろん現実の多くの国家はグラデーションのように分布していて，明確な線引きができるわけではなく，例えばインドやインドネシアは，ある程度は民主的な体制で，経済発展はうまくいっているが社会発展は不十分なところも多いので A と C の間といえるだろう．

　なお，ここで改めて述べると，民主的ガバナンスの国家は，民主主義の理念を掲げているが，だからと言って国家経営がうまくいくわけではないということだ．いくら民主主義を国家理念として掲げても経済成長やその成果の社会への分配がうまくいかない国は多い．これは，民主主義の国家理念と経済成長を目指す国家経営とは，少なくとも短期的には無関係であることによると思われる．もちろん，経済成長と無関係だから民主主義の理念に意味がないというわけではない．人間は，経済的発展だけで，人生の充足を得られるわけではない．社会をつくる過程に参加し，安全で自由で平等な社会の中で生きていくことも同様に，あるいはそれ以上に，重要なのである．人間の安全保障の言葉を借りるならば，人間にとって欠乏からの自由と同時に恐怖からの自由と尊厳をもって生きる自由も不可欠なのである．

　ここでしばしば世界銀行が用いているグッド・ガバナンスという用語について少し触れておく．世界銀行は汚職のない法の支配に基づいた国家経営こそが

安定した経済社会開発には不可欠であると考えており，これをグッド・ガバナンスと言っている．つまり，世界銀行は国家理念については，敢えて民主主義とは言わずに国家経営がうまくいっているかどうかを中心に見てグッド・ガバナンスの重要性を強調している．これは，世界銀行は，加盟国の政治状況に介入してはならないと世界銀行の定款第4条10項に書かれているからである[8]．

　しかし，世界銀行も政治体制に全く無関心ではいられないから，あえてグッドという抽象的な言葉を用いているように思われる．国連開発計画 (UNDP) が述べているように，結局のところグッド・ガバナンスとは民主的ガバナンスである．しかしながら，最近は，西欧民主主義の理念に基づかない国家経営を行い，経済社会開発において大きな成果をあげてきた中国のガバナンスの影響力が増大してきたため，民主的ガバナンスという直接的な表現よりもグッド・ガバナンスという政治体制に対してより中立的な表現がより用いられているようである．それでは，次節において，こうしたガバナンスと SDGs の関係について検討してみよう．

2　ガバナンスと SDGs

　SDGs（持続可能な開発目標）は，「われわれの世界を変革する：持続可能な開発に向けた2030年アジェンダ」という2015年9月に第70回国際連合総会において採択された文書に含まれている開発目標である．しかし，この文書が突然採択されたわけではなく，その背景には長年にわたる国連の平和・政治・経済・社会・環境など分野のおけるさまざまな活動の積み重ねがある．この背景を簡単に振り返ってみる．

　まず，1945年に採択された国連憲章第1条には，国連の目的として，「国際の平和及び安全を維持すること」，「諸国間の友好関係を発展させること」，「経済的，社会的，文化的または人道的性質を有する国際問題を解決すること」，「人権及び基本的自由を尊重するように助長奨励すること」，そして，「これらの共通の目的の達成に当って諸国の行動を調和するための中心となること」が挙げられている．すなわち，平和・開発・人道・人権が国連の活動目的であり，そのために国際社会において中心的役割を果たすと定められている．平和の維持に関しては，安全保障理事会が主要な責任を負っている[9]．経済的，社会的，文化的，教育的および保健的国際事項は，経済社会理事会と国連専門機関

が責任を負っている[10]. 人権擁護に関しては，経済社会理事会のもとに人権員会が設けられた[11]. なお，国連憲章には，「環境」ということばも「持続可能な開発」という言葉も含まれていない. これは，1945 年当時には，環境問題はまだ地球規模の課題として認識されていなかったからであろう[12].

経済的社会的開発に関しては，1961 年に第 1 回「国連開発のための 10 年 (United Nations Development Decade)」を制定した. 1964 年には，国連貿易開発会議 (UNCTAD)，1965 年には国連開発計画 (UNDP) が設立された. そしてこうした国連機関が中心となって，さまざまな地球規模の課題に関する国際会議が開かれていった. 1972 年には国連人間環境会議がストックホルムで開催された. この会議のテーマが「かけがえのない地球 (Only One Earth)」であり，同年に民間団体であるローマクラブが「成長の限界 (Limit to Growth)」をだしたこともあり，地球環境問題が論じられるようになってきた. そして 1987 年には，「環境と開発に関する世界委員会」(通称，ブルントラント委員会) が公表した「我ら共有の未来 (Our Common Future)」と題する報告書において，「持続可能な開発」という概念を「将来の世代の欲求を満たしつつ，現在の世代の欲求も満足させるような開発」と定義した[13].

この定義は現在でも広く使われている. その後，1992 年にリオデジャネイロで「国連環境開発会議」(地球サミット) が開催され，「アジェンダ 21[14]」が採択された. このときに設立が決まった機関が，国連気候変動枠組条約 (UNFCCC) と生物多様性条約 (UNCBD) である. その後も，「地球サミット」から 5 年後の 1997 年には「国連環境特別総会」，10 年後の 2002 年にはヨハネスブルグで 2 万人以上が参加した「持続可能な開発に関する世界首脳会議」(リオ+10) が開催された.

2000 年 9 月，ニューヨークで開催され 189 カ国が参加した国連ミレニアム・サミットにおいて，21 世紀の国際社会の目標として，国連ミレニアム宣言[15]が採択された. ミレニアム宣言は，「われわれは，いくつかの基本的価値が，21世紀における国際関係にとり不可欠であると考える. それらの価値には以下が含まれる」として，自由・平等・団結・寛容・自然の尊重・責任の共有の 6 つをあげている. また，平和，安全保障及び軍縮の重要性についても宣言している. さらに，人権，民主主義および良い統治に関して，「われわれは，民主主義を推進し，法の支配並びに発展の権利を含む，国際的に認められた全ての人権および基本的自由の尊重を強化するため，いかなる努力も惜しまない」と宣

言している．そして，この宣言をもとにミレニアム開発目標（MDGs）[16]がまとめられ，2015年までに達成すべきものとして，①貧困と飢餓の撲滅，②普遍的初等教育，③ジェンダー平等，④幼児死亡率の引き下げ，⑤妊産婦の健康改善，⑥HIV/エイズなどの疫病対策，⑦持続可能な環境，⑧開発のためのグローバル・パートナーシップの構築という8つの目標とこれらの目標のもとに21のターゲットを掲げた．これはすなわち，国連がこれまで取り組んできた経済開発，社会開発，環境保護の3つの分野をまとめた持続可能な開発を具体的な数値目標としてまとめたものである．しかし，MDGsの具体的な開発目標としては，ミレニアム宣言に含まれていた自由・平等・人権・平和・民主主義などは含まれてない．

その後，2005年にコフィ・アナン国連事務総長が発表した「より大きな自由を求めて：すべての人のための開発，安全保障および人権」（A/59/2005）[17]では，「安全保障なしに開発はあり得ず，開発なしに安全保障は享受できないばかりか，人権の尊重がなければ，そのどちらも手に入らない．この3つの目標すべてに向かって進まなければ，どれも達成することはできないのである」とのべ，欠乏からの自由と並んで恐怖からの自由と尊厳と持って生きる自由（法の支配，人権，民主主義）の重要性を指摘している．

地球サミットから20年後の，2012年には，同じリオデジャネイロで「国連持続可能な開発会議」（「リオ+20」）[18]が開催された．この会議では，「持続可能な開発目標（SDGs）」についての議論をはじめ，SDGsをMDGsの後継とすることが合意された．

こうして，2015年にMDGsの後継として17の持続可能な開発目標（SDGs）が合意された．MDGsとSDGsを比較してみると，MDGsのすべての目標はSDGsに取り込まれていることがわかる．具体的には，①の貧困はSDG 1，飢餓はSDG 2，雇用はSDG 8，②の初等教育はSDG 4，③のジェンダー平等はSDG 5，④と⑤の母子健康と⑥の疾病対策はSDG 3，⑦の生物多様性，水と衛生，スラムの改善を含む環境保護は，SDG 6，11，14，15に，そして⑧のパートナーシップはSDG 17に含まれている．MDGsに明示的に含まれていなかったSDG 7（エネルギー），SDG 9（インフラとイノベーション），SDG 10（不平等），SDG 12（生産と消費），SDG 13（気候変動）も，経済社会開発と環境保護というこれまで国連が取り組んできた持続可能な開発の範疇に含まれているものである．

SDGsの目標の中で特筆すべきものは，以上の持続可能な開発目標に新たに追加されたSDG 16（平和と公正）である．この目標は，国連が設立当初より目的として掲げてきた平和の維持と人権の擁護促進にかかわる目標であり，今までは経済社会開発とは別個のものであると考えられていた．経済社会的開発が主に国連の経済社会理事会や分野ごとの専門機関で討議されてきたのに対して，平和の問題は主に国連安全保障理事会で，人権の問題は国連人権委員会[19]（2006年以降は新たに設立された国連人権理事会）で討議されてきたからである．しかし21世紀に入り，テロとの戦いが平和の中心課題になるようになると，貧困と汚職まみれのガバナンスが紛争やテロ活動の温床であることがあきらかになった．そして，これまで別個に扱われてきた経済社会開発問題と平和維持や人権保護の問題を統一的に扱う必要性が認識されたのである[20]．かくて，SDGsのなかに，MDGsの8つの開発目標には含まれていなかったSDG 16が含まれたのである．SDGsはPeople（人），Prosperity（繁栄），Planet（地球），Peace（平和），Partnership（パートナーシップ）の5つのPからなる．Prosperityとは経済開発であり，Peopleとは社会開発であり，Planetとは地球環境保護であり，PeaceはSDG 16の平和の目標であり，PartnershipはSDG 17のパートナーシップの目標である．「2030アジェンダ」は，その宣言の第35パラグラフにおいて，「持続可能な開発は，平和と安全なくしては実現できない．同時に，平和と安全は，持続可能な開発なくしては危機に瀕するだろう」と述べている．したがって，SDGsの17の目標の中でもSDG 16こそが，経済社会開発・環境保護と平和・民主的ガバナンスを結びつける要の目標であると言える．

ここで，以上に述べた国連におけるSDGs制定までの流れを図としてまとめるとだいたい**図4-4**のようになる．

それでは，次にSDG 16について，詳しく見ていく．SDG 16は，「持続可能な開発のための平和で包摂的な社会を促進し，すべての人々に司法へのアクセスを提供し，あらゆるレベルにおいて効果的で説明責任のある包摂的な制度を構築する」という目標のもとに12のターゲットを掲げている．ごく大まかにいうと，16.1（暴力の減少）と16.2（子供への暴力の撲滅）は，平和に関するターゲットである．16.3（法の支配），16.4（組織犯罪の根絶）は，法の支配に関するターゲットである．16.5（汚職の削減），16.6（有効な公共機関），16.8（グローバル・ガバナンス），16.a（国家機関の強化），16.b（非差別的法規）は，国家経営に関する

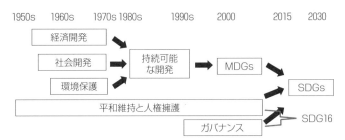

図 4-4　2030 アジェンダ（SDGs）が制定されるまでの流れ
（出所）筆者作成．

ターゲットである．16.7（参加型意思決定）は国民主権に関するターゲットである．そして 16.9（出生登録），16.10（基本的自由）は，人権に関するターゲットである．このことからわかるように，SDG 16 は，国民主権，基本的人権，法の支配という民主主義の理念に基づいて，平和を維持し，効果的・効率的に国家経営をする民主的ガバナンスのための目標であると言える．

図 4-5　国家経営と民主主義理念についての SDG 16 のターゲット
（出所）筆者作成．

　SDGs の 17 の目標の中でどの目標がもっとも根本的で重要であるかについては，さまざまの議論がありうるが，結局のところ，それは，People/人間（社会開発），Prosperity/繁栄（経済開発），Planet/地球（環境保護），Peace/平和，Partnership/パートナーシップという 5 つの "P" のうちどれが最も重要であるかという議論と同じであって，どれもが互いに関連しあい，支えあっているとしか言いようがない．しかし，SDGs においてはじめて，それまでの人間・繁栄・地球・パートナーシップという 4 つの "P" に SDG 16 が目標としている平和という 5 つ目の "P" が付け加わった意義を考えたい．それは，前述したように，「平和なくしては持続可能な開発はあり得ず，持続可能な開発

なくして平和もあり得ない」からである．2030 アジェンダの宣言において
も，「われわれは，人権，人の尊厳，法の支配，正義，平等及び差別のないこ
とに対して普遍的な尊重がなされる世界を思い描く」，「民主主義，グッド・ガ
バナンス，法の支配，そしてまたそれらを可能にする国内・国際環境が，持続
的で包摂的な経済成長，社会開発，環境保護及び貧困・飢餓撲滅を含めた，持
続可能な開発にとってきわめて重要である世界」がめざすべき世界像であると
述べられている．このことからも，「経済，社会及び環境というその三つの側
面において，バランスが取れ統合された形で達成する」ためには，SDG 16 が
目標とする民主的ガバナンスが不可欠であることがわかる．

3　ガバナンスが機能していない国々

　以上の議論を前提としたうえで，本節においては，グッド・ガバナンス（こ
こでは，民主的ガバナンスとほぼ同意義に用いる）が十分に機能していない国々を取
り上げ，それらの国々では SDGs も十分に達成されていないことを示す．以下
これらの国をバッド・ガバナンスの国，その中でも最下位のおよそ 10 カ国を
ワースト・ガバナンスの国と称する．そして，改めてバッド・ガバナンスの国
とは，① 国家経営において経済社会開発が効率的効果的に達成されていな
い，② 政府が汚職・腐敗にまみれている，③ 戦争や紛争を起こしている，④
政治体制が民主主義的価値観に基づいて運営されていない，の 4 点を基準とし
て判断する．
　以上の判断基準に基づき，ワースト・ガバナンスの国を選ぶために，①
UNDP『人間開発報告書 2021/2022』の人間開発指数，② トランスペアレン
シー・インターナショナルの汚職認識度指数 2022，③ ウプサラ紛争データプ
ログラム（UCDP）に基づく 2020–22 年の戦争・紛争による死亡者数，④ Eco-
nomic Intelligence Unit（EIU）の民主主義度指数 2022 の 4 つを指標として用
いる．そして，それぞれの統計における最下位 10 カ国（ワースト・ガバナンスの
国）を選び，以下のようにリストを作成する．

(1)　UNDP『人間開発報告書 2021/2022』

　UNDP の『人間開発報告書』は，人間開発指数（HDI）に基づいて世界各国
（2021/2022 年版では 191 カ国）をランク付けしている．人間開発指数は，その国

表 4-2　HDI に基づくワースト・ガバナンスの国

HDI ランク	国名	HDI スコア （100 倍して表示）
182	ギニア	46.5
183	イエメン	45.5
184	ブルキナファソ	44.9
185	モザンビーク	44.6
186	マリ	42.8
187	ブルンジ	42.6
188	中央アフリカ共和国	40.4
189	ニジェール	40.0
190	チャド	39.4
191	南スーダン	38.5

（出所）UNDP［2022］に基づき筆者作成.

の国民の平均余命指数，教育指数（就学予測年数と平均就学年数に基づく），国民総所得（GNI）指数の 3 つの指標に基づいて算出されている．平均余命指数は SDG 3（健康と福祉），教育指数は SDG 4.3 と 4.4（教育），そして国民所得は SDG 8.5（経済成長）を反映している．すなわち，その国の社会開発と経済開発の成果を表していると言える．したがって，人間開発指数が高いほど，その国の国家経営がうまくいっていると考えられる．逆に，人間開発指数が低い国は国家経営がうまくいっていないバッド・ガバナンスの国であると言える．そこで，この報告書から 2021 年の HDI の最下位 10 カ国（ランクの 182 位から 191 位）を抜き出すと**表 4-2**の通りである［UNDP 2022］．

　なお，比較のために記しておくが，第 1 位はスイスの 96.2 ポイントであり，日本は第 19 位で 92.5 ポイントである．

(2)　トランペアレンシー・インターナショナル（TI）の汚職認識度指数 2022 [21]
　つぎに，TI が発表している汚職認識度指数（CPI）を用いる．国家経営にかかわる汚職は，国家資源をかすめ取る行為であり，国家経営の効果や効率に著しい悪影響を与える．SDG 16.5 は「あらゆる形の汚職や贈賄を大きく減らす」ことをターゲットとしている．したがって，汚職のひどい国ほど国家経営がうまくいっていないバッド・ガバナンスの国であると言える．そこで 180 カ国がランク付けされている 2022 年の CPI に基づいて最下位の 10 カ国（同スコアの国が複数あるためランクでは 171 位から 180 位）を示すと**表 4-3**のとおりである．

表 4-3　CPI に基づくワースト・ガバナンスの国

CPI ランク	国名	CPI スコア
171	ブルンジ	17
171	エクアドールギニア	17
171	ハイチ	17
171	北朝鮮	17
171	リビア	17
176	イエメン	16
177	ベネズエラ	14
178	南スーダン	13
178	シリア	13
180	ソマリア	12

（出所）Transparency International, Corruption Perceptions Index 2022 に基づき筆者作成.

　ちなみに，第1位はデンマークの90ポイントであり，日本は第18位で73ポイントである．

(3)　ウプサラ紛争データプログラム (UCDP) の紛争における死亡者[22]

　以上の (1) と (2) によって，国家経営が最低の（ワースト・ガバナンス）国を示したが，さらに紛争による死者数を考えてみる．SDG 16.1 は，「あらゆる場所で，あらゆる形の暴力と，暴力による死を大きく減らす」であるが，戦争や紛争によって多くの国民が死亡している国では，国家経営がうまくいっているとは到底言えない．そこで，ウプサラ紛争データプログラム (UCDP) から 2020年，2021 年，2022 年の3年間の紛争による死亡者数を合計し，ワースト10カ国を示すと**表 4-4**のとおりである．

(4) Economic Intelligence Unit (EIU) の民主主義指数 2022[23]

　上述の(1)–(3)は，国家経営の程度を測る指標として用いたが，国家理念（ここでは民主的ガバナンスの基本理念である民主主義の理念）の程度を測る指標としてEIU の 2022 年民主主義度指数 (DI) を用いる．2022 年の民主主義報告書には167 カ国がランク付けされているが，その最下位 10 カ国（158 位から 167 位）を示すと**表 4-5**の通りである．

　ちなみに，第1位はノルウェーの98.1 ポイントであり，日本は第16位で83.3 ポイントである．

表 4-4　紛争死亡者数に基づくワースト・ガバナンスの国

順位	国名	2022 年（人数）	2021 年（人数）	2020 年（人数）	3 年合計（人数）	（1000 分の 1）x (-1)
1	エチオピア	102,918	13,637	4,896	121,451	−122
2	ウクライナ	82,609	208	196	83,013	−83
3	アフガニスタン	1,545	36,386	20,834	58,765	−59
4	メキシコ	14,254	18,850	16,464	49,568	−50
5	イエメン	3,199	23,462	6,743	33,404	−33
6	コンゴ民主共和国	5,543	3,722	3,984	13,249	−13
7	シリア	1,637	1,942	5,690	9,269	−9
8	ナイジェリア	2,882	3,159	3,048	9,089	−9
9	ソマリア	3,115	2,269	2,120	7,504	−8
10	マリ	3,641	1,287	1,509	6,437	−6

（出所）Uppsala Conflict Data Program に基づき筆者作成.

表 4-5　DI に基づくワースト・ガバナンスの国

DI ランク	国名	DI スコア（10 倍して表示）
158	エクアドールギニア	19.2
159	ラオス	17.7
160	チャド	16.7
161	トルクメニスタン	16.6
162	コンゴ民主共和国	14.8
163	シリア	14.3
164	中央アフリカ共和国	13.5
165	北朝鮮	10.8
166	ミャンマー	7.4
167	アフガニスタン	3.2

（出所）Economist Intelligence, EIU Report Democracy Index 2022 に基づき筆者作成.

4　ワースト・ガバナンスの国々における SDGs の達成状況

　前節で検討した 4 つの指標は，ガバナンスが特に機能していない国，つまりワースト・ガバナンスの国を選び出すために用いた．そこで次に，ダブリン大学の Sustainable Development Report 2023[24] にもとづいて，これらの国々の SDGs の達成状況と 4 つの指標を対比してみると **表 4-6〜4-9，図 4-6〜4-9** のようになる．なお，この報告書は国連加盟国 193 カ国のうち，データのある 163 カ国について，SDGs の 17 の目標の達成状況をスコア（100 がすべての目標

表 4-6 人間開発指数（HDI）スコアと SDGs 達成スコア

順位	国名	SDGsスコア	HDIスコア
1	フィンランド	86.76	94.0
10	エストニア	81.68	89.0
21	日本	79.41	92.5
30	チリ	78.22	85.5
40	オーストラリア	75.9	95.1
50	ブラジル	73.69	75.4
60	北マケドニア	72.47	77.0
70	モロッコ	70.87	68.3
80	メキシコ	69.71	66.2
90	オマーン	68.59	81.6
115	ラオス	62.96	60.7
117	ベネズエラ	62.88	69.1
125	ミャンマー	60.44	58.5
130	シリア	58.18	57.7
131	マリ	57.98	42.8
142	ギニア	54.89	46.5
147	ブルンジ	53.91	42.6
149	モザンビーク	52.69	44.6
153	ブルキナファソ	52.45	44.9
161	ニジェール	48.31	40.0
163	イエメン.	46.85	45.5
164	チャド	45.34	39.4
165	中央アフリカ	40.4	40.4
166	南スーダン	38.68	38.5

（出所）筆者作成．

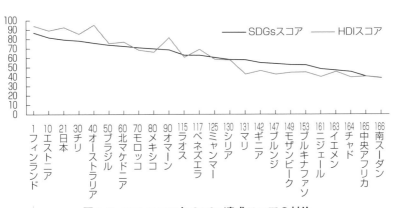

図 4-6　HDI スコアと SDGs 達成スコアの対比

（出所）筆者作成．

表 4-7 汚職認識指数（CPI）スコアと SDGs 達成スコア

順位	順位＋国名	SDGs スコア	CPI スコア
1	フィンランド	86.76	84
10	エストニア	81.68	74
21	日本	79.41	73
30	チリ	78.22	67
40	オーストラリア	75.9	75
50	ブラジル	73.69	38
60	北マケドニア	72.47	40
70	モロッコ	70.87	38
80	メキシコ	69.71	31
90	オマーン	68.59	44
115	ラオス	62.96	31
117	ベネズエラ	62.88	14
130	シリア	58.18	13
147	ブルンジ	53.91	17
152	ハイチ	52.58	17
162	ソマリア	48.03	12
163	イエメン	46.85	16
166	南スーダン	38.68	13

（出所）筆者作成.

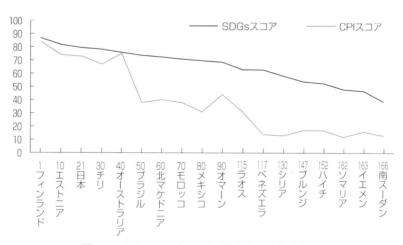

図 4-7 CPI スコアと SDGs 達成スコアとの対比

（出所）筆者作成.

表4-8 戦争・紛争における死亡者数スコアとSDGs達成スコア

順位	国名	SDGsスコア	死亡者スコア
1	フィンランド	86.76	
10	エストニア	81.68	
21	日本	79.41	
38	ウクライナ	76.52	−83
40	オーストラリア	75.9	
50	ブラジル	73.69	−6.4
60	北マケドニア	72.47	
70	モロッコ	70.87	0.02
80	メキシコ	69.71	−50
125	ミャンマー	60.44	−4.7
130	シリア	58.18	−9
131	マリ	57.98	−6
144	エチオピア	54.55	−122
146	ナイジェリア	54.27	−9
153	ブルキナファソ	52.45	−5.2
158	アフガニスタン	49.01	−59
159	コンゴ民主共和国	48.58	−13
162	ソマリア	48.03	−8
163	イエメン	46.85	−33

(出所) 筆者作成.

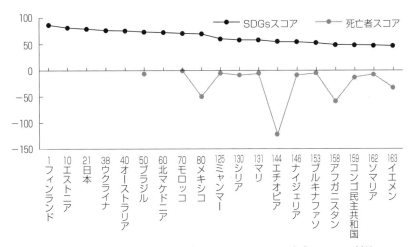

図4-8 戦争・紛争による死亡者数スコアとSDGs達成スコアの対比

(出所) 筆者作成.

表 4-9 民主主義指数（DI）スコアと SDGs 達成スコア

順位	国名	SDGs スコア	DI スコア
1	フィンランド	86.76	92.9
10	エストニア	81.68	79.6
21	日本	79.41	83.3
30	チリ	78.22	82.2
40	オーストラリア	75.9	87.1
50	ブラジル	73.69	67.8
60	北マケドニア	72.47	61
70	モロッコ	70.87	50.4
80	メキシコ	69.71	52.5
91	トルクメニスタン	68.47	16.6
115	ラオス	62.96	17.7
125	ミャンマー	60.44	7.4
130	シリア	58.18	14.3
158	アフガニスタン	49.01	3.2
159	コンゴ民主共和国	48.58	14.8
164	チャド	45.34	16.7
165	中央アフリカ共和国	40.4	13.5

（出所）筆者作成.

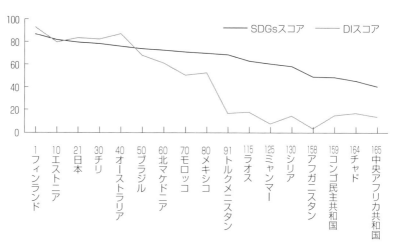

図 4-9　DI スコアと SDGs 達成スコアの対比

（出所）筆者作成.

が達成されたことを示す）として数値化し，それに順位をつけたものである．第1
位は，フィンランドの86.51であり，最下位は第163位の南スーダンの39.05
である．全体像が分かりやすいように，表とグラフには第1位のフィンランド
から大体10位ごとの国のデータをも載せてあるが，ワースト・ガバナンスの
国は，それぞれの表の下位10カ国であり，太字で示してある．なお，エリト
リア，リビア，エクアドールギニアを含む30カ国のデータは示されていな
い．

　なお，CPIの最下位10カ国には，赤道ギニア，北朝鮮，リビアも含まれて
おり，スコアはどれも17であるが，これらの3カ国についてはSDGs達成ス
コアがないので，表には載せていない．

　以上の4つの表・グラフから次のことが言える．第一に，人間開発指数スコ
ア，汚職認識度指数スコア，死亡者数スコア，民主主義度指数スコアのどれ
も，おおむね右肩下がりであり，すなわち，SDGs達成スコアが低いほどこれ
らのスコアも低くなっている．紛争や戦争による死亡者数スコアはなめらか右
肩下がりとは言えないが，これは近年のエチオピア紛争とウクライナ戦争の影
響が表れているからである．当然ともいえるが，紛争や戦争に巻き込まれてい
る国のSDGsの達成度は全般的に低いと言える．

　第二に，これら4つ指標のそれぞれ最下位10カ国，延べ40カ国に含まれて
いる国は次の26カ国である．CPIの最下位10カ国には赤道ギニア，リビア，
北朝鮮が含まれているが，SDGs達成スコアがないので表には含まれていな
い．また，民主主義指数の最下位10カ国には同じく赤道ギニアと北朝鮮が含
まれているが，SDGs達成スコアがないので上記の表には含まれていない．**表
4-10**の表は，ワースト10位にランクされた頻度の多い順に列記したものであ
る．結論として，これらの26カ国，特に複数の表に現れた13カ国（以下のリ
ストの太字の国）が，現在の世界におけるワースト・ガバナンスの国であると言
える．

おわりに
──ガバナンスとSDGsの今後の方向性──

　開発問題を突き詰めていくと，結局のところ，幸福とは何かという古典的な
問いに行きつく．人間は幸福を求めて生きていると言ってよい．そして，幸福

表 4-10 ワースト・ガバナンスの国

ワースト順位	国名	ワースト 10 位にランクした頻度
1	イエメン	3
2	コンゴ民主共和国	2
3	シリア	2
4	ソマリア	2
5	チャド	2
6	ブルキナファソ	2
7	ブルンジ	2
8	マリ	2
9	ミャンマー	2
10	赤道ギニア	2
11	中央アフリカ共和国	2
12	南スーダン	2
13	北朝鮮	2
14	アフガニスタン	1
15	ウクライナ	1
16	エチオピア	1
17	ギニア	1
18	トルクメニスタン	1
19	ナイジェリア	1
20	ニジェール	1
21	ハイチ	1
22	ベネズエラ	1
23	メキシコ	1
24	モザンビーク	1
25	ラオス	1
26	リビア	1
合　計		40

(出所) 筆者作成.

になるための具体的な条件がSDGsを達成することであると言える．まず，衣食住が満たされなければならない．SDGsの目標1 (貧困)，目標2 (飢餓)，目標6 (水と衛生)，目標10 (居住) などがそのためにある．また，病気になったら医療が必要であり，子供の時は教育が，成長すれば仕事が必要だ．これが目標3 (健康)，目標4 (教育)，目標8 (雇用) だ．社会全体としては，クリーンエネルギー (目標7) やイノベーション (目標9) や経済成長 (目標8) も重要だ．さらには，現在では地球環境を守り，温暖化を防止しなければならない．このために，目標12 (つくる責任・つかう責任)，目標13 (気候変動)，目標14 (海を守

る），目標15（陸も守る）がある．一言でいえば，これらの目標は，経済社会開発と地球環境保護のための目標である．

しかし，それだけでは，人間の幸福には十分でない．人間は，自由で平等な社会も望んでいる．目標5（ジェンダー平等）と目標10（格差是正）は，平等な社会を築くためのものである．そして，人間社会の自由を求める目標がSDG 16のターゲット16.10（基本的自由の保障）である．そして，社会における自由は1人で達成できるものではない．社会の構成員が互いに互いの自由を認め合い，有効で説明責任のある透明性の高い公共機関を発展させ（16.6），対応的,包摂的，参加型及び代表的な意思決定を確保し（16.7），法の支配を促進する（16.3）ことが不可欠である．

そして，以上のもっとも基礎にあるのが，人々の安全・安心だ．戦争や紛争に巻き込まれる社会では，経済社会開発や環境保護の目標は達成できないし，幸福ももたらせない．だからこそ，SDG 16は，その第1のターゲット（SDG 16.1）で「あらゆる場所において，すべての形態の暴力及び暴力に関連する死亡率を大幅に減少させる」を掲げている．

結局のところ，SDG 16の「持続可能な開発のための平和で包摂的な社会を促進し，すべての人々に司法へのアクセスを提供し，あらゆるレベルにおいて効果的で説明責任のある包摂的な制度を構築する」という目標は，国民主権，基本的人権，法の支配という民主主義の理念に基づいて，平和で自然環境に恵まれ，経済的に豊かで社会的に平等な地球社会を築いていくためのガバナンスの必要性を示しているのである．

本章の目的は，持続可能な開発目標（SDGs）の達成のためには，ガバナンスが重要であることを示すことであった．そのために，そもそもガバナンスとは何であり，それがどのように開発と関係しているのかを明らかにした．さまざまな機関が国家のガバナンスを定義しているが，その本質は，国家理念に基づいた国家経営であると言える．国家理念は，建国の理念であり，国によってさまざまであるが，日本を含む西側諸国は，民主主義の価値に基づいた国家理念を掲げている．ここでいう民主主義の価値とは，国民主権，人権尊重，法の支配である．そうしてこうした価値に基づいた国家理念に基づいた国家統治を民主的ガバナンス，非政治的な言い方としてはグッド・ガバナンスと称している．もちろんこうした民主主義の価値にもさまざまな差異があり，ほとんどの政府は，自分たちは国民の代表であり，人権と法の支配を尊重していると主張

している．しかし実際には，これらの価値は名ばかりであり，独裁者が人権や法の支配を無視した専制的な政治を行っている国も多い．こうした専制国家のガバナンスは民主的ガバナンスとはいいがたい．

　しかし，ガバナンスのもう1つの側面である国家経営の視点に目を向けてみると，非民主的な専制国家でも国家経営がうまくいっている国もある．ここでいう国家経営とは，税収などの国家のインプットを国民へのサービスというアウトプットにいかに効率的に変換することであり，それは経済開発の良し悪しともいえる．これを端的に開発ガバナンスと称することもあるが，開発ガバナンスがうまくいった国としては，中国やカンボジアやルワンダを挙げられるだろう．これらの国のガバナンスを外交的には，専制的ガバナンス（あるいは開発独裁ガバナンス）とは言えないので，しばしばこうした国のガバナンスも経済成長に成功したという意味でグッド・ガバナンスの国ということもある．しかし果たして，これらの国々が，これからもずっと専制的な国家理念に基づいた国家経営で国を発展させていけるかは疑問である．なぜならば，こうした国では，権力が一部の指導者に集中しているため，必ずしも最適な経済政策がとられるとは限らず，市場メカニズムが十分に機能しなくなる恐れがある．また，法の支配も不十分なため経済活動に関するさまざまな法律への信頼性が低く，内外の企業や個人が投資をためらう場合も出てくる．さらに，人間の自由な発想や創造が制限された社会では，長期的な経済発展に不可欠なイノベーションが起きにくいからである．ただ，不平を持つ国民への懐柔政策や抑圧政策もあるので，いつこうした専制国家が民主国家に変わるかは簡単には見通せない．

　本章では，国家理念が非民主的な専制国家であり，国家経営もうまくいっていない国をバッド・ガバナンスの国とみなし，人間開発指数，汚職認識指数，戦争・紛争における死亡者数，民主主義指数の4つの指標に基づいて，それぞれの最下位10カ国をワースト・ガバナンスの国々として選び出した．そして，それ等の指標をSDGsの達成度と比較してみたところ，ガバナンスの悪い国ほど，SDGsの達成度も低いことが分かった．このことは，当然ともいえる．SDG 16は，平和，包摂的で民意を代表する制度，法の支配，汚職のない制度などを目標としており，SDG 1–15は，その国の経済開発，社会開発，環境保護を目標としているからである．したがって，これらのワースト・ガバナンスの国々が，SDGsをより一層達成しようとするのであれば，より民主的な国家理念に基づいた，より効率的で効果的な国家経営をしなければならないと

言える．すなわち，人類社会の共通目標である SDGs を達成するためには，よりよい民主的ガバナンスを構築することが不可欠であると結論できる．

注

1）オリジナル文書は，国連総会文書 A/RES/70/1 Transforming our world : the 2030 Agenda for Sustainable Development を参照（https : //documents-dds-ny.un.org/doc/ UNDOC/GEN/N 15/291/89/pdf/N 1529189.pdf?OpenElement，2023 年 11 月 20 日閲覧）．

2）World Bank, Worldwide Governance Indicators（https : //datacatalog.worldbank.org /search/dataset/0038026/Worldwide-Governance-Indicators，2023 年 11 月 20 日閲覧）．

3）Governance for sustainable human development A UNDP policy document（https : // www.undp-aciac.org/publications/other/undp/governance/undppolicydoc97-e.pdf，2024 年 7 月 26 日閲覧）．

4）UNESCO, TVETipedia Gloossary（https : //unevoc.unesco.org/home/TVETipedia+ Glossary/lang = en/show = term/term = governance，2023 年 11 月 20 日閲覧）．

5）ガバナンスを単に統治と訳してしまうと政府による上からの視点という印象を与えるが，民主主義の理念を掲げている国家では，国民の政治への参加という視点も含まれている．

6）ステート・ガバナンス（国家統治）の上位概念はグローバル・ガバナンスであり，下位概念としてはローカル・ガバナンス（地方政府統治）やコーポレート・ガバナンス（企業統治）などが考えられるが，「ガバナンス＝経営＋理念」という基本的な枠組みは同じである．

7）ここでは，政府機能について述べたが，厳密には，国家を構成している主要組織には，行政府のほかにも，立法府，司法府，独立メディア，学術機関，市民社会組織，民間企業などがあり，それぞれのガバナンスについて論じることも重要である．

8）そこでは「世界銀行およびその役員は，いかなる加盟国の政治問題にも干渉してはならない．また，その決定において，関係する加盟国の政治的性格によって影響を受けないものとする．経済的考慮事項のみがその決定に関連し，これらの考慮事項は，第 1 条に記載された目的を達成するために公平に比較検討されるものとする」と記載されている．International Bank for Reconstruction and Development, Articles of Agreement Page 10（https : //thedocs.worldbank.org/en/doc/722361541184234501-0330022018/original/IBRDArticlesOfAgreementEnglish.pdf，2023 年 11 月 20 日閲覧）．

9）国連憲章 24 条．

10）国連憲章 57 条および 62 条．

11）国連憲章 68 条．

12）補足すると国連憲章の中には，「民主主義」という言葉も含まれていない．しかし，民主主義の基本的価値である基本的人権，人間の尊厳，自由，平等などは含まれている．

13) Report of the World Commission on Environment and Development : Our Common Future, page 16 (https : //sustainabledevelopment.un.org/content/documents/5987our-common-future.pdf, 2023 年 11 月 20 日閲覧).

14) United Nations Conference on Environment & Development Rio de Janeiro, Brazil,3 to 14 June 1992 AGENDA 21 (https : //sustainabledevelopment.un.org/content/documents/Agenda21.pdf, 2023 年 11 月 20 日閲覧).

15) 国連広報センター「国連ミレニアム宣言」(https : //www.unic.or.jp/news_press/features_backgrounders/1360/, 2023 年 11 月 20 日閲覧).

16) 国連広報センター「ミレニアム開発目標 (MDGs)」(https : //www.unic.or.jp/activities/economic_social_development/sustainable_development/2030 agenda/global_action/mdgs/, 2023 年 11 月 20 日閲覧).

17) 国連広報センター「より大きな自由を求めて」(https : //www.unic.or.jp/texts_audiovisual/resolutions_reports/ga/reports2/3387/, 2023 年 11 月 20 日閲覧).

18) 外務省「リオ＋20～持続可能な未来を創るために」(https : //www.mofa.go.jp/mofaj/press/pr/wakaru/topics/vol91/index.html, 2023 年 11 月 20 日閲覧).

19) 厳密にいえば，国連人権委員会は国連経済社会理事会のもとに設立された委員会であったが，国連人権理事会は国連総会のもとに設立された.

20) 例えば，2004 年に米国では，ミレニアム・チャレンジ・コーポレーション (MCC) が設立された.

21) Transparency International, Corruption Perceptions Index 2022 (https : //www.transparency.org/en/cpi/2022?gclid=EAIaIQobChMIpZ6g2pHKgwMV6hJ7Bx19 lAASEAA YASAAEgKtefD_BwE&gad_source=1, 2023 年 11 月 20 日閲覧).

22) Uppsala Conflict Data Program (https : //ucdp.uu.se/, 2023 年 11 月 20 日閲覧).

23) Economist Intelligence, EIU Report Democracy Index 2022 (https : //www.eiu.com/n/campaigns/democracy-index-2022/, 2023 年 11 月 20 日閲覧).

24) Sustainable Development Report 2023, Rankings (https : //www.sustainabledevelopment.report/reports/sustainable-development-report-2023/, 2023 年 11 月 20 日閲覧).

25) アジア開発銀行によると中国の 2023 年の GDP 成長率の見込みは 4.9%，2024 年は 4.5% であり，カンボジアの 2022 年の GDP 成長率は 5.2%，2023 年の見込みは 5.3%，2024年は 6.0% である (https : //www.adb.org/outlook/editions/september-2023, 2024 年 4 月 3 日閲覧). アフリカ開発銀行によるとルワンダの 2021 年の GDP 成長率は 10.9%，2022 年は 8.2%，2023 年の見込みは 7.6%，2024 年は 8.0% である (https : //www.afdb.org/en/countries/east-africa/rwanda/rwanda-economic-outlook, 2023 年 11 月 20 日閲覧).

◆参考文献◆
＜邦文献＞
JICA ［2004］「JICA におけるガバナンス支援――民主的な制度づくり，行政機能の向

上，法整備支援——調査研究報告書　平成 16 年 11 月」国際協力機構.

＜欧文献＞

Meadows, D. H. [1972] *The Limits To Growth, Rome Club? Potomac Associates Book*（大来佐武郎監訳『成長の限界——ローマクラブ「人類の危機」レポート——』ダイヤモンド社，1972 年）.

Sachs, J. D., Lafortune, G., Fuller, G. and E. Drumm [2023] *Sustainable Development Report 2023 Implementing the Economist Intelligence*, Dublin University Press.

UNDP [1997] "Governance for sustainable human development" *UNDP Policy Paper*, UNDP.

United Nations [1945] *The Charter of the United Nations*, United Nations.

———— [1987] *Report of the World Commission on Environment and Development : Our Common Future*, United Nations.

———— [1992] United Nations Conference on Environment & Development Rio de Janeiro, Brazil, 3 to 14 June 1992 AGENDA 21 United Nations.

———— [2000 a] United Nations Millennium Declaration（https://www.un.org/en/development/devagenda/millennium.shtml，2023 年 11 月 20 日閲覧）.

———— [2000 b] Millennium Development Goals（https://www.un.org/millenniumgoals/，2023 年 11 月 20 日閲覧）.

———— [2015] Resolution adopted by the General Assembly on 25 September 2015 A/RES/70/1, United Nations（外務省による仮訳「我々の世界を変革する——持続可能な開発のための 2030 アジェンダ——」）（https://www.mofa.go.jp/mofaj/gaiko/oda/sdgs/pdf/000101402_2.pdf，2024 年 4 月 3 日閲覧）.

United Nations, Economic and Social Council E/C.16/2006/4, United Nations.

UNDP [1997] Governance for sustainable human development, UNDP, New York.

———— [2022] Human Development Report 2021/2022（https://hdr.undp.org/system/files/documents/global-report-document/hdr2021-22 pdf_1.pdf，2023 年 11 月 20 日閲覧）（邦訳：『人間開発報告書 2021/2022』国連開発計画東京事務所）.

World Bank [1992] *Governance and Development*, A World Bank Publication 10650.

第5章

途上国のローカル・ガバナンス
───新家産制国家におけるクライエンテリズムの制度化とその変質───

木村　宏恒

はじめに

　地方分権と地方自治は，国際機関や援助国側が一致してガバナンスや民主化の柱の1つとしてきた．しかしながら，そうした考えは米欧の政治モデルの延長線上にあり，途上国には中央集権の長い伝統があり，実現したのは米欧流の理想主義ではなく，途上国流の「中央集権下の地方分権」であった．地方分権は途上国の多くにとって外圧であり，途上国の地方から湧き上がってきた課題ではなかった．途上国の政府は概して地方分権に否定的であった．

　中央政府によるガバナンス運営の地方版をローカル・ガバナンスと呼ぶ．どちらも，① 経済成長と公共政策進展による人々の生活水準の向上と，② 人権擁護，法の支配と「恐れからの自由」を含む平和と治安秩序維持，③ 政府の説明責任と透明性，市民の知る権利と要望の反映（responsive）を含む政府の民主的運営を柱とする．

　どの地方にも，地方経済と地方文化に君臨する地方有力者層があり，地方政府にも君臨し，中央政府の財政配分と開発政策に依拠して住民の支持基盤を強化し，同時に中央政府の政治家を支持する基盤となる（選挙時の票田となる）という形で，中央の政治家とパトロン・クライエント関係（庇護・被庇護関係）を形成している（パトロネージともクライエンテリズムともいう．本章ではクライエンテリズムを使う）．首都圏に象徴されるより近代的な様相を見せる中央政府に対して，地方有力者層はより伝統的な地方文化のなかにあり，メディアも住民もより保守的で，地域のさまざまな結びつき，親類縁者，恩顧関係の網の目のなかにあって，地方有力者との庇護・被庇護関係のなかにあるものも多い．政治家

はどこでも，自己の影響力を拡大することに執心している．ローカル・ガバナンスは，そうしたネットワーク（クライエンテリズム）のなかで展開される．

最初に定義をしておこう．地方分権は，中央政府の権限を地方政府に移譲することを言う（中央＝上から地方＝下へという含意の場合は委譲を使い，中央政府と地方政府は対等という含意の場合は移譲を使う）．その譲渡には程度がある．まず，中央省庁の地方支部に権限を預ける deconcentration．独立した地方政府に権限を与える devolution．後者が本来の地方分権 decentralization であるが，deconcentration も地方分権の一部であると主張する途上国もある．さらに，地方政府に権限を与えるといっても，部分的なものが多い．日本国憲法第 8 章「地方自治」も中身は 3 割自治とか言われてきた．途上国も同様で，筆者はこれを「中央集権下の地方分権」と呼ぶ．そうしたなかで，地方自治があるかどうかは，第 1 に，地方政府で地方の総合開発計画として経済・社会開発政策や環境政策を策定できるかどうか（教育や保健医療などが中央各省庁の直轄行政になっていないか），第 2 に，地方政府で政策の優先順位を設定して予算をつけ，系統的に実行することができるかどうかにかかっている［佐々木 1984: 71］．その意味で，地方自治はいわゆる地方分権の一部である．

今日の途上国政治構造の議論は，2000 年代以降の民主主義後退の議論として，1980〜90 年代の民主化との関連で議論されることが多いが，それはおかしい．

中心的に論じられなければならないことは，多くの途上国で独立後形成された新家産制国家という政治構造が，1990 年代の世界的民主化時代にどう内在的に変質したのか，である．ただ，こうしたことはアジア，中東の封建制段階を経験した諸国の特徴と言え，中南米は基本的に白人移民征服者による近世南欧政治構造の移植から出発している．今日でもアルゼンチン，ウルグアイ，パラグアイ，チリ，コスタリカ国民の 95% 以上は白人である．ブラジルもかつては 6 割以上が白人であった．今は 50% を割り，中東出身者も 1000 万人越えと国際化しているが．インカ帝国やアステカ帝国に象徴される先住民社会は古代段階にあり，スペイン・ポルトガルの征服によって破壊された．先住民がかなりの人口を占める国でも，支配層は白人である．あるアルゼンチン人が言った．「われわれは低開発国ではあるが，開発途上国ではない．アフリカと一緒にするな」と．一方，サブサハラの大部分は部族社会（前古代段階）で，植民地前の国家を持たなかった．それらがすべて，世界資本主義に包摂された（ソ

連・中国に代表される共産主義諸国も包摂されていった）.

人類学者の前川啓治が主張したように、「近代世界システムは地球の隅々にまで浸透するが、その浸透の過程において現地でローカライゼーションの洗礼を受けることの方がその『普遍性』より重要である」. すなわちその社会が内部で『翻訳＝読み替え』的な変換を行って、取り入れるのである」として、「翻訳的適応」としての社会変化を提起した［前川 2000: 3-7］. それはハンチントンの民主化の「第三の波」という国際要因からの民主化とは真逆の発想であった. その視点から見えてくるものは、新家産制国家による「民主化」という外圧への主体的対応という視点であり、新家産制国家の支配の核心であるクライエンテリズムの堅持の上での民主化、すなわち「翻訳的適応」、あるいは化粧としての民主化であった.

第2節「途上国の中央地方関係」では、木村［2011］で展開した地方分権の実像を説明し、その後の展開を議論する. 第3節「地方有力者層の中央政界との結びつき」では、ハーバード大学のグリンドル（Merilee Grindle）教授のメキシコにおける中央・地方関係の議論を中心に、経済・社会開発の進展とともに、新家産制（権威主義と言い換えても良い）の枠内で、地方がクライエンテリズムの制度化を進めるとともに、より能力主義、住民対応、地域の近代化全般に対応してきた二重の制度化を論じる. 第4節「クライエンテリズムによる『民主主義』の取り込み」では、1990年代に民主化が進んだという理解は留保が必要であり、1980年代のブラジル、韓国、フィリピンなどの民主化とソ連・東欧共産体制の崩壊を受けて、90年代にアメリカ主導で世界的に民主化の波が襲った時、独立後の途上国の基本政治構造である「近代化の様相を深める新家産制諸国家」はどう対応したのかという視点から「民主化」を論じる. 第5節「中央・地方政府の経営における SDGs の取り扱い」では、先進国的環境政策の実施には程遠い途上国における環境政策推進の「社会インフラ（社会的環境管理能力の形成）」の具体像を説明するとともに、そのなかで、SDGs がどのような展開を見せているかを論じる.

1　1990年代の基盤・起点としての独立後の国家構造

独立後の途上国は、植民地化前の王国伝統と植民地時代の中央集権体制を共に反映した中央集権国家であった. 多民族国家を反映して連邦制を採用した国

もあったが，アメリカ合州国（合衆国の衆国はペリーが採用した当時のrepublicの中国語訳だが，今は共和国が定訳．United StatesのStatesは国だが，連邦国家では州と訳される）やドイツのような地方自治を確保した連邦制は望むべくもなく，ロシア，ナイジェリア，エチオピア，ミャンマーのように名ばかりの連邦制が少なくなかった．一方，アジア諸国では独立後，立法・司法機関や国軍と警察の全国組織，全国的教育機関，医療保健機関，経済振興機関など，各種の近代国家としての体裁が付け加わった．前の時代の中央集権国家に近代国家の諸様相が合体した体制を新家産制国家（neo-patrimonial state）という（例えばCrouch [1979]）．

　植民地から独立したアジアの途上国の多くは，植民地以前の王国時代との継承性を持っていた．インドネシアの初代大統領スカルノ（Sukarno, 1945～1966）は，「大統領というよりスルタンとして振る舞った」と評せられたし，韓国の朴正煕大統領は「国父」として振る舞った．「習近平は中国皇帝制度の伝統を持つ皇帝のようにふるまっている」と言われる．台湾の蒋介石とその息子蒋経国による支配は「蒋王朝」，ネルー首相（1947-64年）とその娘インディラ・ガンディー首相（1966～77；80～84年），息子のラジブ・ガンジー首相（1984～89年）と続いたインドは「ネルー王朝」と呼ばれた．

　「伝統的支配の純粋型は家父長制支配」であり，その支配が「個人的行政・軍事幹部の成立とともに（要するに国家大に拡大すると），あらゆる（伝統的）家父長制支配は家産制に転化する [Weber 1956: 邦訳39；45]．支配者の権威と権力に対する，配下の忠誠義務と上からの恩恵（官職や各種の利益）の体系が形成される．各戸の家父長—村民の父としての村長—県民の父としての県長—国民の父としての国父の体系が形成される．これは地主・小作関係や企業の経営者と従業員の関係などにも拡大する．これをP-C関係（Patron-Client relations 庇護・被庇護関係），あるいはpatronage systemとかクライエンテリズム（clientelism）という．例えば，インドネシアのスハルト第2代大統領（1966～1998）は，西側の援助と外国資本投資に依存した経済成長をする必要から定期的選挙を実施したが，各村に向けて，政府与党に70％以上の得票率確保を指示した．90％を達成したある村は郡の高校新設場所に選ばれた．野党支持が多数の村の道は未整備で放置された．

　アジアの多くの途上国では，植民地化前の王朝の官僚制度（それは基本的に各地の小領主の連合体を伴った）が，植民地中央集権行政の下部機構に再編成され，独立後は新興国の行政機構に継承再編された．例えばインドネシアのスカルノ

初代大統領は，独立宣言後直ちに，植民地時代のインドネシア人官僚たちの共和国への支持を取り付け，同時に彼らの地位を保証した［木村 1989：113-119］．終身大統領が想定されていたスカルノが「大統領というよりスルタンとして振る舞った」と評せられたのは，システムがそうであったからである．

　新興の途上国はまた，近代国家としての体裁を整える必要に迫られた．教育制度，医療・保健制度，経済成長政策，農業生産力向上，金融制度，都市開発と住宅政策，交通網，上下水道整備などと，それらに対応する行政組織と法体系の整備が必要であった．そのための外国との貿易・交流や外国援助，公務員の留学・外国人による研修などで，社会システムはそれなりに国際化・近代化していった[1]．こうした合体については，すでに藤田省三が『天皇制国家の支配原理』の冒頭で提起していた．天皇は，神として超出し，家父として内在し，政治的主権者として万能の君権を意味していたとして，ウェーバーのいうカリスマ的支配と，家父長制的支配と，合法的支配を一身に統合していたと言うのであった［藤田 1966：7］．

　この国家の基礎の上に，シュンペーターの言う参政権中心の最小限民主主義と議会が設立された．丸山眞男が明治の議会を特徴づけて言った「絶対主義のイチジクの葉」を思わせる（楽園のアダムとイブが禁制のリンゴを食べて羞恥を知り，前を隠した葉がイチジク．今風に言えば「権威主義のイチジクの葉」）．ジーン・グリューゲルは『グローバル時代の民主化』［2002］で，1990 年代に流行したハンチントンの民主化の「第三の波」議論（1995/2023）を批判した．「ハンチントンの論点は，世界的な状況により民主化が伝わるということの一連の因果関係とその仕組みを明記しなかったところに欠点があった．彼は，民主主義は例外的に作られるというよりも，現代の規範になったと単に決め込み，その結果より深い説明は必要とされなかった．しかしハンチントンがないがしろにした問題を問うことが重要なのである」．民主化の波は，「どのようにして民主主義が一国の中で実際に出現するのかについてはほとんど何も語らない．」「国内政治が重要なのである．グローバル化は政治変化のチャンスは作るが，グローバルな勢力が外から民主主義を押し付けることはできない．国民国家の内部で民主化の要求が十分でないところでは，民主化を導くことはない」と［Grugel 2002：邦訳 194；54；10］．

　1990 年代の民主化は，「冷戦の勝者」アメリカ主導で，旧ソ連・東欧諸国や途上国で世界的な普及を見せるととともに，先進国の民主主義とは異質な「非

自由民主主義（illiberal democracy）」[Zakaria 1997] や，のちには「競争的権威主義（competitive authoritarianism）」[Levitsky 2010] と特徴づけられた．政治家たちは，選挙で負ければ政権を去るという発想を持たない．オックスフォード大学のアフリカ政治経済論者コリアーは，「それ自体では民主的選挙は，政治家を堕落させる処方箋でしかない．選挙競争が生むのは，政治的生き残りをかけたダーウィン的な弱肉強食の戦いである」．「選挙で選ばれたという『聖油』を自分の身に塗るだけ」「世界の最底辺の 10 億人の国の政治家たちは，統治をゆがめる選挙手法を用いて選挙に勝ってきた」と，手厳しかった [Collier 2009：邦訳 54；61；67]．イギリスの開発政治学者レフトウィッチも，「多くの途上国で民主主義を支えるために必要な条件は存在せず，民主的特徴は，表面的・化粧的にとどまっている」「1990 年代の民主化は絶望的に未熟であった」と論じた [Leftwich 2000：10；129]．

アメリカのガバナンス援助分野で高名なカラザースは言う．「途上国では，政党は先進国のものと根本的に違う．政党は，パトロン・クライエント関係に支配された組織であり，国際監視団が入る選挙日さえ大人しくしていれば，選挙前の野党規制，メディア規制，政府予算を与党有利に使うなど野放しであることを学んでいる」．政党は指導者依存の個人政党であり，権力保持者は選挙で敗北したら政権を譲るという発想を持たない．「市場経済改革の第二段階の中心は制度改革である．具体的には，税制，金融制度，独占禁止法，関税，その他通常の行政機能の改革である」．しかしながら，「一般に『改革』は，総論賛成，各論反対に特徴付けられる．改革への抵抗に直面した時，改革を推進するのは『政治の意志』である」．形だけの制度改革で多くの機関が自己完結し，総合的改革に結びつかない．[Carothers 2011：103；132, 153-154；186；203-205]．

そのような民主化とワンセットで語られる地方分権とはどの程度のものであるのか．「途上国地方分権議論の核心は，地方政府の歴史と現在が非常に弱体であるというなかで，地方分権はありうるのか」ということである．中央政府は，地方政府は行政能力を持たないという．地方政府は，権限が移譲されないと行政能力はつかないという．そうしたなかでの変化は，せいぜい非常にゆっくりとしか起こらないだろうということを認識しておく必要がある [Carothers 2011：196]．

2 途上国の中央・地方関係

途上国の地方分権については，すでに『開発政治学入門』2011年でまとめた．まずその要点を説明しておこう．J.S. ミルが言うように，地方自治は地方民衆の声を政治に反映する教育効果をもつと，政治学教科書では教えてきた．しかしそれは地方自治の一面でしかなかった．B.C. スミスはその地方分権論で，「地方分権＝民主主義というのは，ロマンチシズム的理想主義である．」「地方分権は，論理的に民主的になるわけではない」と議論した [Smith 1985: 11; 25]．ハリー・ブレアは，歴史的には，途上国の地方分権・地方自治は，2つの理由で失敗してきたと言う．第1に，中央政府がその権限を地方政府にわずかしか渡さず，中央集権を維持したため．第2に，地方に委譲された利益を地方エリートが独占してきたためである [Blair 1997: 1]．

第1の中央政府がその権限を地方政府にわずかしか渡さなかったという点を，筆者（木村）は「中央集権下の地方分権」と呼ぶ．日本は長く3割自治と呼ばれてきた．筆者と話したある韓国の行政学者は「それなら韓国は2割自治だ」と言った（地方政府施策のほぼすべては中央政府，道政府の承認と補助金が必要）．フィリピンの地方分権を調査したある研究は，中央・地方税合計の実質地方政府取り分から15％自治と規定した（ドゥテルテ大統領は20％に増額した）[Gera 2008: 114; Hutchcroft and Gera 2022: 154]．フィリピンの州政府は1991年の地方分権法以後も，中央の出先機関の集合体である．

インドネシアは民主化後の1999年地方自治法で地方のことは地方に任せると「画期的に」規定し，2001年に地方に配備されていた各省庁支所や中央政府公務員の地方政府への派遣者の243万国家公務員の地方政府移管を行った（地方公務員48万人と合わせ291万人に．その後の文民国家公務員は92万人．プラス国軍28万，警察25万，国営企業職員約50万人）．そのため予算全体の3割程度の地方政府予算のほとんどは給与や行政コスト（「routine予算」）に使われ，道路や学校建設や補修など公共政策の「開発予算」はほぼすべて中央各省庁のマニュアルつき予算配分で賄われた．その合計額は地方政府合計予算とほぼ同額であった（資源州などを別として）．1999年地方自治法・中央地方財政均分法は完全に骨抜きされた [木村 2003 a: 180; 2003 b: 10-11]．

第2の「地方に委譲された利益を地方エリートが独占してきた」について

は，地方には，地域有力者構造があり，地方分権は地方エリート・有力者層の既得権強化と表裏一体であった（地方の王国）．地方政府は圧倒的に，地方議会もかなりの程度，地域有力者とその関係者によって占められた．女性の地方議会参加比率向上などは，かなりの場合，有力者の夫人の増加であった [Blair 2000: 24-25].

「地方分権は理想的には，代表されないグループの声や利益，貧困削減と結びつくことが期待されるが，現実には，そのように結びつく理由はない．女性や少数派が地方分権から利益を得ることはない」と，アメリカのガバナンス援助経験の長いカラザースは言う [Carothers 2013: 84].

アングロサクソン以外の大陸ヨーロッパ型近代国家は基本的に中央集権的であった．戦前の日本や，独立後の多くの途上国は，効率的近代化のために地方分権を否定し，中央集権体制を採ってきた．ナショナル・ミニマム(basic national needs) の全国的達成がなお地方政府の主要課題であるとき，「強力な中央の指令塔が存在する事が効果的である」[神野・森田 1996] というのが基本であった．

また，地方は，地域経済活性化のために活力ある首都圏あるいは大都市との結びつきが不可欠であり，地方政府の枠を超えた近隣地域との連合開発計画も必要であった．首都圏など大都市部や天然資源の豊富な地方を除いて，多くの地方政府は財源不足であり，国庫支出金に依存するところも大きかった（多くの場合9割）．

セブ市（96万人）は，周辺3市と316万人（2020）のセブ都市圏というフィリピン第2の都市圏を構成し，外国資本投資も多い財政力ある地方中枢都市である．しかしながらそれでも，中央政府の介入は大きい．全ての開発計画は，国家経済開発庁（NEDA）の認可が必要である．通信・道路・水道・電力などのインフラ建設事業も，国の情報通信技術省や，公共事業・道路省，国家灌漑庁，エネルギー省などと調整しなければならない．そもそも市のかなりの道路は国道である．外国資本投資の場合，地方政府は投資の促進を図ることはできるが，すべて貿易産業省を中心とする中央政府の統一様式に従う必要がある．どれも認可までは時間がかかる [Gera 2009: Ch.6 and my exchange with her 2024].

中央・地方政府間関係を見るとき，もう1つ重要な視点は，地方自治の三層構造である．地方には，第1級地方自治体である州（province, state）ないし県（prefecture）と，第2級地方自治体である市・町あるいは郡と，コミュニティ

（地区，町内，村など）の基本三層構造がある．州政府の役割は二重であり，中央代表兼地方代表である．ただし，長年，第一義的に中央政府の地方における代表であり，第二義的に中央政府に対する地方政府の代表であった．コミュニティの役員は，日本でも途上国でも公務員ではなく，手当だけをもらう半ボランティアである．しかし，地域住民参加型の中心舞台はコミュニティである．

　アフリカも見ておこう．ルワンダは，2000年に地方分権を推進することとし，2006年の地方政府領域と編成の改革から体制づくりが進んだ．治安秩序，道路，教育，保健医療，農業生産力など，目に見える形で著しい改善が進められ，開発計画とその実施については，国際社会が高く評価する水準を実現してきた．しかしながら地方政府の行政サービスは，中央政府が決めた開発の枠組をいかに地方でスムースに実施するかということに絞られてきた．地方議会の候補者はいずれも軍の人物調査を経て与党RPFの支部が選び（地方で政党組織を持つのはRPFだけである），予定通り選出される仕組みであった．実際は選出された議員よりも中央からの任命官が明確な上位にあった．予算の90％以上は中央政府からの移管である．「政府は地方自治を言うが，政府が決めたらわれわれは従うだけ．すべては上からのお達しで動く」と人々は言う，というのは，ルワンダで長期フィールドワークをした多くの研究者の認識である［Goodfellow 2013: 14-15］．住民の政策決定への参加があり，モニタリングがあり，透明度は高い．参加型の深化から地方のことは地方が行うが，地方でできないことを上部団体が行うという「補完性原則」まで謳っている［Rwanda 2012: 25］．中央の計画に合わせていかに地方が実行するかというのが基本メカニズムであるが，援助国（ドナー）向けの形だけの地方分権であり，住民参加による微調整はあるということである［木村 2016］．

　一方，中央集権的に構築された中央諸省庁（とくに内務省，地方自治省）が地方分権時代に自らの機関をどのように再定義していくかはまだ果たされていない課題である．フィリピンの内務・地方政府省は，1991年地方分権以降，省の再定義に失敗して，自分たちの仕事を見出せないままにきた．地方分権の時代，中央政府の関係省庁は，地方自治推進のための情報センター，コンサルタント・センター，研修センターとして，あるいは地方政府間の共同事業の調整役として，自らを再定義する必要がある［木村 1998:第2章第3節］．

　途上国では中央集権の長い伝統があり，近年の地方分権は国際機関などの勧告に基づく「上からの地方分権」である．いわゆる地方分権には事実上2つの

カテゴリーがあり，1つは地方政府に権限を委譲するものであるが，他の1つは中央政府省庁の地方支局への権限委譲 (deconcentration) に止まるものである．1960〜80年代の権威主義体制時代にも「地方自治」という言葉が使われることもあったが，それは後者の意味であり，実際には「地方自治」は存在せず，「地方行政」が存在するというのがふさわしかった．もう1つが地方政府への権限移譲 (decentralization/devolution) であるが，これには1〜3割自治のように，中央集権の基本を維持しながら，若干の権限と財政を地方政府に移管するに止まっている「中央集権下の地方分権」が基本である．

「地方民衆の声を政治に反映する」地方分権のメカニズムは先進国のものであって，途上国では，地方に行くほど政治家や官僚はあか抜けておらず，より伝統的・権威的であり，NGOはより少なく，メディアはより自由ではなく，あまりに多くの人が縁故のなかにおり，地方政府とNGOの相互不信は根強く，双方の話し合いも国際機関から勧告された「上からのガバナンス」であることが多く，至る所で形の上だけ行われてきた．中央政府の政治家にとって重要なことは，選挙時の自分たちの支持基盤である地方有力者との関係であり，参加型民主主義ではない．地方分権で強化されるのは基本的に「地方の王国」である．それが実態である．

そうではあるが，地方分権のメカニズムはもう世界的に動き出しており，地方政府も制度的に整備が進んでおり，後戻りできない状況にある．グローバリゼーション下で，国際標準の大量の波が途上国にも押し寄せてきた．地方分権は，それなりに新たな前進を遂げている面もある．西欧でも日本でも，近代以前の村や町内の自治は相当大きなものがあった．近代以前の伝統を残す今日の途上国でも，村や町内の自治は相当なものがあり，top downとbottom up結合型公共政策の基礎になっている．ポピュリズムの波は途上国にも広く及んでおり，市長が貧困層向け小規模金融の支援をしたり，選挙に向けて町内のインフラ改善を約束し，実行したり，そのための有能な人材に活動の場を与えたりするのは当たり前になってきている［川中 2000；小早川 2009；筆者のフィリピン Cabuyao 市長とのインタビュー 2008, 2012, 2016］．

3　地方有力者層の中央政界との結びつき (クライエンテリズム)

インドネシアでは，1998年のスハルト政権崩壊に伴う民主化後，汚職が一

層深刻化し，選挙時の買収や情実任用，議員を含む公的地位を利用した私的利益追求が一般化してきた．オーストラリア国立大学のインドネシア政治研究者アスピノールは，その著『販売される民主主義』において，2014年総選挙時の調査を例にとって，政党の選択とは無関係に，一方（多くはコミュニティ・リーダー）が票を取りまとめ，他方の候補者側（多くは票集め最前線の政党運動員）と金銭や雇用，公共事業割当，社会福祉計画割当その他の利益を交換する「自由奔放なクライエンテリズム（freewheeling clientelism）」が想像以上に，それも（インドやアルゼンチンの例も取り上げて）途上国全般に広がっており，途上国民主主義の常態（normal）になっているとした．そしてそれが面積7％で人口の6割を集中するジャワ島以外の周辺諸島で一層顕著で，経済開発の障害にもなっているとも論じた［Aspinall 2019：Ch.1；Ch.10］．よく言われるdemocracyならぬdemocrazy（デモクレイジー）である．

　途上国では政党システム全体が，米欧の政党概念と異なる．個人指導者とその取り巻きの徒党であり，有権者の課題に応えるためではなく，政治権力の獲得を目的とする，クライエンテリズム（パトロネージ）にあふれるものであったと，カラザースは言う［Carothers 2011：153-154］．

　ハーバード大学の開発政治学者グリンドル教授は，メキシコの30の町（平均人口4.6万人）を調査して，『地方へ（Going Local）』［2007］を書いた．ケースがメキシコではあるが，教授は，他の国にも適用できると示唆している．定期的な選挙が一般化すると，住民は，地方政府の首長に対して，生活向上が期待できる経済発展への貢献度と，教育，保健，インフラといった公共サービスの進展度や，それを執行する行政の質を，期待する．しかしながら首長は，より住民の要望を聞くようになるというより，地方エリートによる選挙の票集めなどのより大きな庇護・被庇護関係を重視し，より大きな相互利益が交換される．一般に町政は数家族が独占しており，地方エリートの多くはビジネスに従事し，雇用も生む．ただし役場は町で最大の雇用主であり，首長は広範囲の職員任免権を持ち，財政権も持つ．裁量余地は大きい．もめ事（ビジネスを含む）の仲裁は町長の重要な仕事である．クライエンテリズム，政党関係，その他の人間関係が伝統的な政治では重要である．一方，コミュニティからの各種要望は非常に強い．町の最重要の仕事は公共事業（道路，橋，排水路，井戸，電気，病院，公民館など）である．行政近代化は非常に進むが，その制度化はまだ弱い．選挙のたびに首長が変わったりしてその継続性が切断される（第1章〜第2章）．

メキシコの政府与党は 2000 年まで何十年も制度的革命党 (PRI) であり，その間に中央集権体質は制度化された．しかしながら，1980 年代に地方分権制度が導入され，1994 年以降，地方政府予算が増え，野党が台頭し，政権交代はメキシコ地方政治の常態になった．グリンドルが調査した 30 町のうち 18 でPRI が敗北を経験した．全ての町に政党間競争が制度化されたということである．野党は PRI 内紛からも設立，基本はエリート間の争いの様相を呈した．市長交代は職員の 50％ 交代を意味した (メキシコやブラジルの常態)．アメリカ同様，選挙での貢献は職員任命につながる．予算増加もあり，選挙は勝ったほうに漁父の利があり，人事とインフラ・プロジェクト采配のパトロネージ (庇護・被庇護関係) の源泉となった．選挙は，職員の新車，新築，新事業の源泉となった．ただし，一方で，コミュニティへの予算の平等配分とか，市民の要望を聞くとか，近代的改善も模索される．

　また，町レベルの独自税収は平均 11％ であり，州政府などからの予算配分は大きい．町長の大きな仕事は州政府との良好な関係形成であり，ここにも P–C 関係の維持が大きな位置を占める (第 3 章)．こうしたなかで，UNDP が強調する「議会の監視機能強化」は機能しない．地方議員は州知事や町長の予算配分権で P–C 関係に取り込まれるのが基本である．フィリピン大学卒業後，某州知事秘書となり，その後州議会議員を経験したエイレン (政治家家族の一員) は，そのような実態を描いた [Eilen 2011]．

　グリンドルの『地方へ』第 4，第 5 章は町の経営についてである．町長の任期は 3 年で再選は認められない．選挙後，新町長が出勤すると，役場規則も給与表も警察の逮捕歴も含めて前の政権時の「全資料なし」から出発する (全 30 調査町に共通)．借金だけが残っている．日常業務の非制度化の結果が，人事を含め町長への権限集中をもたらす．「あらゆることが政治的に交渉可能」である．国の地域開発局は 169 連邦計画と 307 の下位の計画をもち，地方に配分する．町レベルは常時 15〜20 の計画をもち，独自予算の欠如から上からの予算配分に依存する．町長の最大の仕事は補助金をとってくること．第 2 は円滑な公共サービス．第 3 はもめ事の解決である．町長は首都や州都にしばしば出張し，上とのパイプを密にする．州とのパイプはとくに大事である．部・課レベルでも州との関係をつくる．これらが中央政府から州 (大統領と州知事) への P-C 関係，州から町 (州知事から市・町長) への P-C 関係とクライエンテリズムを形成する．

一方で，IT 化，専門化，行政基準に代表される地方政府の近代化は焦眉の課題になってきている．町職員はなるべく大卒（特に財務官），町雇いの警官はなるべく高卒，各種研修計画など．しかしその改革は「制度化ではなく，政治家のリーダーシップによる改革であって，次の政権への継続性は確保されにくく，制度的近代化とは必ずしも結びつかない」．中南米のみならず，途上国一般で経済の近代化が政治的資本主義（political capitalism）として，企業が商品やサービスの良し悪しで競争するのではなく，縁故の良し悪しで競争する，P–C関係との抱き合わせで展開することとも関係する．クライエンテリズムはメキシコ政治の基底に存在し続けている．

グリンドルの『地方へ』は，第6章で，クライエンテリズムあるいはP–C関係のなかにおける市民社会団体（CSO/NGO）の位置付けを分析している．公務員はCSO 一般を信用せず，多くの町は，ライオンズ・クラブ，ロータリー・クラブ，婦人会，商工会議所などの職業団体といった名士の団体や，文化団体などを，上からのイニシアチブで組織している（フィリピンも同じ［木村1998: 131-148］．また，コミュニティや町の開発委員会を通じての要求に対応し，全体として，要求実現と調整の説明責任を高める役割を果たしている．市民社会がグッド・ガバナンスの質を決めるのではない．グッド・ガバナンス追求は役場の仕事であり，改革は町長や職員の発意から出発する．州知事候補も，票集めを町長に任せるだけではなく，コミュニティの要求に対応し，コミュニティに支持基盤を広げる．町行政への期待は上からも下からも内部からも出てくる．GO-NGO 関係は役場がセッティングする（GO は Government Organization 政府組織）．「リーダーシップが変化の最大の要因であり，地方分権が民主主義の学校であるということは示されていない」と，グリンドルは言う（メキシコ政治については馬場［2018］も参照）．

グリンドルは次いで，『身内に仕事を――比較のなかのパトロネージ（クライエンテリズム）と国家――』［2012］で，政党政府は，効率や国民に奉仕するために組織されたものではない．身内に職を与えるために組織されたのだと結論づけた．例示するのは，米英独仏日西の先進国と中南米主要4カ国である．行政改革は，ブラジルでは1930年代から，アルゼンチンとメキシコとチリでは90年代からやっと始まった．公共機関のなかで，クライエンテリズムは次第に能力主義，専門化，規則重視，公平中立，予測可能に変わっていくが，それはどこでも「ゆっくりと」であり，改革と反改革のせめぎ合いは長く続いた．現代

国家は現代官僚制を持つ．その制度を実現するのは政治であるとする［Grindle 2012］．

　アセモグルとロビンソンは，『国家はなぜ衰退するのか』のなかで，前近代を代表する「収奪的な政治経済制度」から自由市場経済を基礎とする「包括的経済制度」への移行に失敗した国が衰退するという図式を提示した．しかしながら，近代化に成功した先進諸国でも，その移行過程は長く，平坦ではなかった［Acemoglu 2012］．

　世銀の『世界開発報告2017：ガバナンスと法』は，事実上，政治領域に踏込んだ．「正しい政策が実行できないのは，現行の力の均衡に対する挑戦になるからである．」公平性の促進を目指す政策は短期的には特定のグループの利益に悪影響を与えることがあろう．政治コネのある企業は優先的な取扱いを得られるだけでなく，新規参入者に対して規制障壁を引き上げることもできる．排除があると，紛争が起こる．クライエンテリズムは，選挙での支持の見返りに利益供与をする政治戦略である．クライエンテリズムはなぜ公平追求がしばしば失敗するのかを理解させる．「真の問題の根源は政治的なものかもしれない」［邦訳 7-8］．

　アメリカ国際開発庁（USAID）の2010年報告は，クライエンテリズムあるいは権威主義克服の突破口を選挙と市民社会組織に見出した．「多くの民主政への移行は選挙で起こった．」「自由で公正な」とは言えない「準競争選挙」でも，民主政への展望を切り開く選挙がある．それゆえわれわれは，準競争選挙の支援と市民社会の組織化（特に自主的NGOとメディア）を注視する必要がある．すぐに民主化には結びつかなくても，活動家や組織の強化は民主基盤の育成になる．それらは権威主義体制の下でも数少ない民主空間になりうる［USAID 2010：ⅲ；6-9；18］というのである．アメリカは地方分権推進に熱心であったが，当初の70〜80年代の行政分権（行政権と財政の分権）から政治分権（選挙や政策などを通じて説明責任と代表性を地方に移す）に重点を移してきた［Carothers 2011：188］．

　今日，地方分権とともに，参加型民主主義は大きな世界潮流となっている．そのスローガンは「ガバメントからガバナンスへ」，すなわち，（「お上」的意識を持つ）政府から，経済界や市民社会団体との調整のなかで，住民満足（CS: Customer Satisfaction）型公共政策を実施していく協働統治形態への移行である．しかしながら，この議論を，草の根民主主義と市民社会が著しく欠如しており，

地方有力者支配構造（地方の王国）が支配的な途上国の地方政治文脈に移して考える場合，いろいろと留保しなければならない問題がある．サセックス大学開発研究所の開発政治学者Gordon White は，「参加＝民主的と考えるのはナイーブである」．「市民社会では，政治的によく代表される集団（経済団体など）とそうでない集団がある．市民社会は政治接近の不平等を拡大する可能性もある」と指摘する［White 1998: 39-40］．途上国では，参加型に大きな限界があることを指摘する学者は多い［遠藤 2000 ; Biekart 1999 : 39-40］．

　考えなければならないことは，第1に，地域経済成長が地方政府の第1の任務であるなら，その体制づくりはビジネスにも根をはる地域有力者構造と重なる．では参加型開発との整合性をどう考えるのか．民主主義や開発に係わるべき住民の集団化をどのように考えるのか．地主が小作人の票を取り仕切るような時代は終わったと考えていいが，多くの住民は雇用され，庇護・被庇護（Patron-Client）関係下にあり，票の買収も盛んである．宗教団体の権威主義的影響も大きい．市民社会というとアメリカの影響でNGOを考える人が多いが，途上国の地方に行くとNGOは「点」としてしか存在していない．一方，町内会など地域団体は広範に展開しており，その多くは地域有力者支配構造（地方の王国）の影響下にある．

　第2に，NGOがもてはやされる今日でも地方政府はいたるところで「お上」意識をもち，「お上」にとってNGOは歓迎せざるパートナー（reluctant partner）であり，「丁重に扱って無視する（benign neglect）」対象である［Farrington 1993 ; Lopa 1995］．そこには，途上国の今日の地方分権の流行が，国際的な民主化潮流のなかで国際機関から強く要請された「上からの地方分権」であるという問題がある．地方政府による要望ではない．途上国の地方公務員は独立以来「上意下達」というOJT（On the Job Training）に慣れ親しんできた．現状は，民主化同様，至るところで形だけの「地方自治」が行われている．

　第3に，NGOの最大の特徴はその多様性にある．政府系，政治家主導型，宗教系，広義では農民組合や労働組合もNGOに入る．一般にイメージされる市民社会型「草の根NGO」はごく一部である［木村 1998 : 3章］．その「草の根NGO」も，国際機関や国際NGOの資金援助の波に乗って過重負担になっているケースも多く，過程重視（＝会計年度内予算消化軽視），資金増大，専門化，官僚化，社会動員から社会サービスへの目標シフトに伴って，擦り減っていく．「NGOは誰に責任を負うか誰も知らず，したがって民主的正当性を欠如してい

る」という指摘もある [Desai 1998].

　第4に，デイビッド・ヒュームらが総括するように，今日，NGO はその資金の 85〜90% をドナー資金に依存し，地域のコミュニティや貧困に寄り添うのではなく，ドナーの課題に寄り添っている．NGO は市民社会の一部ではあったが，市民社会と同一とはとても言えなかったし，市民社会を自動的に強化するものでもなかった．NGO が直面したのはコミュニティのニーズである以上にドナーのニーズであった．開発プロジェクト基盤の国際 NGO への傾斜はより広い社会目標の侵食につながり，NGO の開発活動を，安全な専門職的で非政治的な世界に導いた．[Banks and Hulme 2012: 15-16; 21-22; 30-31]．サラ・ブッシュはその著『なぜ民主化支援は独裁者と対決しないか』のなかで，多くの NGO の申請は，ビザが出にくく成果の上がりにくい反体制派や政党，組合の支援よりも，地域開発や女性代表など，権力者に敵対しないようなテーマを選ぶ傾向があると書いた [Bush 2015].

　第5に，民主主義制度の中心には選挙があり，選挙は政党を選ぶ行事である．参加民主主義論者には政党政治との接合議論が見られず，議会制民主主義という制度の基本枠とは無関係に民主主義を論じているように思える．

　第6に，地域有力者構造の影響下で「参加型」を追及するというのは，権力の調和型モデルである．すなわち「力を持たない人々」がエンパワーされるとき，それは既存の社会秩序を壊さないで達成できるという考えを前提にしていることになる．権力の構造変化なくして「力を持たない人々」がエンパワーされるのか [Mohan 2000]．要するに，地方分権＝地方の王国，民主化＝名前だけの未熟な民主化という構図があるなかで，政治的文脈を抜きにして参加型を考えているということがあいまいにされているということである．

　近代的制度は時代を経るにつれて巨大に発展してくる．教育の普及と大学増大に伴う民族・地域を超えた学生たちの交流，交通の発達と都市化の進展は少数民族の枠を超えて国民統合の基盤を作る，留学経験者の増大，メディア・SNS の普及と外国情報の氾濫，中産階級の増大と公務員能力主義試験採用の拡大，経済成長のテコとしての外国企業受け入れの国策化．こうしたなかで，公務員は，なお情実人事（コネ）が多分に幅をきかせるものの，構造的に個人や政党への忠誠から政府への忠誠へ，専門化，能力主義，規則志向，予測可能性への傾向を強めていく．行政近代化は上級の政府からも言われる．それは政府の経営システム構築に反映していく．それに伴って，コネも能力を反映したものに

なっていく．市長などと特別な関係を持つ一方，有能で行政効率化に貢献し，市民の信頼を得て，市長の人気と再選につながる人材が優遇されていく．能力主義が，政治任用の枠と共存し，同時に優先されていく．情実や献金的結びつきがなお強く残るものの，政治任用は必ずしも無能とは結びつかなくなる．ただし，近代化のなかで，並行してクライエンテリズムは非公式制度として長く定着し続ける．例えば採用試験で政治任用候補者が成績順にＡ，Ｂ，Ｃ，Ｄに分けられた場合，Ａ，Ｂは採用圏内に入るが，Ｃ，とくにＤは余程の結びつきがないと採用されないなど．その代わりＣ，Ｄは忠誠度が高いことが期待される．

4 クライエンテリズムによる「民主主義」の取り込み
――「もう１つの民主政」――

第２章で金丸が指摘したように，90年代後半には，「非自由民主主義」[Zakaria 1997] に代表されるような不完全な民主主義が「形容詞つきの民主主義体制」として指摘され続けた．ところが2000年代にはいると，「競争的権威主義体制」[Levitsky and Way 2002] に代表されるような「形容詞つきの権威主義体制論」を，政治学者は論じ始めた．要するに，90年代の不完全な民主主義が，2000年以降になると，権威主義体制の上に修飾的に乗った形での民主主義体制という形が構造的に特徴づけられるようになってきたのである．本節で筆者が論じたいことは２つある．第一に，権威主義体制が2000年以降，勢力を持ってきたのではなくて，独立以降，植民地及びそれ以前の歴史的蓄積から生まれた独立後の国家構造の神経系統を構成するクライエンテリズム，その延長線上に理解する必要があるということ．第二に，そのような限定的「民主」体制が，米中対立などもあって先進諸国がそうした途上国を取り込むために大目に見る（容認する）なかで，「もう１つの民主政」として，近代化，グローバル化のなかで途上国の民主政として定着してきているということである．さらに言えば，先進国の民主政自体が，選挙中心の最小限民主政の伝統を長く維持してきた，その影響もあるということである．

アジアにおける独立後途上国政治構造の基本は新家産制国家であった．経済社会開発とグローバリゼーションの進展で，「新」の部分が次第に大きくなる構図はあった．1990年代の途上国民主化の潮流は，国際環境によるところ大

であった．しかしながら，問題は，家産制国家という基底の部分がどう時代に適応し，どう変わってきたかということである．

　国際環境を規定したアメリカが民主化の波に乗ろうとしたきっかけは，1979年のイランとニカラグアでの独裁政権崩壊と民主化，1985年ブラジルの民政復帰，1986年マルコス独裁の崩壊と民主化，1987年台湾と韓国の民主化や，1989年東欧共産体制の崩壊であった．1964年ブラジルのクーデターで政権を握った軍の下での経済成長や，韓国，台湾など戒厳下の経済成長を見て，アメリカは，権威主義体制下の資本主義的経済成長（いわゆる開発独裁）を評価してきたその政策の変更を行ったのである．どの歴史的転換も，前の時代との断絶性と継承性を併せ持ち，ある程度ハイブリッド的な要素はある．まして，世銀分類の148途上国の多様性と，大陸（region）ごとの多様性を考えれば，一概に論じることはもちろんできない．しかしながら，共産体制の崩壊とアメリカの一極システムという国際環境よりも，各国の国内要因はより重要である．

　川中編［2018: 4］は，このトピックでの日本の研究を代表する本といえよう．本書で川中は，民主主義のミニマリストの定義（選挙民主主義）とその対極にある実質的定義（人々の選考が政府の政策に反映される）の区別について書いている．これまで幅を利かせてきたミニマリストの定義である「民主主義イコール選挙」という根強い考えはシュンペーターが普及させたものである．2010年代になっても数の上で民主主義は後退していないという議論もあるが，それは先に書いた新家産制，クライエンテリズムの化粧・外見のように存続しているものを含んだ場合そうなるということである．川中の議論も，民主主義導入の指標として，民主主義のミニマリストの定義（選挙民主主義）を採用し，「民主主義の後退」の指標として「司法の独立性やメディアの自由の保障など，民主主義の質を決める要素」を採用しているということは，導入と後退に異なる定義を用いているということになるのではないか．

　しかし，現代民主主義の議論においては，そのような理解は問題を曖昧にする．山本圭は，その著『現代民主主義』で言う．「シュンペーターにとって民主主義とは，人民による支配ではなく，政治エリートの支配に他ならない．彼は民主主義を，目的でも理想でもなく，指導者を選出するための『方法』，エリートの競争として理解した．一般の人々は，選挙が終われば意思決定に直接参加することを期待されていない」と（野球の観戦者のように，政治家の駆け引きを

見物しておくだけの観客民主主義と呼ばれた. シャットシュナイダーの『半主権人民』[Schattschneider 1960; 邦訳 1972] も同じ文脈の議論である). ダールはその「競争」を「多元性」へと置き換えることで,「シュンペーター=ダール枢軸」とも言われる強固な磁場が完成を見ることになる. ハンチントンの民主化の基準もこのモデルの延長線上にある. しかしながら, 1960 年代から盛んになった「参加民主主義」の潮流が明確な批判の対象としたものがこのモデルであった. [山本 2021: 68-69; 78; 118]. エコロジー運動, 公民権運動や女性の権利を求める運動, LGBT などの「新しい社会運動」とともに, 国民の要望を踏まえた政府側の説明責任, メディアや市民社会団体, 関係者や議会による問題整理と, 議論や世論調査を経て, 政府の決定がなされていく. これは熟議民主主義とも呼ばれる.

選挙民主主義ではなく, 国民の要望への対応 (responsive state) や参加民主主義視点を入れた民主主義から見ると, 2000 年代になって,「後退する民主主義」はより顕著になった. 90 年代に議論された民主化への「移行から定着へ」という視点はほぼなくなった. 代わって権威主義の顕在化が顕著になった. 1 つは, 自由主義と選挙とは違う民主を唱える中国の大国化が大きな要因であろう. 90 年代の混乱を経て, 共産党なきソ連型独裁体制を再確立したロシアと中央アジア産油国, さらにはサウジアラビアに代表される中東イスラーム諸国が非民主で居直っているのに, 西側諸国は化石燃料安定供給などを考慮してそうした国々に友好的な対応をとる (ロシアのウクライナ侵攻以前).

カンボジアでは, ベトナム共産党政権に擁立されたフン・セン体制が, 縁故と官職と汚職利益で築いた強固なクライエンテリズム全国体系を基盤に, 絶対に野党に政権を渡さない公正でも自由でもない選挙を繰り返しても, 西側は大目に見,「遺憾に思いながらも, カンボジアの安定にはフン・センが不可欠とみて」援助を継続した. 結局フン・センは, 国際社会が言う民主は口だけだと心得るようになった [Strangio 2014: 72; 84; 93; 227] (のちに中国を頼って完全に居直った).

ルワンダでは 1994 年の 50 万人以上のツチ族大虐殺 (ツチ政権は 80 万人としているが, ツチの半数は亡命しており, センサス国内人口は約 60 万人) 後, 報復に出た少数派の亡命からの帰国ツチ族 (大虐殺後のルワンダ人口の約 8 % か) の軍事政権が成立し, 30 万人以上の多数派フツ族が殺され, 体制批判・疑念を許さない恐れと沈黙の開発独裁制を敷いた. その一方, 優等生的な開発の進展のため, 米

英も，人権や表現の自由や民主主義については良い評価をしていないが，他の
サハラ以南アフリカ諸国や「前のハビャリマナ政権 (1971-1994) や隣国ウガン
ダに比べると政府は断然良くやっている」と評価する．「自由民主に問題があ
るから援助はしない」という手はないだろう．とにもかくにもルワンダの経済
は成長し，貧困率は減少してきていると考える．そもそも今日の先進国も東ア
ジア諸国もグッド・ガバナンスを前提に経済成長をしたわけではない［木村
2016: 3; 37-39; 63-64].

　川中豪の議論であと1つ気になるのは，6カ国を分析しながら，大国の動向
に触れていないことである．中国，インド，インドネシアで途上国人口全体の
50% を超える．この3大国の動向を省くべきではないのではなかろうか．習
近平政権の専制的傾向は明らかとして，インドもインドネシアも「自由で公正
な」選挙は一応はやっているように見える．しかしながら，クライエンテリズ
ムに基礎を置く地方エリートの権威主義的支配を動員し，「相互依存しながら
民主主義を侵食」している．

　インドの場合，2014年から政権を担うモディ首相のインド人民党 (BJP)
は，「右傾化 (権威主義，ポピュリズム，新自由主義)」[Chacko 2018] とそれを引き
継ぐモディの強権政治が懸念されている．そもそも，インドのクライエンテリ
ズムはネルー初代首相の時代 (1947-64) に制度化された．ネルーは与党の国民
会議派に伝統型の地方エリート層を開発計画や公共サービスで組み込んで選挙
での安定多数を確保するとともに，フードスタンプ配布など短期的利益供与型
で貧困層への恩恵の体系を整備した［Kenny 2017]．インドの大衆政治は，経済
改革のトゲであり続けた．農民は多くの州で電気代を払う必要がない［Mukherji
2016: 54]．したがって，近年，カースト制と地域主義を堅持する伝統的地方で
のヒンズー教傾斜と2億人のイスラーム教徒排撃が強まると，中央の民主主義
を侵食する構図が顕著に出現している．ダニエル・マーキーは「民主国家イン
ドという幻想」という *Foreign Affairs* の論文で，「モディ首相 (2014～) は，メ
ディア，学界，市民社会からの批判を許容しなくなった．モディのインド人民
党 (BJP) は，インドの自由主義的価値から遠ざかりつつある」．「世界最大の
民主国家がいかに非民主的であるかを理解しなければならない」．「インドは，
グローバル・デモクラシーの闘いにおける同盟国と考えるのではなく，便宜的
同盟国とみなすべきだ」と書いた［Markey 2023].

　インドネシアにおいては，そもそもスハルト大統領 (1966-1998) 以降の「改

革」時代に残された構造的なもの，すなわち，保守派イスラーム教徒の大動員による華人など宗教少数派への不寛容や，軍の二重機能（国防だけでなく，治安にも役割をもつ）による反対派への対応強化といったものが，ジョコ大統領時代（2014〜2024）になって反民主主義の渦巻きとなって現れた．ジョコはその一部を政権内に取り込むことによって，その波に乗り，民主主義を後退させてきた［Power 2018；Sambhi 2021；West 2020］．

途上国 GDP 第 3 位のブラジル（途上国であるとともに先進国でもある．中産階級は50 % 以上）も，中南米で普遍化するマフィア型暴力社会の様相が強まり，年に約 5 万人の市民が殺害される状況のなかで，ブラジルのトランプと呼ばれたボルソナロ大統領（2019-2022）が政権の座につき，ブラジルの軍事化を一気に進めた．政権には 6000 人以上の軍関係者が参加，文民統制は形骸化し，将軍が国防大臣についた．前任のルセフ労働党政権下での半官半民石油企業をめぐる大規模汚職とその政治家への大還流や，公共政策の不十分さに対する国民の不満も輪をかけた［Stunkel 2021；Sabatini 2016］．

これら三カ国は，川島の分類による「民主主義と権威主義（とくにサブナショナル権威主義）の共存」に分類されるのであろうが，いずれも民主体制に分類されてきた途上国をリードする大国であるだけに，特段の解説を入れるべきではなかろうか．英独仏を除いたヨーロッパ論を想起させるものがある．

5　中央・地方政府の経営における SDGs の取り扱い

民主化の世界潮流のなかで多くの途上国が中身の不十分な民主化をしてきたことと同じような動きが，SDGs，環境問題，とりわけ地球温暖化対策の推進にも見られる．

筆者は，論説「途上国環境政策とガバナンス」で要約以下のように書いた．途上国でも環境対策は「やっている」と関係者は言う．しかしながら部分的で全体対策に届かず，結果に結びついていないのである．「問題は技術協力では無理である．制度をさわらないと環境政策の進展はむずかしい」といった声が関係者からは伝わってくる，と［木村 2006］．

インドネシアのソニー・クラフ（Sonny Keraf）元環境相（2001-2004）と話して印象に残ったことが 4 つあった．1 つは，環境政策は，国の基本のところで経済を優先するのかどうかの政治決定に依存しており，われわれは常に経済閣僚

に対して敗北を経験してきたと述べたことである．2つ目は，彼が北九州市を訪れた折，結局，経済成長で税収が豊かになり，中央・地方政府の環境投資が充実するなかではじめて，本格的な環境対策が組めるということを聞いたと，印象深く話していたことである．3つ目に，「環境省の政策形成能力は高い．地方政府は長年の中央集権制から自立したばかりで，環境問題がわかっていない．環境政策を補完的にしか考えていない」と言った．4つ目に，汚職の問題も大きい．「汚職で抜き取られて執行予算が不足すると，基準以下でGoサインを出すことになる．後でいろいろ問題が起こってくる」という問題もあると［木村2005］．

　地方でも同様の状況がある．地方政府でも中央政府同様，経済優先は顕著であるし，一般に有権者もそれを望んでいる．環境予算は中央からの補助金依存体質のもとでは決定的に不足しているばかりか，クライエンテリズムのもとにある地方政治家は，経済優先の中央政治家の意向に決定的に依存している．

　環境関係にどの程度予算を回すかは，政治の問題である．各省庁にまたがった環境関連施設の統合や，統計基準の統合も，企業に環境投資を迫るのも，政治の分野である．単に「環境問題は重要」という認識では抽象的で，総論賛成，各論反対になりかねない．総論賛成は誰でも言う．ではどうするのか．「社会的環境管理能力がいかに形成されるか」が鍵となると松岡俊二教授は言う．社会的環境管理能力はとくに地方公務員レベルにおける対応能力で決定的に重要である．ジャカルタ都庁の環境管理分野で働いてきたアンドノ（Andono）氏は，結局企業は圧力をかけられないと環境問題に対応しないという（インドネシアを代表する新聞Kompasの環境担当記者も同意見であった）．一方，圧力をかけるべき為政者は，世論と新聞の圧力に左右されるところが大きいから，環境問題についての官民をあげての社会運動としての取り組みが必要である．環境問題に関する住民運動が無視できないほど大きくなり，メディアがそれを取上げ，地方議会でも問題となり，地方政府が動かなければならない状況がこないと，地方自治時代の環境政策が動くことは期待できない．それが基本プロセスである［木村2005；2006］．

　パリ協定やCOP（締結国会議 Conference of Parties）で各種の国際合意ができても，それが実行されるかは別問題である．例えば廃棄物の国境を越える移動を禁止した1989年のバーゼル条約は守られていない．先進国のゴミは相変わらず途上国に輸出されている．EU諸国からガーナへの電子機器ゴミ輸出はすで

に広く知られている．輸入後すぐに修理される電子機器については免除規定がある．それを利用したものだが，リサイクルに回るのは35％ほどという[2]．

世界のプラスチックごみの45％を輸入していた中国が2017年から輸入を中止したため，100万トン以上がタイへ，さらにタイをスルーしてミャンマーに輸出されるようになった（非合法）．途上国へのごみ輸出はバーゼル条約で規制され，2021年の改正ではプラスチック輸出規制が強化されたが，実際には輸出は続いている．ミャンマーのプラスチック加工業者は，米欧日韓豪等先進国のものは質が良いと歓迎（例えば飲料ボトルは一度使えば廃棄されるがミャンマーでは何度も使われ，洗浄代が余計にかかるし，質も悪い）．ただ，輸入プラスチックの全てが良いわけではなく，10％ほどは焼却・廃棄される（＝毒性排出になる）．プラスチック袋やラップは10〜30％の化学物質を含んでいる[3]．

インドネシアでも，SDGsを推進する国家機関があり（National SDGs Secretariat of Indonesia），各機関の調整もあり（SDGs National Coordination Team），「2030年SDGに向けたロードマップ」もあり，SDG目標の50％はクリアしていると称している[4]．2020〜2024年度中期開発計画へのSDGsの主流化も謳っている．25大学と専門家の協力があり，市民社会団体やメディアがコミュニティへの普及，モニタリングを担っているという．SDG 16, 17がSDGsの目標全体を支えているという図もあり，全体的によくやっているという図もある．しかしながら，新型コロナ後の税収がGDPの8％に落ち込んでいることが書かれており（以前は11-12％），環境投資の資金は困難が予想される．また，エネルギー需要は2060年までに3倍化するとあり，化石燃料の発電が増えることはあれ，減らす展望は難しいと思わせる．

油ヤシ（oil palm）農園の拡大に伴う森林焼却は止まるところがなく（そのCO_2の1カ月の排出量は米国の公的排出量1年分に相当．しかも国際統計外），ヘイズ（煙）の規制に関して経済成長優先のジョコ大統領は消極的という問題は当然書かれていない．油ヤシ農園地域の地方政府は，地域の経済成長が最優先課題と心得ており，森林焼却は問題外という姿勢である．利権も絡む[5]．ジャワ島を流れるソロ川は，高度に汚染されている．生活ゴミと液体の産業廃棄物が主原因である．廃棄企業は85社．うち基準クリアで許可を得ている企業は18社だが，環境団体によると，許可申請の際だけ基準を満たし，あとは垂れ流しているという．週刊誌のテンポは，「環境を汚染する工場や企業を罰することなく指導や改善命令だけですますのは責任放棄である」として，政府の「環境保護より企

業活動や経済を優先する姿勢」を厳しく批判した[6].

　油ヤシ農園の際限のない拡大は，先進国を含む世界市場が安い食用油としてヤシ油を使いすぎていることからくる．アマゾンの熱帯林焼却も畜産のためであり，ブラジルは世界一の食肉輸出国となり，その肉を使ったマクドナルドの排斥運動がアメリカで起こったことはよく知られている．

　インドネシアのSDGs取組み経過報告を見ても，カンボジアの経過報告を見ても，優しい項目はやっていると書かれているが，難しい項目には沈黙している．とくにSDG 16はSDGs全体の推進のカギになるので，各国のSDG 16報告と対照してみればいい．各地での各種の努力は認められるものの，CO_2排出の計算方法や現実の対応の不十分さを考えると，実行されているガバナンスの程度に暗澹たる気持ちになる．

おわりに

　地方分権と地方自治は，国際機関や援助国側が一致してガバナンスや民主化の柱の1つとしてきた．しかしながら，そうした考えは米欧の政治モデルの延長線上にあり，途上国には中央集権の長い伝統があった．実現したのは米欧流の理想主義ではなく，途上国流の「中央集権下の地方分権」であった．

　多くの途上国で形成された中央集権の構造とその下に組み込まれた地方有力者のクライエンテリズム構造は家産制国家を構成した．その多くは欧米植民地時代の行政に組み込まれ，独立後の国家にも引き継がれた．同時に，国家としての物理的・法的インフラ，学校，保健医療などの近代制度も徐々に整え，「新」家産制国家として，家産制国家という基底の部分が時代に適応し，内在的にある程度変質して行った．その「ある程度」は国によって非常に多様であった．

　新家産制国家への変質の1つは4〜5年に一度（一日）の選挙中心の最小限民主主義と言われるものであった．それさえも，権力保持者は選挙で敗北したら政権を譲るという発想を持たず，当初から形骸化されていた．大部分の選挙は，野党やメディアの規制とともに，政府予算を支持基盤地域を広げるために優先配分し，官職付与や金権で支持者を動員し，民族や宗教を動員し，中央から地方，そして末端までの庇護・被庇護関係の全国ネットを作るものであった．

先進諸国が，そうした途上国を味方に取り込むためもあって，「自由で公正な」とは言えない選挙を大目に見る (容認する) なかで，形成されたのは「もう１つの民主体制」ともいうべき，欧米民主制とは異質の最小限民主政であった．専門家は，「それ自体では民主的選挙は，政治家を堕落させる処方箋でしかない．選挙競争が生むのは，政治的生き残りをかけたダーウィン的な弱肉強食の戦いである．」「1990 年代の民主化は絶望的に未熟であった」と論じた．こうした先進国・途上国間の民主政の理論的ギャップ (それはサルトーリ『現代政党学』[1976] の「徒党から公党対立へ」のシェーマを想起させる) と，先進国自身が近年の国論の分裂や民主主義の危機に直面して，途上国民主化のあるべき方向性を見出せないという問題がある．

SDGs，環境問題，とりわけ地球温暖化対策の推進にも同じような動きが見られる．「取り組んでいる」という公式見解の下で，途上国の SDGs 対策は実際のところ，どのように進展しているのか，すでに幻想となっている 1.5℃ 以内目標の全体像との関連は見えない．国によってその進展には大きな差があるが，途上国では中央も地方も経済優先が顕著であり，その枠内でしか，環境にも SDGs にも配慮できないという構造がある．

「はじめに」でも書いたように，中心的に論じられなければならないことは，「多くの途上国で独立後形成された新家産制国家という政治構造が，1990 年代の世界的民主化時代にどう内在的に変質したのか」，である．その視点から見えてくるものは，新家産制国家による「民主化」という外圧への主体的対応という視点であり，新家産制国家の支配の核心であるクライエンテリズムの持続の枠内での民主化，すなわち「翻訳的適応」，あるいは化粧としての民主化であった．それは，ハンチントンの民主化の「第三の波」という国際要因からの民主化とは真逆のものであった．

1978 年から 80 年代にかけてのイラン，ニカラグア，韓国，台湾，フィリピン，タイ，東欧諸国などの民主化は，歴史のページを画する民主化の進展であったが，開発独裁支援から民主化支援に転じたアメリカ主導の 90 年代民主化には，「自由で公正な」が疑われる選挙を経て，形式的に民主政治が増えた．アメリカのある報告書は，「自由で公正な」とは言えない「準競争選挙」でも，民主政への展望を切り開く選挙があると期待する．

開発途上国の主要課題はその呼称のとおり，開発である．民主主義ではない．政治の最大の課題も文字通り経済社会開発とそれに伴う国民の生活水準向

上である．民主主義は三番目に重要だが第二の次である．1の開発と同等の重要性を持つ2は治安秩序である．途上国ではあまりにも，政府による無茶な徴兵や弾圧，規制がまかり通り，しばしば戦争が起こり，汚職や犯罪や，政府など強者の横暴も多い．1948年の世界人権宣言で謳われた恐怖と欠乏からの自由は何よりも重要という位置付けになる．

　一方で，新家産制国家の「新」の部分は徐々に進展してきた．新興の途上国は，近代国家としての体裁を整える必要に迫られてきた．教育制度，医療・保健制度，経済成長政策，農業生産力向上，金融制度，都市開発と住宅政策，交通網，上下水道整備などと，それらに対応する行政組織と法体系の整備が必要であった．そのための外国との貿易・交流や外国援助，公務員の留学・外国人による研修などで，社会システムはそれなりに国際化・近代化していった．この国家の基礎の上に，シュンペーターの言う選挙中心の最小限民主主義と議会が設立された．この推進主体に，英国際開発省の「変革主体」報告は，「体制側の強さには及ばないものの，市民社会，共同体組織，改革志向の政党と公務員，メディア，民間企業部門，専門家団体，国際機関」の影響力拡大に期待する [Duncan 2002]．

　政党は，クライエンテリズムが支配する組織である．しかしながら，「エリートが民主的感覚を持ち，制度改革を行えば，民主化過程は促進される」とカラザースは言う [Carothers 2011: 114]．メキシコの地方政治でも見たように，そうした改革志向を持ったエリートは数多く生まれている．グローバル化で外国人と接触する機会は格段に増え，多くの若者が留学をはじめ，先進国での生活を経験している．新家産制とクライエンテリズムの全国支配の下で，「もう1つの民主政」はゆっくりと進んでいくのかもしれない．

　地方分権は民主主義の重要要素である．その心は，有権者がより直接的に意思決定に参加できるシステムをつくることにある．地方議会の強化だけではなく，行政が住民の要求に応える政策対話なども想定されている．行政に応える体質があるかどうか．それが近年一般化している，市民の必要や期待に応える政府という意味での「対応能力のある政府 (Responsive government)」である (SDG 16-7)．それは，シュンペーター流の最小限民主主義，観客民主主義とは異なる概念であり，参加型民主主義に通じる．アッカーマンの議論は，「ガバナンス議論の核心は，民主主義は大衆の課題に答える方向での過程であること」，「ガバナンス改革は，公務員と個人及び企業の直接対話 (interface) 改善に集中

すべき」であること，「公的説明責任の原則と政策選択の専門的見解に照らして」公共圏での討議 (public comments) に委ねられるべきことを主張する [Ackerman 2016]．

　国際機関やドナー援助国は，「公正で自由な選挙」を途上国側に要請しながら，あらゆる不正を大目に見てきたが，そのなかで選挙の操作は常態化してきた．より大きな問題は選挙民が「知る権利」の上に投票していないことだ．「知る権利」とその上での自由な議論の上に投票がなされているかが，もっと事実に則って基準化されなければならない．市民団体による，あるいは国際的に認証された選挙監視団による監視も不可欠である．もっとも，昨今の投票所における監視はほぼ形骸化しているが（有権者は事前に工作を受けてから投票所に行く）．

注

1）もちろん国際化，近代化に背を向ける国家もある（サウジアラビア，パキスタン，アフガニスタン，北朝鮮などや，そもそも「統治していない国家」コンゴ民主共和国，ソマリアなど）．

2）産経新聞 [2021. 2. 21]「わたしたちが捨てたガジェットは『電子ゴミ』になり，途上国の人々の健康を害している」(https：//www.sankei.com/article/20210221-ZOQXYPBMJVMETK5XAS3OLLIZNU/3/，2024 年 4 月 24 日閲覧).

3）*Frontier Myanmar*, "'Hard to breathe'-Myanmar communities forced to live among world's trash," 2023. 10. 10；"Skirting the law-Global companies exploit loopholes to dump waste in Myanmar," 10. 11.

4）Indonesia's Path Towards Sustainable Development Goals, 2023. 9. 7；Progress, Achievement and Challenges of Implementing and Monitoring SDGs in Indonesia 2022.

5）末次恵 [2019. 10. 2]「CO2 排出量たった 1 カ月で米国 1 年分」(https：//jbpress.ismedia.jp/articles/-/57750，2024 年 4 月 24 日閲覧).

6）大塚智彦 [2020. 9. 29]「河川汚染が進むインドネシア日本で有名なあの川も」(https：//jbpress.ismedia.jp/articles/-/62287，2024 年 4 月 24 日閲覧).

◆参考文献◆

＜邦文献＞

遠藤貢 [2000]「アフリカ市民社会論の展開」『国際政治』12.

川中豪 [2000]「フィリピン地方都市における権力メカニズム－ナガ市の例」『アジア経済』41（1）.

川中豪編 [2018]『後退する民主主義，強化される権威主義』ミネルヴァ書房.

木村宏恒 [1989]『インドネシア現代政治の構造』三一書房.

―――――[1998]『フィリピン開発・国家・NGO』三一書房.

―――――[2003 a]「民族紛争と国民国家建設――インドネシアの地方分権と西カリマンタン州の不良開発を例に――」『熊本学園大学経済論集清野健先生退官記念号』9 (3-4)（https://nagoya.repo.nii.ac.jp/records/5366，2024 年 12 月 27 日閲覧）.

―――――[2003 b]「インドネシアの地方分権と社会的環境管理能力形成をめぐる諸問題」，広島大学大学院国際協力研究科 COE「社会的環境管理能力形成」研究会報告書（https://nagoya.repo.nii.ac.jp/records/5365，2024 年 4 月 24 日閲覧）.

―――――[2005]「ジャカルタにおける社会的環境管理能力形成の現状と展望」，広島大学大学院国際協力研究科 COE プログラム報告書（https://nagoya.repo.nii.ac.jp/records/5362，2024 年 4 月 24 日閲覧）.

―――――[2006]「途上国環境政策とガバナンス」，国際環境技術移転研究センター平成 17 年度成果報告書（nagoya.repo.nii.ac.jp/records/2008256，2024 年 4 月 24 日閲覧）.

―――――[2011]「ローカルガバナンスの理想と現実」，木村宏恒・近藤久洋・金丸裕志編『開発政治学入門』勁草書房.

―――――[2016]「ルワンダの開発と政府の役割」，名古屋大学国際開発研究科 Discussion paper No.200（https://nagoya.repo.nii.ac.jp/records/21847，2024 年 4 月 24 日閲覧）.

佐々木信夫［1984］『新しい地方政府』芦書房.

神野直彦・森田朗［1996］「地方分権は今なぜ必要か」『世界』8 月号.

馬場香織［2018］「民主主義と非民主主義の併存――メキシコ――」，川中豪編『後退する民主主義，強化される権威主義』ミネルヴァ書房.

藤田省三［1966］『天皇制国家の支配原理』未来社.

前川啓治［2000］『開発の人類学――文化的接合から翻訳的適応へ――』新曜社.

＜欧文献＞

Abellera, E. M. V.［2011］"Explaining Legislative Oversight in Philippine Sub-national Governments : Institutional Barriers, Capacity Challenges and Enabling Mechanism," in H. Kimura et al. eds., *Limits of Good Governance in Developing Countries*, Gadjah Mada University Press.

Acemoglu, D. and J. Robinson［2012］*Why Nations Fail : The Origins of Power, Prosperity, and Poverty*, Crown Publishers（鬼澤忍訳『なぜ国家は衰退するのか――権力・繁栄・貧困の起源――』早川書房，2013 年）.

Ackerman, S. R.［2016］"What Does "Governance" Mean?" *Governance*, 30(1).

Aspinall, E. and W. Berenschot［2019］*Democracy for Sale : Elections, Clientelism, and the State in Indonesia*, Cornell University Press.

Banks, N. and D. Hulme［2012］*The Role of NGOs and Civil Society in Development and Poverty Reduction*, BWPI (Brooks World Poverty Institute, University of Manchester) Working Paper 171（file :///C : /Users/ws35/Downloads/SSRN-id 2072157. pdf，2024 年 4 月 24 日閲覧）.

Biekart, K. [1999] *The Politics of Civil Society Building*, Amsterdam : International Books and the Transitional Institute.

Blair, H. [1997] *Spreading Power to the Periphery : A USAID Assessment of Democratic Local Governance*, USAID（http : //pdf.usaid.gov/pdf_docs/pnaca904.pdf, 2024 年 4 月 24 日閲覧）.

——— 2000]"Participation and Accountability at the Periphery : Democratic Local Governance in Six Countries,"*World Development*, 28(1).

Bush, S. S. [2015] *The Taming of Demoracy Assistance : Why Democray Promotion does not Confront Dictators*, Cambridge University Press.

Carothers, T. [2011] *Aiding Democracy Abroad*, Carnegie Endowment for International Peace, Washington.

——— [2013] *Development Aid Confronts Politics*, Carnegie Endowment for International Peace, Washington.

Chacko, P. [2018]"The Right Turn in India : Authoritarianism, Populism and Neoliberalism,"*Journal of Contemporary Asia*, 48(4).

Collier, P. [2009] *Wars, Guns, and Votes : Democracy in Dangerous Places*, NY, Harper（甘糟智子訳『民主主義がアフリカ経済を殺す』日経 BP 社, 2010 年）.

Crouch, H. [1979]"Patrimonialism and Military Rule in Indonesia," *World Politics*, 31(4).

Desai, V. and R. Imrie [1998]"The new managerialism in local governance : North-South dimensions," *Third World Quarterly*, 19(4).

Duncan, A. and D. Hulme et al. [2002] *Bangladesh : Supporting the drivers of pro-poor change*, DFID（online）.

Farrington, J. et al. eds. [1993] *Reluctant Partners? NGO-GO, the State and Sustainable Agricultural Development*, Routledge.

Gera, W. J. S. [2009] *Institutionalization in Philippine Decentralization*, Ph.D. Dissertation, Graduate School of International Development, Nagoya University.

Goodfellow, T. and A. Smith [2013] *From Urban Catastrophe to 'Model' City? Politics, Security and Development in Post-Conflict Kigali*, LSE Research. [Online]

Grindle, M. S. [2009] *Going Local : decentralization, democratization, and the promise of good governance*, Princeton University Press.

——— [2012] *Jobs for the Boys : patronage and state in comparative perspective*, Harvard University Press.

——— 2016]"Good Governance, R.I.P. : A Critique and an Alternative," *Governance*, 30(1).

Grugel, J. [2002] *Democratization : a critical introduction*, Palgrave（仲野修訳『グローバル時代の民主化』法律文化社, 2006 年）

Huntington, S. P. [1968] Political *Order in Changing Societies*, Yale University Press（内山秀夫訳『変革期社会の政治秩序』サイマル出版会, 1972 年）.

Huntington, S. P. [1993] *The Third Wave : Democratization in the late twentieth century*, University of Oklahoma Press（坪郷實・中道寿一・藪野祐三訳『第三の波 20 世紀後半の民主化』三嶺書房，1995 年；川中豪訳『同』白水社，2023 年）.

Hutchcroft, P. D. [2001] "Centralization and Decentralization in Administration and Politics : Assessing Territorial Dimensions of Authority and Power," *Governance*. 14(1).

Hutchcroft, P. D. and W. Gera [2022] "Strong-Arming, Weak Steering- Central-Local Relations in the Philippines in the Era of the Pandemic," *Philippine Political Science Journal*, 43.

Kenny, P. [2017] *Populism and Patronage : Why Populists win Elections in India, Asia and Beyond*. Oxford University Press.

Leftwich, A. [2000] *States and Development : On the Primacy of Politics*, Polity.

Levitsky, S. and L. A. Way [2010] *Competitive Authoritarianism : Hybrid Regimes After the Cold War*, Cambridge University Press.

Lopa, M. A. [1995] *Singing the Same Song : Reflections of Two Generations of NGO Workers in the Philippines*, ANGOC (Asian NGO Coalition) & PhilDhrra.

Markey, D. [2023] "India as it is," *Foreign Affairs*, July/August（邦訳「民主国家という幻想」『Foreign Affairs Report』，2023 年 9 月号）.

Mohan, G. and K. Stokke [2000] "Participatory development and empowerment : the dangers of localism," *Third World Quarterly*, 21(2).

Mukherji, R. and H. Universititat [2017] "Governance reform in a weak state : Thirty years of Indian experience," *Governance*, 30(1).

North, D. [1990] *Institutions, Institutional Change and Economic Performance*, Cambridge University Press（竹下公視訳『制度・制度変化・経済成果』晃洋書房，1994 年）.

Power, T. P. [2018] "Jokowi's Authoritarian Turn and Indonesia's Democratic Decline," *Bulletin of Indonesian Economic Studies*, 54(3).

Rwanda Ministry of Local Government [2012] *National Decentralization POLICY* (Revised).

Sabatini, C. [2016] "Bridges to Nowhere : Corruption in the BRICS," *Foreign Affairs*, July 18（邦訳「インフラプロジェクトと政治腐敗」『Foreign Affairs Report』2016 年 10 月号）.

Sambhi, N. [2021. 1. 22] "Generals gaining ground : Civil-military relationship and democracy in Indonesia," *Foreign Policy*.

Schattschneider, E. E. [1960] *The Semisovereign People : A Realists view of Democracy in America*, Holt, Renehart and Winston（内山秀夫訳『米主権人民』而立書房，1972 年）.

Smith, B. C. [1985] *Decentralization : The Territorial Dimension of the State*, Harper Collins.

Strangio, S. [2014] *Hun Sen's Cambodia*, Yale University Press.

Stunkel, O. [2021] "Democracy is dying in Brazil : To stop Bolsonaro, the opposition must unite," *Foreign Affairs*, November, 1 (邦訳「ブラジルの民主的衰退の行方——ボルソナロを止めるには——」『Foreign Affairs Report』2021 年 12 月号).

USAID [2010] *Democracy and Governance Programming in Authoritarian Settings*, 2010.

Weber, M. [1956] *Wirtschaft und Gesellschaft, Grundriss der verstehenden Soziologie*, vierte, neu heraus-gegebene Auflage, besorgt von Johannes Winckelmann, Mohr (世良晃志郎訳『支配の社会学 I』創文社, 1960 年).

West, J. [2020. 9. 11] "Indonesia : a country of disappointments," *The Interpreter*.

White, G. [1998] "Constructing a Democratic Developmental State," in M. Robinson and G. White eds., *The Democratic Developmental State*, Oxford Unibersity Press.

Zakaria, F. [1997] "The Rise of Illiberal Democracy," *Foreign Affairs*, Nov.

第6章

グローバルな視点から見た法の支配

志賀 裕朗

はじめに

　法の支配（the rule of law）を巡るこれまでの議論は，主として国家のフォーマルな法制度，すなわち憲法を頂点とする国家制定法とそれを支える司法制度を対象として展開されてきた．なぜなら，人々の権利自由を保障するために法によって抑止されるべき対象は自国の国家権力の恣意的な行使であると考えられてきたからである．こうした考えに基づき，日本の代表的な憲法学者である芦部信喜は，法の支配を「専断的な国家権力による支配を排斥し，権力を法で拘束することによって，国民の権利・自由を擁護することを目的とする原理」と定義した［芦部 1993］．そして，途上国に対する先進国の援助機関や国際機関による法・司法制度整備支援も，国家のフォーマルな法制度の構築に向けられてきた［志賀 2013；Carothers 2006］．

　一国レベルの法の支配が重要であることは改めて強調するまでもない．それは，個人の権利自由の最大の脅威は国家権力であったという歴史的事実は今でも妥当するからである．さらに，世界の耳目を集めている「民主主義の危機」あるいは「権威主義化の第三の波」［Lührmann and Lindberg 2019］と呼ばれる事象の多くは，実際には自由民主主義（liberal democracy）の構成要素である自由主義（liberalism）の理念とそれを守るための法制度の危機であるからである．つまり，「民主主義の危機」とは，選挙で民主的に選ばれた指導者によって，権力に対する制約がゆっくりと侵食されていくこと［Levitsky and Ziblatt 2018］，すなわち，「民主的だが非自由主義的な体制（illiberal democracy）」の登場を意味している［Zakaria 1997］．それは，民主主義の危機というよりはむしろ法の支

配の危機である. それゆえ, 一国レベルで法の支配をどのように構築し擁護すべきかについての考察は依然として非常に重要である.

しかし, 冷戦後の世界においては, 一国における統治を超えたグローバル・ガバナンスの登場や経済の急速なグローバル化などの顕著な変化が起き, 国内および国際社会における法規範のあり方は大きく変化した. また, 人々は, 国際機関や巨大企業など一国の国境の外にある主体によるルール形成の影響を受けるようになった. その結果, 人々の権利自由や尊厳を守るうえで法の支配を国内制度としてのみ検討することは不十分になっている. このことは, 国家のフォーマルな法制度の構築にのみ向けられてきた法・司法制度整備支援のあり方にも修正を迫るものである.

法の支配を国内制度としてのみ語ることへの懐疑的な姿勢は, 2015 年に採択された持続可能な開発目標 (SDGs) に窺うことが出来る. 「平和と公正をすべての人に: 平和でだれもが受け入れられ, すべての人が法や制度で守られる社会をつくろう」と謳う SDGs 第 16 目標は「あらゆるレベルで効果的で説明責任のある包摂的な制度を構築すること」を目標の 1 つとして掲げ, 目標の 1 つとして「国家及び国際的なレベルでの法の支配を促進」することを掲げている [United Nations General Assembly 2015] (傍点は引用者). しかし, 具体的な指標を見ても, 「国際的なレベルでの法の支配」が何を意味するのかは明確ではない. また, 援助機関や国際機関のガバナンス問題への関心や法・司法制度整備支援が被援助国の国内法制度に集中する従来の傾向にも変化は見られない. 例えば, 世界銀行による 2017 年度の世界開発報告『ガバナンスと法』は, より良い開発成果を生み出す政策を機能させるためのガバナンスや法のあり方を途上国国内の制度の問題としてのみ論じている. 同書は「政策アリーナにおける力の配分に応じて, 制度がどのように有効にコミットメント, 連携, および協調を促進するのか, ないしは制約するのかを考慮に入れておくこと」がより良い開発成果の達成のために決定的に重要だと主張するが [世界銀行 2017: 26], そこでいう「政策アリーナにおける力の配分」は途上国国内のアクター間の力の配分であり, 良き政策に向けたコミットメント, 連携, 協調を促進する制度も当該国の国内制度である. この考察においては, グローバルな力の非対称やそれがもたらすグローバルな制度の歪みに関する視点は欠落している.

本章は, ポスト冷戦時代に起きた国際社会の変化およびそれに伴う法規範のあり方の変化を鑑みるに, 個人の権利自由や尊厳の保護のためには一国レベル

の法の支配を越えた「グローバルな法の支配」の概念を導入する必要があると主張する．以下では，ポスト冷戦時代に法規範がどのように変わったのかを検討したうえで，「グローバルな法の支配」の概念と視座を提示し，それに照らして，法の支配の目的である個人の権利自由や尊厳の保障にとってどのような新たな問題が生じているか，を検討する．

なお，法の支配と類似する概念として「立憲主義（constitutionalism）」がある．法の支配が「極めて捉えどころのない概念」[Tamanaha 2004 : 3] であるのと同様に立憲主義の概念も多義的であるが，本章ではこれを「法によって権力を縛り制限しようとするもの」[阪口 2007 : vii] と理解し，「法の支配」と同義の概念として扱う．

1　ポスト冷戦時代の国際社会の変化

法は人の行動に影響を与えるが，人の行動もまた法に影響を及ぼす．法が，それを行使し，法のあり方に影響を及ぼす人々の目的に奉仕する道具であり，しばしば特定の集団の利益や考え方のために乗っ取られる（captured）ものであるとすれば [Tamanaha 2022: 3]，法形成に影響力を及ぼす権力や権威を持つアクターの力関係の変化は，法のあり方を変える．そうであれば，ポスト冷戦時代における国内外のアクターの力関係を巡るさまざまな変化が国内外の法規範のあり方に大きな影響を及ぼしたことは当然である．以下では，ポスト冷戦時代の国際社会の変化を簡単に振り返る．

(1)　グローバル・ガバナンスの登場

冷戦終結によって大国間戦争の危険性が大幅に減少し，伝統的な国家安全保障がアメリカをはじめとする先進諸国の最大の関心事項ではなくなったことは，国際社会に大きな変化をもたらした．冷戦時代には意図的あるいは無意識的に後景に追いやられていた国家安全保障問題以外のイシューが「グローバル・イシュー（地球規模課題）」として前景化したことに伴って，こうしたイシューに取り組む国家以外のアクターが国際場裏で影響力を行使する余地が拡大したのである．具体的には，国際経済・気候変動・人権・国際開発等の分野で活動する国際通貨基金（IMF）や世界銀行，世界貿易機関（WTO）等の国際機関，特定の分野に政策的知見を有する国際 NGO や専門家集団（epistemic community）をはじめとする多様なアクターが国際社会で影響力を拡大した．

こうして登場したのが，従来の主権国民国家間の「国際関係 (international relations)」とは異なる，分権的で多層的なグローバル・ガバナンスであった [Dingwerth and Pattberg 2006]．それは，「中央政府の存在しない国際社会において，一国に留まらない問題を解決するために，国境を越えた公共財を提供する制度枠組みおよび政治システム」である [西谷 2021：1]．そこではさまざまな非国家主体がアドボカシーや資金力などの手段で新しい規範を定立しようとせめぎあうようになった．こうしたグローバル・ガバナンスの登場によって，国際政治は，冷戦期に幅を利かせていた主権国家の軍事力等の強制力のみならず，国際機関や国際企業の影響力あるいは NGO やマスメディア等の市民社会組織による国境を越えた抗議と動員によっても動かされるようになった [McGrew 2004：178]．

(2) ハイパー・グローバリゼーション

もう 1 つの大きな変化はグローバル化の急速な進展である．グローバル化とは人・財・資本・情報・思想・技術等の国境を越えた流れの活発化であると定義すると，それは，例えば欧米から見れば 15 世紀末に始まった大航海時代から今日に至るまでの大きな歴史的な流れとして存在しているとも言える．しかしポスト冷戦時代には，国際的資本移動の全面的自由化や金融のグローバル化による世界経済の統合の深化，すなわちロドリックが言うところのハイパー・グローバリゼーション [Rodrik 2011] が，ネオリベラリズムのイデオロギー[2]に支えられて急速に進展した．先進国のみならず旧社会主義圏や途上国の制度が自由化・民営化・規制緩和を実現するために「改革」された結果，「西と東」「北と南」の一体化が進んでグローバルな市場が形成され，地球規模の経済的相互依存関係が生まれた．そのなかで真にグローバルと言える経済活動を展開するようになったのが多国籍企業である．こうした企業は，安価な労働力を求めて世界中に生産工程を分散させつつ，グローバルな優位性を維持するために頻繁に潜在的競合者と合併して巨大化し，市場と技術のグローバルな独占を享受するようになった[3]．こうした変化は，国際競争の勝者としての巨大企業の政治的影響力の伸長，国家主権の相対化，国内および国家間の経済格差の拡大など，国際社会にさまざまな影響をもたらした．のみならず，そうしたグローバル化は，経済にとどまらず，それまでは国家を単位として考えられてきた政

治・法・文化・社会のあり方をも揺るがすことになった.

2　ポスト冷戦時代における法規範のあり方の変化

　上述のようなポスト冷戦時代における変化は，内外の法規範のあり方に大きな影響を及ぼした．従来は法で規定されていなかった事項が法で規律されるようになるとともに，法の形成主体・内容・性質も変化した．それは，法規範の形成に関与する主体の多元化とそれに伴う国家の法形成・執行機能の弱体化，法規範の内容の国際的な収斂化，そして法規範の形態・性質の多様化である．

(1)　国際制度の「法化」

　ポスト冷戦時代には，人権保障・環境保護・投資貿易等のあらゆる分野で，国際制度の「法化 (legalization)」あるいは「法への移行 (move to law)」と呼ばれる変化が起きた [Goldstein et al. 2000: 385]．2000 年に刊行された *International Organization* 誌の「法化と世界政治」と題する特集号に寄稿したゴールドスタインによれば，「法化」とは，国家等のアクターに正確な法的義務を課し，ルールの解釈や紛争解決についての権限を第三者に委譲するという特定のかたちでの制度化である [Abbott et al. 2000: 401-402][4]．それは，従来はもっぱら国内法規制に委ねられていた事項や法的規律が欠缺していた事項が国際法によって規律されるようになったことを意味する．「法化」は，冷戦終結後の人権規範の世界大の伝播や国際人権 NGO の影響力の伸長等を背景として，国際人権法分野で顕著であった．

(2)　法規範形成主体を巡る変化（非国家主体の有力アクター化と国家の法形成・執行機能の弱体化）

　17 世紀中葉に成立したウェストファリア体制と呼ばれる国際秩序においては，法規範を定立し執行する正当な権限は主権国家に集中していた．「国家権力の対内最高性および対外独立性」という国家主権の定義から明らかなとおり，国家は，国内的にはウェーバーが言うところの「正当な物理的暴力行使の独占」[Weber 1919: 邦訳20] を背景として国内法の定立権とその強制執行権を独占し，国際的には対等な国家間の明示的・黙示的な合意に基づいて条約や国際慣習法等の形式で法規範形成を行ってきた．

しかし，ポスト冷戦期になると，こうした法形成・執行機能の国家独占は揺らぎ始めた．国際法分野では，国際 NGO 等の非国家アクターが法規範形成を主導し，国際機関や各国政府がこれを追認・活用するボトムアップ型ガバナンスと呼ばれる新しいルール形成方法が出現した．それは，国家間の合意形成に長い時間を要する条約という法形式ではグローバル・イシューに迅速かつ効果的に対処できなくなったためであり，また国家法のみによってはもはや国境を越えた多国籍企業等の活動を効果的に規制できなくなったためである．地雷禁止国際キャンペーン（International Campaign to Ban Landmines：ICBL）という国際 NGO が主導して 1997 年に署名された対人地雷禁止条約（通称オタワ条約）がボトムアップ型ガバナンスによる法規範形成の一例である．

　国内法についても，経済のグローバル化が進展するなかで，国家が主権国家として自ら決定できる範囲は狭くなっている．国家は，グローバルな経済活動を展開する国際企業の投資を呼び込むために市場開放や規制緩和，法人税減税などの政策を実施しているが，投資誘致競争が激化するなか，これ以外の政策オプションを採ること，例えば自国の幼稚産業や労働者を保護する政策や社会保障費捻出のための法人税増税政策を採用することは難しくなっている［徳永 2015：34］．こうした狭められた政策スペースは，ポスト冷戦時代に盛んに締結されるようになった自由貿易協定（Free Trade Agreement：FTA）や経済連携協定（Economic Partnership Agreement：EPA）によって法制度化され永続化されつつある［Gill 1998；2002］．例えば，こうした協定に含まれるラチェット条項と呼ばれる規定は，いったん投資受入国が国際投資家に供与した優遇政策を後になって撤回したり，後退させたりすることを禁止する．また，投資家・国家紛争解決条項（Investor-State Dispute Solution Clause：ISDS 条項）は，投資受入国の協定違反によって投資家が損害を受けた場合に，両者の紛争裁定を当該国の裁判所の管轄から外し，国際仲裁裁判に付託すべきことを規定する．こうした条項は法的紛争の早期解決という国際投資家の便宜に沿ったものであるが，国家が本来その管轄権下にあるべき紛争を自律的に裁定できなくなっていることを意味している［Dupuy et al. 2009］．事実，投資受入国政府が環境保護法規制を設定・適用すると，投資企業から ISDS 条項に基づいて巨額の損害賠償を請求される事案が増えている．例えば，メキシコ中央政府が認可した廃棄物埋立事業について地方政府が有害物質による水質汚染の恐れがあるとして不許可とした事案では，事業会社の親会社である米企業 Metalclad 社がメキシコ政府を提訴

し，同政府に対して約1700万米ドルの損害賠償金支払を命じる投資紛争解決国際センター（ICSID）の仲裁裁定を得た［ICSID 2000］．こうした変化の結果，自由化された市場から国民の権利自由や福利厚生，自国の環境を守るための国家の法制度の弱体化が顕著になっている［Ottersen et al. 2014］．

こうして，「多層的なグローバル・ガバナンス」や「多中心的なグローバルな法秩序（polycentric global legal order）」が成立しつつあるといわれるポスト冷戦時代の状況［Fidler 1999: 422］は，法規範形成における主権国家の権力の弱体化と国家が定立する法規範の相対化をもたらした．こうして，ウェストファリア体制はフィクションになった［McGrew 2004: 178］とまで言われるようになったのである．

(3) 法規範の内容の変化（国際的な収斂）

ポスト冷戦時代においては，法規範の内容の国際的な収斂，すなわち類似化・統一化が進展した．例えば，1990年代には旧社会主義諸国をはじめとして成文憲法を制定あるいは全面改正する国が増えたが［Ackerman 1997］，こうした国々に対して先進諸国や国際機関が法整備支援を供与したことや，国境を越えた裁判官の交流や各国憲法判例の相互参照が進んだことにより，憲法の内容の収斂が進展している［Law and Versteeg 2011］．

また，グローバル化に伴う経済競争の激化を背景として，企業統治法・経済法・取引法・金融法を中心に法のグローバルな収斂が進展している．例えば，企業統治法の収斂傾向の背景には，機関投資家が投資の効率性向上やリスク回避のために企業統治の充実化を求めたこと，そしてそうした投資家の意向を意識して各国政府が法整備を通じて自国の投資環境を改善して外資を誘致しようとしたことがある［尾崎 2005: 314-315］．こうしたなか，影響力を伸長させたのがアメリカ法である．グローバルな資本・金融市場への主たる資金供給者がアメリカを本拠とする国際投資家である以上，企業統治の「あるべき姿」の基本形としてアメリカのそれが他国に推奨ないし時に強制されていくのは当然の成り行きであった［尾崎 2005: 316］．実際に，IMFやWTO等の国際機関は途上国に対してアメリカ型の企業統治を要求している［尾崎 2005: 339］．また，国際企業間取引においては，アメリカ企業を当事者としない場合であっても，紛争解決準拠法としてニューヨーク州法が指定され，専属管轄をニューヨークの裁判所に指定することが頻繁に行われるようになっている．

さらに，援助機関や国際機関が先進国の法制度をモデルとした法・司法制度整備支援を途上国に対して供与したことも，国際的な法の収斂傾向に拍車をかけた．

(4) 法規範の性質の変化 (ソフトローの主流化)

法規範の性質も変化した．その1つが「ソフトロー化」と呼ばれる法規範の性質の変化である．1980年代から国際法学で注目されるようになったソフトローと呼ばれる法形式が国内外で急速に発達してきたのである [Chinkin 1989：齋藤 2005：1]．

ソフトローとは，法律や条約等の法規 (ハードロー) に備わる法的拘束性を欠くものの，法的ルールに準じるものとして関係者が遵守するルールのことを言う[8]．ソフトローは，その形式・用語・対象事項・参加者・名宛人・目的・フォローアップおよびモニタリング手続において極めて多様であり，ソフトローという言葉で一括りにすることが「誤解を招く単純化」につながりかねないとも指摘されているほどである [Chinkin 1989: 850]．例えば，名称だけをとってみても，国際機関の決議や宣言，ガイドライン，指導原則 (guiding principles)，行動指針 (codes of conduct)，モデル・ロー，標準書式等の多様な形式を採る．

ソフトローは，その形成主体によって2つに大別できる．まず，従来の成文国際法と同様に国家や国際機関が主導して策定するものである．国家主導のソフトローは，一般的に，将来の状況が不透明である場合や規律対象事項の科学的不確定性 (環境問題等) などによってハードローによる法的義務の導入が不適当だとみなされる場合に選択されることが多い [Chinkin 1989: 852-853]．国際法分野でソフトローと呼ばれることとなった文書の例としては，1948年に採択された世界人権宣言や，1974年に国連総会で採択された「新国際経済秩序樹立に関する宣言」がある．後者は，世界秩序，特に国際貿易・金融・技術移転の分野での国際秩序の抜本的再編を呼びかけたものであったが，参加国に法的義務を課すものではなかった．冷戦後には，経済・政治統合が急速に進展した欧州連合 (EU) でソフトローが頻繁に用いられるようになった [Peters 2011]．また経済協力開発機構 (OECD) は，情報セキュリティガイドラインや消費者保護ガイドラインのような，国内行政との連動を視野に入れた実務的な政策指針文書を発行している [齋藤 2005: 4]．また，人権分野でもソフトローが重要な役割を果たすようになった．「ビジネスと人権に関する指導原則」と題され

た2011年の国連人権理事会決議は,「ビジネスと人権」という概念を国際社会に定着させた象徴的なソフトローであった［吾郷2019］.

ソフトローのもう1つの類型は,国家以外の私的な団体が自主的・慣習的規範として形成するものである［浅野2014: 90］.例えば,企業統治法の分野では,アメリカ証券取引所等の自主規制機関 (self regulatory organization: SRO) が自主規制ルールを設定している［尾崎2005: 318］.また,国際商工会議所 (ICC) による各種の標準契約書式,インターネット領域におけるInternet Society によるインターネット・プロトコルの進化の管理やICANN (Internet Corporation for Assigned Names and Numbers) によるドメイン名およびIPアドレスの管理に関するルールもソフトローの例である［柏木2006］.

ソフトローは,制定や改正に多大な時間と労力を要する硬直的な国家法を補完する形で,「機動的な法規制の手段」［尾崎2005: 318］あるいは「時宜に応じて調節すべき政策的選択肢」［浅野2014: 90］として活用されるようになった.その結果,ソフトローは既存の国家法 (ハードロー) と連続的・複合的な性格を有するようになり,法そのもの,あるいは「法に近いもの」として機能するようになっている［浅野2014: 90］.

3 グローバルな法の支配の概念

(1) 「グローバルな法の支配」とは何か

ポスト冷戦時代の法規範の顕著な変化を踏まえて,法の支配のあり方を考える新しい枠組みが必要になっているという問題意識が高まった［Fidler 1999: 422］.また,憲法学者の阪口正二郎が指摘するように,近代主権国家を前提にして構築されてきた従来の認識枠組みの限界を認識し,それを組み替える必要があるとも主張されるようになった［阪口2007: xii–xiii］.こうした問題意識を受けて,さまざまな概念が提唱されるようになっている.それらは,権力の抑止を目的とする法の支配の考え方を国境を越えて拡大し,国家の法制度のみならずグローバルな領域におけるルール形成の現実を加味していく必要があるという共通の問題意識に基づいている.

その1つが,「グローバルな法の支配 (global rule of law)」あるいは「国際的な法の支配 (international rule of law)」概念である.国際的な法の支配の概念を検討した先駆者の1人であるビショップによれば,それは,国際関係において

恣意的な権力ではなく法に依存することである [Bishop 1961: 553]．また，2004年に国連事務総長が安全保障理事会に提出した報告書では，「法の支配」とは，「国家そのものを含め，公私を問わずすべての個人，機関，団体が，公に公布され，平等に施行され，独立に裁定され，国際的な人権規範や基準に合致した法に対して責任を負うという統治原則を指す」と定義されている [SG of UN 2004: 4]．これも，グローバルな法の支配を定義したものと考えてよいだろう．

類似した概念としては，「グローバルな立憲主義 (global constitutionalism)」[阪口 2007: v] あるいは「国際立憲主義 (international constitutionalism)」[Peters 2006；最上 2007] がある．阪口によれば，「グローバルな立憲主義」は「グローバル・ガバナンスを秩序付ける原理」であり，「立憲主義的な世界秩序の可能性を追求しようとする試み」である [阪口 2007: vi-vii]．「国際立憲主義」とは，その主唱者の1人であるイギリスの国際法学者ピーターズによれば，「国際法の領域において，法の支配・抑制と均衡・人権保障・民主主義といった立憲的諸原則を適用することを唱導する思考形態 (展望または視座)，ないしは政治的論題化」を指す [Peters 2006；最上 2014: 4]．また，国際法学者のコスケニエミによれば，「国際立憲主義」の概念は，主観的な道徳ではなく客観的な法に依拠することによって，「真に普遍的な共同体を築こうとする議論」である [最上 2007: 5]．

また，「国際法における立憲主義 (constitutionalism in international law)」の概念は，国際的な平和・安全保障・正義および国内における人権保護と法の支配を守るという立憲的な機能を国際法に期待する考え方である [Bogdandy 2006: 226]．言い換えれば，国際法の核心的な原理原則が国際・国内のあらゆる形態の政治権力を制約するようになるべきという構想である．それは，グローバル化によって国家が国民 (市民) の利益を防護する機能を放棄あるいは剥奪されていくにしたがって，国際的な機関・制度がそれに代わる機能を果たすようになることへの期待に裏打ちされたものである [Bogdandy 2006: 225-26]．

「立憲主義」の語を冠するこれらの概念は，立憲主義を「法によって権力を縛り制限しようとするもの」[阪口 2007: vii] あるいは「何らかの意味で権力 (あるいは権力者の自由) の制御に関わるもの」[最上 2007: 25] と定義すれば，本章の冒頭で定義した「法の支配」とほぼ同義であると考えてよいだろう．それゆえ，これ以降，かかる一連の概念を「グローバルな法の支配」で統一する．

(2)　グローバルな法の支配の視座

　グローバルな法の支配の概念は，現状を分析するために使われる説明概念でもあり，あるべき国際秩序を提示する目標概念でもある［最上 2007: 13］．その有用性は，論ずるべき問いを明示する点にある．グローバルな法の支配の概念に基づいてポスト冷戦時代の変化がもたらした諸問題を検討していくためには，以下のような問いの検討が必要となる．それは，何（誰）のために，何（誰）を，どうやって抑止するかという問いである．

グローバルな法の支配の名宛人は誰か？

　グローバルな法の支配の名宛人（referent=保護の対象）は誰かという問いは，保護すべきは誰の権利自由かという問いと同義である．この点，グローバルな法の支配概念が念頭に置くのは，まずもって伝統的な国際法上の権利主体である主権国家である．言い換えれば，グローバルな法の支配の概念が一義的に目指すのは，主権国家を守るために構築されてきた伝統的な国際公法秩序の維持強化である．このことは，この概念の出自からも明らかである．グローバルな法の支配を巡る議論が活性化した契機は，2001 年 9 月 11 日の同時多発テロ事件への報復として，アメリカが国連安全保障理事会の決議を経ることなくアフガニスタン，次いでイラクを攻撃したことであった．アメリカのこうしたあからさまな単独行動主義は，自国の侵略行為を国連憲章等の国際法に照らして法的に正当化する努力を試みるという「イチジクの葉」すらかなぐり捨てたという批判［Franck 2003: 608］を呼び起こした．「例外的な違法行為が，あたかも法が存在しないかのようになされる」という「国際法の試練」を危惧したハーバーマス等の識者によって「国際法・国際関係の立憲化」の概念が使われるようになったのである［最上 2007: 4-5］．

　言うまでもなく，主権国家がアメリカ（や中国，ロシア）のような軍事大国の不法な侵略から防護されることは，個人の権利自由の保護の観点からも重要な問題関心であるべきである．2022 年に始まったウクライナ戦争においてロシア軍によって非戦闘員が殺害されたり，市民生活に不可欠なインフラが攻撃されたりしている現実は，このことを裏付けている．しかし，国家主権が守られたからといって当該国家における国民の権利自由が保障されるわけでは必ずしもない．それゆえ，法の支配の名宛人として，国家だけでなく個人に焦点を当てるという視座が重要となる．

グローバルな法の支配が抑止すべき権力とは何か？

法の支配が権力の抑止を目的とする概念である以上，グローバルな法の支配が抑止すべき「権力」とは何かを検討することは不可欠である．従来，法の支配の概念は，制約すべき権力者（国王や大統領，議会等）が明確であることを前提として国内の法・司法制度を設計した［杉田 2000］．しかし，ポスト冷戦時代においては権力の主体とそれが生み出す法規範のあり方が多様化し，「誰が，誰の利益のために，どのような手段によって，どのような目的で統治しているか」［McGrew 2004: 167］という政治の構造が見えにくくなっている．新しい権力の所在とその行使の新しいあり方，そして見えにくい権力行使の方法としての法の新しい使われ方をどう考えるべきかを検討しなくてはならない．

グローバル時代の法とは何か？

いうまでもなく，法の支配は「法によって」権力の恣意的行使を抑止することを目指す．従来，法の支配における「法」とは憲法を頂点とする国家の制定法だった．しかし，ポスト冷戦時代になって法規範の策定者や性質が多様化するなか，何が法であるか（何を法とみなすべきか）は自明ではなくなっている．また，法がグローバルに通用する正当性を持つためにはどのような属性が必要かも検討される必要がある．

4　ポスト冷戦時代の法規範のあり方の問題点

第2節で検討したポスト冷戦時代における法規範を巡る変化をどのように評価すべきかについて，第3節で示したグローバルな法の支配の概念の視座に照らして検討する．

まず，ポスト冷戦時代に，国際制度の「法化」が進展したこと，特に個人を保護の名宛人とする国際人権法制度が発展したことは，グローバルな法の支配の観点から肯定的に評価されるべきである．国際人権法制度の発展は，第二次大戦後以降に着実に進んだ国家間の人権条約（ハードロー）の充実によるものであったが，ポスト冷戦期には，グローバル・ガバナンスの担い手としての国際人権 NGO の活動の活発化がその発展を更に後押しした［筒井 2022: 104］．

さらに，ソフトローが国家間条約の欠缺を埋めるかたちで発展したことも，法規範あるいはそれに準じるルールの充実という観点からは望ましい変化であ

る．この点で進展があったのは，企業の人権責任や社会的責任 (Corporate Social Responsibility: CSR) についての法規範形成である．巨大化した企業が果たすべき責任については1970年代から多国籍企業の行動を中心に問題提起が行われてきた．CSR は労働者・消費者・環境・人権の保護の4領域で議論されてきており，当初は国家法 (ハードロー) が規律していた [吾郷 2019]．国際法分野では，冷戦終結以前から国連人権委員会等の国際機関が条約の形式でのハードロー策定に尽力してきたが，国際的な大企業の所在地国であってその利益を擁護する先進諸国政府の執拗な反対によって妨害されてきた [吾郷 2019]．しかしポスト冷戦時代になると，こうしたハードローの欠缺を埋めるかたちで，国際機関・NGO・業界団体・各社のガイドラインや行為規範 (ソフトロー) によって規律されるようになった[9]．このように，これまで国家間の意見の相違でハードローの定立 (条約化) ができなかった分野について，非国家主体が迅速で柔軟なルール形成を主導することは，人々の権利自由の国境を越えた保護を目指すグローバルな法の支配の実現に貢献するものである．さらには，人権関連のソフトローの中には，ソフトローの定立を巡って参加国が議論を重ねるなかで新たな人権規範に関する法的確信が高まり，ハードロー化 (成文法化) するものも見受けられる [Beyani 2008]．ソフトローがなぜ広く遵守されるかを制度論的に説明した Druzin が論じるように，ソフトローがネットワーク効果によって「雪だるま式に」遵守者を増やすのであれば [Druzin 2017: 361]，新たな人権規範がソフトローによって国境を越えて拡散していくことはグローバルな法の支配の観点から望ましい展開であるといえる．

　しかしながら，今日の巨大 IT 企業のように，国境を越えて人々の日常生活に大きな影響力を行使するようになっている大企業 (非国家主体) への規制が，ソフトローに任されるままで良いのかは，「いかなる主体の権力を，いかなる手段によって制約すべきか？」というグローバルな法の支配の観点から検討されるべき重要な問題として浮上している．

　まず，ソフトローには，制定過程の透明性や制定主体による説明責任，そしてこれらを満たすことによって得られる民主的正当性が欠如している．ソフトローの例であるイギリスの企業買収ルール (Take Over Code) では，違反者を村八分にすることに加え，アドバイザーという企業買収手続きに事実上不可欠なプレーヤーが違反者にサービスを提供しないことで自主規制の実効性が担保されている．それは，特定の経済活動の特定階層による独占という「見ように

よってはひどく前近代的な仕組み」で成り立っている［藤田 2014: 4-5］.

　もう 1 つの事例は，CSR と連動して発展してきた ESG 投資について，何を「社会的（に価値のある）」な投資とみなすかにかかるソフトローに関するものである[10]．それは国連や EU 等の国際機関に加えて欧米諸国の巨大な機関投資家が主導しており，そこでは軍需産業への投資は倫理的ではないとされてきた．2018 年には，欧州の機関投資家の約 46％ がいかなるものであれ兵器を製造する企業を投資対象から除外する方針を採用しており，その割合はポルノやギャンブル関連企業を除外する割合（それぞれ約 34％，約 35％）を上回っていた［Eurosif 2018: 24］．しかし，2022 年のロシアのウクライナ侵略を契機に，欧米の機関投資家はこの判断基準を転換し，軍需産業への投資を自由と平和，民主主義を[11]守るむしろ倫理的なものであるとみなすようになった[12]．欧米諸国（および中露）の企業が製造するさまざまな兵器によって紛争の激化や長期化に苦しんできた途上国の人々の目には，これは欧米の事情による勝手で反社会的な変更としか映らないであろう．こうした例は，ソフトローには透明性や説明責任等の観点から問題があることを伺わせるに足るものである．つまり，多くのステークホルダーが自発的に遵守しているソフトローが社会的に望ましいとは限らないのである［藤田 2014: 7-9］.

　さらに，上記の結果としてソフトローが当事者間の交渉力の差異が反映された不当なものになる危険性が指摘されている［浅野 2014: 93］．ポスト冷戦時代において，ソフトローの定立を含めたグローバルな法規範をめぐる競争が起きていることはつとに指摘されている通りである［Ottersen et al. 2014: 635］．そうしたなか，巨大な財力を背景に政治的影響力を拡大している巨大企業が[13]，国家を差し置いて，あるいは国家を抱き込んで，ソフトローのネットワーク効果を戦略的に活用しながら自己に有利な規範やスタンダードを主導し定着させようとしていることが懸念されている［Druzin 2017: 376］.

　ソフトローを巡るこうした諸問題は，いずれも「ソフトロー」という言葉が内包する矛盾と関連している．法規範の本質がその拘束力にあるとすると，拘束力を持たない法を意味する「ソフトロー」という言葉は，「甘くない砂糖」と同じように概念矛盾であるとも言える［齋藤 2005: 4-5, 9］．重要なのは，この矛盾にこそ法規範の定立を巡る「新しい法を巡る新しい政治」が潜んでいることである．巨大企業等の非国家主体はこの「ソフトである」が「ローとみられている」という矛盾を活用している．すなわち，「ソフトである」点を活用し

てハードローの定立に必要とされる国家の民主的立法手続を潜脱しながら，「ローとみられている」という実態を活用して「法に従っている」という印象を社会に与えることに成功しているのである．しかし，「ソフトである＝法ではない」ということは，企業には遵守の法的義務はないということである．すなわち，ソフトローが規律する企業の社会的責任（CSR）はその定義上，法的責任が尽きたところから始まるものであり，最終的には経営者の裁量に委ねられている［神作 2005: 91］．ウォーラーステインは，資本主義という社会システムにおいては，投資を通じたあくなき資本蓄積が経済活動のすべてを支配する法則となり，その法則を強制する立場にある人々がますます居丈高になっていくと述べたが［Wallerstein 1995: 邦訳28-29］，ポスト冷戦後のグローバル化はそうした資本主義のグローバルな拡大をもたらした．国際競争が激化し，経営者がますます利益最大化動機によって駆りたてられるようになるなか，遵守するか否かが最終的には経営者の裁量に任されるソフトローが巨大企業から人々の権利自由を守るうえで果たして実効的なのかは疑問である．

　このように，ソフトローの「ロー」という言葉が，それが法であるという理論的根拠もないのに象徴的・戦術的に用いられていると指摘されるなか［齋藤 2005: 5］，さまざまな問題を抱えるソフトローをそもそも法とみてよいのかが，今後実例に即して検討されなくてはならない．特に，人工知能のような未知の領域での科学技術が急速に進展し，それをGAFAMと呼ばれる巨大IT企業が独占的に活用しようとしているなか，これをどのように規制するかのルール作りが急速に進んでいる．このことを勘案すると，この分野での法規範形成をグローバルな法の支配の観点からどのように評価すべきかの検討は焦眉の急である．

　上述のような諸課題を検討するうえで重要なのは，「ソフトロー研究のためのツールを従来の法律学は持っていないのではないかが問われている」［藤田 2014: 6］ことである．つまり，実定法学はそれまで唯一のルールだったハードロー（国家が関与して定立された法律や条約）の正当性を前提としたうえで，論理整合的な解釈を導出する作業を中心に行ってきた．しかし，ソフトローの場合，なぜそのルールが守られているのか，その内容や策定手続は合理的・正当・衡平なのかという実定法研究が暗黙の前提としてきた地点から検討を始めなくてはならない．つまり，ルールの遵守・生成・変化・消滅のメカニズムの検討を行わなくてはならないのである．それは，グローバル・ガバナンスの研

究者が追求する「グローバルな規範やルール，スタンダードはどのように定立・解釈・実施・裁定されているのか，ルールを設定する者とされる者の関係はいかなるものか，規範等は何をもたらしたのか，誰が得をし，誰が損をしているのか」[Dingwerth and Pattberg 2006: 199] といった一連の問いと重なる．この検討には，規範や制度を権力行使の手段の1つと捉え，その形成や変化をめぐるアクターの振る舞いやせめぎ合いを研究してきた政治学の知見が役立つ．特に，国際政治学でコンストラクティヴィズムの発展と共に1990年代以降に急速に進展した規範研究 [Finnemore and Sikkink 1998] との協働が力を発揮するだろう．幸い，これまで政治学や社会学のような社会科学にほとんど関心を示してこなかった分析法学（analytical jurisprudence）の分野でも，社会科学との協働による実証的研究を志向する動きが現れている [Tamanaha 2022]．法学と政治学の協働は日本ではあまり盛んとは言えないが，その発展を期待したい．

おわりに

　近年，米中対立の激化やロシアのウクライナ侵攻に伴い，アメリカや日本をはじめとする西側先進国が法の支配の重要性を強調するようになっている．例えば，日本政府は2016年に「自由で開かれたインド太平洋」構想を提示して法の支配の重要性を強調したり，国連安全保障理事会で法の支配の重要性を議論するセッションを主催したりしている [Shiga 2023]．そこで強調されているのは「法の支配に基づいた自由で開かれた国際秩序」であり [Government of Japan 2022; 2023]，それは主権国家を名宛人（保護の客体）とした既存の国際公法秩序の維持とほぼ同義である．

　しかし，本章で強調したのは，国家ではなく個々の人々の権利自由の保護を念頭に置いたグローバルな法の支配の重要性であり，国家主権や領土的一体性の防護を目指す国家の安全保障を念頭に置いたこうした議論とは異なるものである．今後，大国間対立の一層の激化を背景に，グローバルな法の支配について大国間の権力政治を前提とした用法が定着すると，その裏で進行する個人の権利自由に大きな影響を及ぼすグローバルなルールのあり方の変化と新しい法を巡る新しい政治の展開，それを踏まえた法の支配のあるべき姿に関する議論が後景に押しやられる危険がある．国家の安全保障が人間の安全保障に先行するかのような議論が国内外で頭をもたげつつある時代だからこそ，個人の権

利・自由・尊厳を最重要視するグローバルな法の支配に関する議論の深化が望まれる.

注

1) 法の支配の専門家であるカラザースは 2006 年の編著書で世界各国に法の支配を定着させるための方策を論じているが,そこでは国内における法の支配が論じられている [Carothers 2006].

2) ネオリベラリズムとは「強力な私的所有権,自由市場,自由貿易を特徴とする制度的枠組みの範囲内で個々人の企業活動の自由とその能力とが無制約に発揮されることによって人類の富と福利が最も増大する,と主張する政治経済的実践の理論」である [Harvey 2005:邦訳 10].

3) 例えば,アップルコンピュータの 2022 年の株式時価総額(2兆 6000 米ドル)はインドやフランスの GDP とほぼ同じである [Steger 2023:58].

4) ゴールドスタインらは,法化には「ハードな法化」と「ソフトな法化」の間にさまざまな形態がありうるとしており,後述するソフトロー化もこの概念に含めている[Abbott et al. 2000:402;Abbott and Snidal 2000].

5) ISDS 条項の詳細については,本書の第 9 章を参照されたい.

6) その例が,欧州評議会の諮問機関である「法による民主主義欧州委員会」(通称ヴェニス委員会)が実施した,旧ソ連・東欧諸国に対する憲法制定支援である [山田 2007].

7) こうした収斂は,リバタリアン的な憲法と国家中心主義的な憲法へ二極化するかたちで発生しているという分析もある [Law and Versteeg 2011].

8) 端的には,「法的効力を持たない準法律的文書(quasi-legal instruments that have no legal force)」である [Druzin 2017:361].

9) その一例が,イギリスの機関投資家が設立した NGO である Carbon Disclosure Project (CDP)による情報開示基準である.CDP は,企業に対して環境保護への取組みに関する情報開示を要請し,その情報を機関投資家に提供することで環境に配慮した投資を促進する役割を果たしている.2022 年現在,CDP を通じた情報開示を投資要件としている投資機関は約 680 機関,その運用資産総額は 130 兆米ドルを超えている(https://japan.cdp.net/,2024 年 5 月 9 日閲覧).

10) 投資対象企業の選定に際して,環境(Environment)および社会(Social)への影響や適切な企業統治(Governance)を考慮する投資行動を意味する.

11) 例えば,スウェーデン大手金融機関のスカンジナヴィスカ・エンスキルダ銀行(Skandinaviska Enskilda Banken, SEB)は 2021 年に自社ファンドの投資対象から軍需関連企業を排除する方針を採用していたが,翌年のウクライナ戦争勃発を受けてこの方針を撤回し,軍需産業への投資を認めることとした(日経 ESG「戦略的自律の上に成り立つ ESG:ウクライナ危機で見直される軍需産業」2022 年(https://project.nikkeibp.co.jp/ESG/atcl/column/00005/042400195/,2024 年 5 月 15 日閲覧).

12) アメリカの主要資産運用会社アライアンス・バーンスタイン社の最高投資責任者は「ウクライナのゼレンスキー大統領が西側からの兵器支援を求めており，防衛産業は ESG の基本的な人権目標である民主主義を守るために重要な役割を果たしている」と述べている［Feuerman and Nappo 2022］.

13) 例えばアメリカでは，2010 年の連邦最高裁判所判決によって，特定の候補者に属さない政治資金管理団体の政治献金の上限額の撤廃が合憲と判断されたことにより，巨大企業の政治への影響力のさらなる伸長が懸念されている.

◆参考文献◆

<邦文献>

浅野有紀［2014］「私法理論から法多元主義へ──法のグローバル化における公法私法の区分の再編成──」『社会科学研究』65(2).

吾郷眞一［2019］「ビジネスと人権──ソフトローの役割──」『法律時報』9 月号.

芦部信喜［1993］『憲法』岩波書店.

尾崎安央［2005］「日米欧会社法制度における企業統治──収斂と分化──」，今泉慎也・安倍誠編『東アジアの企業統治と企業法制改革』アジア経済研究所.

柏木昇［2006］「国際取引におけるソフトロー」(https://www.j.u-tokyo.ac.jp/coelaw/download/kashiwagi%20final.pdf, 2023 年 8 月 24 日閲覧).

神作裕之［2005］「企業の社会的責任──そのソフト・ロー化? EU の現状──」COE ソフトロー・ディスカッション・ペーパー・シリーズ.

齋藤民徒［2005］「『ソフト・ロー』論の系譜」『法律時報』77(8).

阪口正二郎編［2007］『岩波講座憲法 5──グローバル化と憲法──』岩波書店.

志賀裕朗［2013］「『法の支配』の構築はなぜ難しいか──その構築過程の政治性──」，木村宏恒・近藤久洋・金丸裕志編『開発政治学の展開』勁草書房.

杉田敦［2000］『権力』岩波書店.

世界銀行［2017］『世界開発報告 2017──ガバナンスと法──』世界銀行.

筒井清輝［2022］『人権と国家─理念の力と国際政治の現実』岩波書店.

徳永翔太［2015］「政治的なものの概念と政治の擁護──バーナード・クリックを起点としたイギリス政治経済学を手がかりに──」『地球社会統合科学研究』3.

西谷真規子・山田高敬編［2021］『新時代のグローバル・ガバナンス論──制度・過程・行為主体──』ミネルヴァ書房.

藤田友敬［2013］「ソフトローの基礎理論」『ソフトロー研究』(東京大学), 22.

最上敏樹［2007］『国際立憲主義の時代』岩波書店.

────［2013］「国際立憲主義の新たな地平──ヒエラルキー，ヘテラルキー，脱ヨーロッパ化──」『法律時報』85(11).

────［2014］「国際立憲主義批判と批判的国際立憲主義」『世界法年報』33.

山田邦夫［2007］「欧州評議会ヴェニス委員会の憲法改革支援活動──立憲主義のヨーロッパ規準──」『レファレンス』57(12).

＜欧文献＞

Abbott, K. W., Keohane, R. O., Moravcsik, A., Slaughter, A. M. and D. Snidal [2000] "The concept of legalization," *International Organization*, 54(3).

Abbott, K. W. and D. Snidal [2000] "Hard and soft law in international governance," *International Organization*, 54(3).

Ackerman, B. [1997] "The rise of world constitutionalism," *Virginia Law Review*, 83(4).

Beyani, C. [2008] "The politics of international law : Transformation of the guiding principles on internal displacement from soft law into hard law," *Proceedings of the American Society of International Law Annual Meeting*, 102.

Bishop, W. W. [1960] "The international rule of law," *Michigan Law Review*, 59.

Bogdandy, A. [2006] "Constitutionalism in international law : Comment on a proposal from Germany," *Harv. Int'l LJ*, 47(1).

Caney, S. [2001] "International distributive justice," *Political Studies*, 49(5).

Carothers, T. ed. [2006] *Promoting the rule of law abroad : in search of knowledge*, Carnegie Endowment for International Peace.

Carothers, T. [2011] *Aiding Democracy Abroad : The Learning Curve*, Carnegie Endowment for International Peace.

Chinkin, C. M. [1989] "The challenge of soft law : Development and change in international law," *International & Comparative Law Quarterly*, 38(4).

Commission on Global Governance [1995] *Our Global Neighbourhood*, Oxford University Press.

Diamond, L. [2002] "Elections without democracy : Thinking about hybrid regimes," *Journal of democracy*, 13(2).

Dingwerth, K. and P. Pattberg [2006] "Global governance as a perspective on world politics," *Global governance*, 12.

Druzin, B. H. [2017] "Why does Soft Law Have any Power Anyway?" *Asian Journal of International Law*, 7(2).

Dryzek, J. S. [2008] "Two paths to global democracy," *Ethical perspectives*, 15(4).

――――― [2011] "Global Democratization : Soup, Society, or System?" *Ethics & International Affairs*, 25(2).

Dupuy, P.-M., Francioni, F. and E.-U. Ernst-Ulrich Petersmann eds. [2009] *Human Rights in International Investment Law and Arbitration*, Oxford University Press.

Eurosif [2018] EUROPEAN SRI STUDY 2018. (https : // www.eurosif.org/wp-content/uploads/2021/10/European-SRI-2018-Study.pdf, 2024 年 5 月 18 日閲覧)

Feuerman, K. and A. Nappo [2022] "ESG Angles : The Case for Energy and Defense Stocks," (https : // www.alliancebernstein.com/corporate/en/insights/investment-insights / evolving-thoughts-on-esg-the-case-for-energy-and-defense-stocks.html, 2024 年 5 月 18 日閲覧)

Fidler, D. P. [1999] "The Rule of Law in the Era of Globalization," *Indiana Journal of Global Legal Studies*, 6.

Finnemore, M. and K. Sikkink [1998] "International norm dynamics and political change," *International Organization*, 52(4).

Franck, T. M. [2003] "What Happens Now-The United Nations after Iraq," *American Journal of International Law*, 97.

Gill, S. [1998] "New constitutionalism, democratisation and global political economy," *Global Change, Peace & Security*, 10(1).

——— [2002] "Constitutionalizing inequality and the clash of globalizations," *International Studies Review*, 4(2).

Goldstein, J., Kahler, M., Keohane, R. O. and A. M. Slaughter [2000] "Introduction : Legalization and world politics," *International Organization*, 54(3).

Government of Japan (GoJ) [2022] "National Security Strategy of Japan," (https : // www.cas.go.jp/jp/siryou/221216 anzenhoshou/nss-e.pdf, 2023 年 12 月 27 日閲覧).

——— [2023] "Development Cooperation Charter," (https : //www.mofa.go.jp/mofaj/gaiko/oda/files/100514705.pdf, 2023 年 12 月 27 日閲覧).

Harvey, D. [2005] *A Brief History of Neoliberalism*, Oxford University Press(渡辺治・森田成也・木下ちがやほか訳『新自由主義──その歴史的展開と現在──』作品社, 2007年).

International Centre for Settlement of Investment Disputes (ICSID) [2000] Metalclad Corporation v. United Mexican States (ICSID Case No. ARB(AF)/97/1) (https : // www.italaw.com/cases/671, 2024 年 5 月 9 日閲覧)

Law, D. S. and Versteeg, M. [2011] "The evolution and ideology of global constitutionalism," *California Law Review*, 99.

Levitsky, S. and D. Ziblatt [2018] *How democracies die*, Broadway Books.

Lührmann, A. and S. I. Lindberg [2019] "A third wave of autocratization is here : what is new about it?" *Democratization*, 26(7).

McGrew, A. [2004] "Politics as Distorted Global Politics," in A. Leftwich ed., *What is politics*, Polity.

Ottersen, O. P. et al. [2014] "The political origins of health inequity : prospects for change," *Lancet*, 383.

Peters, A. [2006] "Compensatory constitutionalism : the function and potential of fundamental international norms and structures," *Leiden journal of international law*, 19(3).

——— [2009] "The merits of global constitutionalism," *Indiana Journal of Global Legal Studies*, 16.

——— [2011] "Soft law as a new mode of governance," in U. Diedrichs et al. eds., *The Dynamics of Change in EU Governance*, Edward Elgar.

———— [2015] "Global Constitutionalism," in M. Gibbons ed., *The Encyclopedia of Political Thought*, first ed., John Wiley & Sons, Ltd.

Rodrik, D. [2011] *The Globalization Paradox : Democracy and The Future of The World Economy*, Oxford University Press（柴山桂太・大川良文訳『グローバリゼーション・パラドクス――世界経済の未来を決める三つの道――』白水社，2014 年）.

Scholte, J. A. [2014] "Reinventing global democracy," *European Journal of International Relations*, 20(1).

Secretary General of the United Nations [2004] "The rule of law and transitional justice in conflict and post-conflict societies," Report of the Secretary-General（S/2004/616. 23 August 2004）.

Shiga, H. [2023] "Kishida's Realism Diplomacy : Japan's Official Development Assistance Strategy," Center for Strategic and International Studies（CSIS），（https://www.csis.org/analysis/kishidas-realism-diplomacy-japans-official-development-assistance-strategy，2024 年 5 月 31 日閲覧）.

Steger, M. B. [2023] *Globalization-A Vert Short Introduction*, sixth ed., Oxford University Press.

Talbott, S. [1996] "Democracy and the National Interest," *Foreign Affairs*, 75(6).

Tamanaha, B. [2004] *On the Rule of Law : History, Politics, Theory*, Cambridge University Press.

———— [2022] *On Sociological Approach to Theories of Law*, Cambridge University Press.

United Nations General Assembly [2015] Sustainable Development Goals.

Wallerstein, I. M. [1995] *Historical Capitalism with Capitalist Civilization*, Verso（川北稔訳『史的システムとしての資本主義』岩波書店，2022 年）.

Weber, M. [1919] *Politik als Beruf*, Duncker & Humblot（脇圭平訳『職業としての政治』岩波書店，2020 年）.

Zakaria, F. [1997] "The rise of illiberal democracy," *Foreign Affairs*, 76(6).

第7章

汚職対策における制度化の限界と政治意志の規定性

小山田　英治

はじめに

　2015年に国連総会で採択された持続可能な開発目標（SDGs）では，目標第16「平和と公正をすべての人に」で，汚職・腐敗問題を取り上げている．そこでは「腐敗や贈収賄，窃盗，租税回避によって，途上国に年間1兆2600万米ドル（約200兆円）の損害が生じている」とし，ターゲット16.5で「あらゆる形態の汚職や贈賄を大幅に減少させる」ことが求められている．

　1990年代より世界規模に展開した途上国での汚職との闘いは，法整備，財政管理，政府の透明性と説明責任の向上といった制度的改善と，公務員の能力開発，市民社会・メディア並びに市民の意識向上といった，いわゆるグッド・ガバナンスに注力することが求められた．それが国際社会をはじめ，途上国との間で合意を得られた有効手段と認識され，今日の反汚職枠組みと取組みとなっている．

　SDGsが設定され10年を迎えようとしている．反汚職に対する国際社会からのメッセージは引き続き大きく，国際ドナーやNGOなどはより協力し合い，強固な取組みを可能としている．例えばジム・ヨン・キム世界銀行元総裁は，「途上国では汚職は公共の最大の敵」と訴え，反汚職政策のさらなる強化を図り，また米国国際開発庁（USAID）は，2021年に汚職との闘いは国家安全保障における最優先事項と再確認し新戦略を設ける等，積極的なものとなっている．国際連合は，2021年6月に国連創設以来初となる汚職・腐敗問題をテーマとした国連腐敗特別総会（UNGASS）を開催し，汚職・腐敗防止のための効果的な措置，それに対する犯罪化および法の支配の強化，国際協力，技術

支援と情報交換等，国際社会による取組み強化を目的とした政治宣言を採択した[1].

　他方，途上国政府の多くはかつてのような勢いで汚職問題に取組む様子は失せつつある．途上国による制度的な汚職対策はある程度達成してきているからである．むしろ近年では，先進国側が主体となり，目標第16の中で掲げているテロや国境を越えた経済犯罪，資金洗浄対策や企業の贈賄防止対策などを積極的に推進している側面も伺える．汚職・腐敗行為は非常に古い歴史を有しているが，世界規模の汚職との闘いはわずか30年程度である．その間，経済や法律，制度構築の側面から汚職問題を理解し具体的に削減させるべきという，いわゆるガバナンス論の中での汚職対策研究が主流となり，開発援助もガバナンス論のスキームに沿って推進されてきている．しかし肝心の汚職自体がどの程度削減されたのかについての議論は少なく，また何を以てそれを証明できるのか，その答えはまだ合意には至っていない．近年は反汚職取組みの成果と効率性についても疑問視されるようになってきた．例えば，Mungiu-Pippidi and Johnston［2017］は，1990年代半ばの調査開始期間から現在に至るまで汚職を含むガバナンスレベルはほとんど変化しておらず，成功国は限定的にすぎないとし，英国国際開発省［DFID 2015; Chêne 2015: 3］の報告書でも，過去の反汚職取組みはほとんどのケースでインパクトを示す証拠は少ないと評価している．さらにはTransparency International［2023］の世界規模の市民調査では，汚職は以前より増えたという認識の方が多くの国で広がっている結果になっている（2012年と2023年を比較した際）.

　そのなかで関係者の関心は徐々に「なぜ汚職が問題なのか」から「何が汚職削減に機能して有効なのか，なぜ機能しないのか」となり，近年では汚職研究や反汚職取組みへの考え方や戦略が変わりつつある．理由としては，第1に汚職問題を経済犯罪やテロ，資金洗浄などの一部として統合的に認識するようになり，先進国が主体的アクターとなってきたこと．第2に過去30年間における反汚職取組みの成果が限定的であり，構造的な見直し作業が必要な段階に来ているということ．第3に，「権威主義の台頭」，「政治の司法化」[2]が，反汚職取組みの有効性に新たな懸念を与えていること．最後に，以上の要因に鑑み，国内の政治介入要因が汚職取締の質に影響するため，それへの理解と対応が不可欠との考えが醸成されたことである．

　本章では，今日に至るまでのグローバル規模の反汚職取組みの現状を概観し

た後，SGDs 推進を阻害する反汚職取組みの要因が，政治とそれを取り巻く構造にあることに着目し，インドネシアとカンボジアを事例に汚職取締における制度化の限界と政治意志の規定性について考察する．そこでは汚職対策の一環として適切な制度が構築され，取締りへの政治的意志も強く，汚職削減に貢献しうる場合でも，国内の権力構造や政治力行使如何により異なった結果と影響を招くことを検証する．そして近年の国際情勢の変化に対応すべき国際社会の反汚職の新戦略について考察する．

1　グローバル規模の汚職との闘いにおける過去と現在

　過去 30 年における汚職との闘いは，主に国際コミュニティによるグッド・ガバナンス政策枠組みのなかで推進され，反汚職取組みはその中核を担う「看板」政策でもあった．汚職の削減は民主化を推進するという共通認識のもと，民主化推進活動とも密接に絡み合っていた．一方，先進諸国や国際援助機関はそれぞれの有する反汚職戦略に基づき途上国支援を行ってきている．例えば世界銀行は，「汚職は脆弱なガバナンスの兆候であり，経済開発を妨げる．そのため総合的アプローチ＝グッド・ガバナンス支援が不可欠」とし，国連開発計画（UNDP）は，「貧困緩和と人間中心の持続可能な開発推進のための汚職予防で，ステークホルダー間調整や政策対話を通じた国家，地域，世界レベルにおける反汚職パートナーシップの構築努力が必要」としている．欧州共同体（EU）は，汚職を開発問題としてではなく，犯罪問題として認識し，英国国際開発省（DFID）は，「経済犯罪やテロ，資金洗浄などの一部として国内外の汚職問題をゼロ・トレランス政策として統合的に認識する」としている．米国国際開発庁（USAID）は，「民主化支援の主たる推進ツールとしてガバナンスと反汚職を位置付け，反汚職対策は米国安全保障政策の一部に組み入れる」とさまざまである［小山田 2022：86-87］．また，1997 年と 2003 年に採択された OECD 外国公務員贈賄防止条約と国連腐敗防止条約（UNCAC）などの国際条約や協定の取決めは，グローバル規模の汚職との闘いに大きな変化と貢献をもたらしてきた．[3]

　汚職研究においては，90 年代以降の研究対象は一国研究から地域・世界規模に拡大され，経済学，社会学，法学，政治学，文化人類学等，さらにはそれらを複合的または相互関連させた学際研究が開発学と援助論と融合させる形で盛

んになった．ともに多くが汚職の原因と影響，予防・削減といった汚職対策方法論に集中してきたことが特徴である．特に反汚職政策においては，経済学の範疇における汚職研究（プリンシパル・エージェント理論）に大きく依拠することになり，分析作業は抽象的で理論的な考察から，より実践的な問題解決型研究へと大きく変化していった．汚職対策の具体的活動として，財政管理改革，監査機関や汚職対策機関の設置・強化，反汚職政策の策定，内部告発者保護制度の確立，調達規制の改善，地域社会による監視，透明性対策の強化などが含まれる．また，脆弱な分野を特定し，法執行能力を強化することも重要となる．その際，警察，司法，監督機関，議会，地方自治体といった主要な国家機関の能力を強化すると同時に，市民社会や外部による汚職の監視を支援・可能にするといったアプローチも重要となる [Jackson 2020: 4]．

　近年は汚職・腐敗問題を経済犯罪と融合させ大きな枠組みとして議論されるケースも多く見られる．SGDs目標第16の中の項目16.4では，テロや国境を越えた経済犯罪を「2030年までに，違法な資金および武器の取引を大幅に減少させ，奪われた財産の回復および返還を強化し，あらゆる形態の組織犯罪を根絶する」と明記している．これを通じて，先進諸国は汚職問題を途上国の人間といった向こう側の他者としてではなく，自己の問題としても認識するようになってきたのである．

　過去からの経験を通じて，反汚職取組みは次のようなことが明らかになっている．財政管理改革，説明責任メカニズム強化，情報へのアクセス，透明な予算編成，資産申告などの透明性向上ツールは汚職抑制にプラスに影響を与える可能性がある [Chêne 2015: 1]．反汚職に対するトップダウン式の監査の実施と，E-ガバメントの導入は汚職対策に有効で，適切な公務員賃金の確保と自由なメディア，能力主義導入，公務員の配置転換などはある程度プラスに作用する [USAID 2017]．司法による監督，独立した監査機関，情報へのアクセス，自由なメディアなどの，社会的説明責任メカニズムの有効性は，水平的説明責任（つまり政府の監査能力強化）と組み合わせることでより効果的になる [DFID 2015: 72]．反汚職改革の成果例として，Chêne [2015] などはインドネシアの汚職取締委員会，欧州・中央アジア諸国における捜査・訴追強化，ケニアの司法改革，ジョージアの警察や財政管理改革，ブラジルの調達改革，インドの情報公開法など取り上げている．これらは分野別なものであり，国全体としては，例えば Mungiu-Pippidi and Johnston [2017], Mungiu-Pippidi [2018] は，チリ，エ

ストニア，コスタリカ，韓国，台湾，ボツワナ，ルワンダ，ジョージア，カタール，ウルグアイなどを汚職削減の成功国として取り上げ，それぞれ分析を試みている．

2000年頃になると，世界規模の汚職との闘い努力が認知され，各国で異常ともいえる数の反汚職活動が途上国全域で活発化した．結果，「反汚職産業」[Michael and Bowser 2008；Sampson 2010] と言われるまでの数億ドル規模のビジネスが展開された．汚職対策ワークショップ，公務員研修，市民社会教育，法律草案作成などを中心に，汚職との闘いという名目で国内外の大勢の専門家やコンサルタント企業が入り込みビジネス化するようになり，そのほとんどが援助を通じた事業となっている．しかし，そこでは汚職の種類や規模，その国の有する汚職・腐敗に対する文化や市民の許容性，政府内汚職の構造などが軽視された形の One-fit-all（汎用的）方式の反汚職取組みが常態化した．

その様ななか，そしてその結果として反汚職改革のアプローチが効果的でないことや，取組み自体に矛盾があり，十分な成果が見られず，援助側と途上国側双方より不満が浮上してきた．例えば，Johnson et al. [2012]，Chêne [2015: 2-3] は，汚職防止法の有効性を評価した研究がほとんどないとし，また汚職対策機関，オンブズマン室，UNCAC の参加が汚職削減へのインパクトになった例は見つからないと説明している．Mungiu-Pippidi and Dadasov [2017]，Mungiu-Pippidi [2018] は，以下のような数多く矛盾を言及している．「汚職防止機関，政党助成金規制法，内部告発者保護法を採用している国は，していない国よりも汚職防止は進んでいない」，「最も汚職にまみれた国が最も多く汚職関係の法律を有している（調査35対象国）」，「予算開示に関しては，汚職が多いとされる国ほど規制は多く，汚職が抑制されている国での規制は全くない」，「報道の自由のレベルは過去15年間後退しているが，予算開示は報道の自由が確保されねば役に立たない」，「選挙資金規正法は司法の独立度数が高い場合のみ機能するため，機能しない場合，汚職は増える」，「最も汚職にまみれている政治システムが最も広範な政党資金規正法を有している[4]」．このほか，「汚職対策の一環としての公務員資産申告制度の強みは検証にあるが，申告者の対象範囲を拡大しすぎると，書類保管の問題や業務量として限界が生じる．当局が申請をチェックできないことが判明すれば，そのプロセスはすぐに定型化され，実用的な効果はほとんど期待できず，虚偽の申告が単に見逃されてしまうだけ」という指摘もある [Mason 2020 b: 10]．

援助機関に対する評価も厳しく，例えば Alesina and Wedder [2002] は，腐敗した政府はより海外援助を受けており，援助の増加は直接汚職・腐敗の増加につながるとし，Mason [2021: 1] や Johnston and Johnsøn [2014] などは「援助機関による反汚職への貢献は限定的である」，「援助による反汚職対策の導入は被援助国社会にストレスをもたらし，むしろ害を与えている」と反汚職支援に苦言を呈している．過去の援助機関による反汚職取組み活動をレビューしたノルウェー開発協力局 [NORAD 2008: 9; 11; Chêne 2015: 3-4] の報告では，「法の支配に基づくアプローチは，汚職を訴追するための制度的取り決めに依存するものであるが，現地の事情に合わず，多くの場合非現実的な期待や，相手国のオーナーシップや正統性が欠如する中で，援助機関により支援されるため，結果はまちまちである」，「ドナー支援による公共財政管理改革が財務管理とシステム改善に効果的であったという証拠はあるものの，汚職削減に効果的であったという証拠はいまのところほとんどない」としている．

反汚職改革の失敗要因は，政府内のモニタリングや調整不備，リーダーの質，法や規則の執行問題，市民社会が排除された改革，野心的過ぎる改革などに集約されてきた．しかし近年ではこの中で議論されてこなかった，もしくは認識していても取り上げられなかった，非公式な政治や権力構造を伴った「政治介入」の重要性について議論されるようになった．これについては次節以降で述べる．

2　政治的側面から見た途上国の汚職問題と取組み

途上国開発において汚職問題は深刻，かつ「きわめて政治的な現象」[Mason 2020 a] であるため，反汚職取組みは非公式な政治や権力構造などを理解した上で行動すべきといった認識が，2010 年代以降一層浮上してきた．国家が有効に機能するためには，政治・経済・社会のシステム全体を考慮した制度化が最重要というコンセンサスは 90 年代以降されてきているが，途上国政府の制度は未熟で法の支配も徹底されておらず，さらにはレントシーキング（利権獲得工作）やクライエンテリズム（庇護―従属関係）のような政治の非公式な慣習が有効な開発や経済政策の実行を長年阻んできた．しかし，国際社会，とりわけ援助関係者は，ガバナンス（と汚職対策）を強調する一方で，開発現場では政治的干渉を避け，非政治的な技術的対応が続いてきた．例えば世界銀行などの国

際開発銀行は，被援助国に対する反汚職支援は原則的に活動が制限されてき
た[5]．これは多くの二国間援助機関でも同じスタンスで，内政不干渉原則を前提
に反汚職支援は行われ，それに伴い国際規範の実質的な履行や国家間調整はさ
まざまな困難に直面してきた．国連腐敗防止条約（UNCAC）は普遍条約である
が，内政不干渉原則を重視し，任意規定や留保付き規定を多く含むため，締約
国の裁量が大きく，このように腐敗防止規範と不干渉規範とが競合する状況
は，主権国家システムにおける国家間協力の難しさを浮き彫りにしている［西
谷2020］．一方，UNDP は被援助国政府からの信望が厚いため，そこに対する
縛りは比較的緩く，早くから政治的関与を通じた反汚職取組みは有利であると
考えていた［Marquette 2001：8；Johnsøn 2016：150］．EU の場合は反対に被援助
国への政治的対話と圧力を不可欠とし，反汚職対策はコンディショナリティと
いう形で課している．理由は，「援助が効果をもたらすには，コンディショナ
リティを課すことが相手国の政治的意志を醸し出す方法となる」からとしてい
る［小山田2022：90］．

　近年は，過去の汚職削減への貢献が限定的であった事実と，被援助国によっ
ては援助による制度構築を政治利用し，民主化どころか逆に権威主義体制を強
固にさせる事例が次々と明るみにでてきた．例えば，権威主義体制の指導者
が，憲法上の権限を逸脱することなく，憲法裁判所や最高裁判所，警察や検
察，監査や税務当局などの監視・管理機関，汚職対策機関や人権委員会などの
権限や活動を，自らの政権維持と強化のために統制，政治化し，政敵の弾圧や
ライバルの活動を監視させることなどに見られる．ガバナンス支援を通じた汚
職対策機関の強化と権限の付与（例えば起訴権限）は，一方で検察の過小評価と
司法制度の弱体化にもつながり，それが政治の司法介入につながる．反汚職取
組みを実施する際に生じる国内外政治への理解を無視できなくなっており，国
際社会による制度構築といった技術的対応のみからの再考を余儀なくされてい
る．

　開発のより政治性に着目した議論は Carothers が "Development Aid Con-
fronts Politics" で展開した．政治はセクターではなくアプローチであり，開
発の全セクターに適用すべきものであり，また援助機関が「政治に介入」する
のではなく，開発の各レベルが政治的に決着されているゆえに，その政治実態
を理解したうえで援助する必要があるとしている［Carothers and Gramont 2013；
木村2018：53］．世界銀行［2017：77；邦訳70］による『世界開発報告2017：ガバ

ナンスと法』では，過去20年の法制度とガバナンスの方法論を再考し，それを機能させるのは政治にあることを力説した．そこでは，汚職は根絶されるべき社会的な「弊害」ないし「病気」ではなく，ガバナンスの相互作用の中に組み込まれている特徴を認識し，開発の成功＝制度を有効に機能させるためには，非公式な政治や権力構造などを理解することが不可欠であることを新たに訴えるようになった．

Mungiu-Pippidi and Johnston [2017] や Zúñiga [2018] は，汚職削減に成功した10カ国を調査し，成功要因は必ずしも汚職防止対策ではなく，政治的主体性や国家の近代化といった構造的な側面が，汚職防止の取組みが成功するか否かを決定する上で重要な役割を果たしていることを明らかにしている．Chêne [2015: 1] は，成功例からの教訓は，汚職対策に特効薬はなく，法律や制度の枠組みだけでなく，地域の政治経済と結びついた文脈的要因が，汚職対策介入策の成功のカギを握っているとしている．Amundsen and Jackson [2021] や Duri and Bak [2022] は，汚職と政治体制の関係性について説明し，反汚職取組みがもたらす民主化へのリスクと，それを軽減させるアプローチについて分析し，また政治体制により汚職犯罪の種類と規模，汚職を抑制する政府の権限と能力，反汚職への政治意志の程度，反汚職改革を擁護する政府外のアクターの自律性と能力など異なるため，それぞれの政治性を理解すべきとしている．外山・小山田 [2022] は，東南アジア諸国の反汚職取組みがどのように政治利用される可能性があるか，汚職対策機関を番犬型，攻撃型，張り子の虎型に分類し，国別に現状を分析している．

3　インドネシアとカンボジアの汚職対策機関を通じた政治性

政治体制や政治の性質は，その国の汚職・腐敗構造と反汚職取組みへの介入に影響をおよぼす．政治と反汚職との関係性を理解する1つの方法論として，異なったタイプの政治形態における汚職・腐敗構造と，反汚職取組みの利用と濫用を分析することである [Amundsen and Jackson 2021: 1]．前述のとおり，途上国の汚職対策機関の効率性は一概に低い．その主たる理由として，汚職対策機関は政治的に利用されやすいからである．ここでは国内の権力闘争や政治的介入が汚職対策機関に与える影響と，それにより運用形態がどう政治化されるのか，インドネシアとカンボジアの汚職対策機関を通じて考察する．

(1) インドネシア

1998年のスハルト長期独裁政権崩壊と，それに続く民主化推進に伴い，メガワティ政権（当時）は長年この国に蔓延してきた「汚職・癒着・縁故主義（KKN）」の根絶を最大の国家的政治課題とした．その一環として，国際援助機関などの技術支援を通じて，2003年に汚職撲滅委員会（KPK）が独立専門機関として設置された．KPKは予防，教育，摘発，捜査，公訴といった幅広い機能と行使権限が付与された．立法・行政・司法の機関が関与する汚職疑惑については，本来検察や警察が行う捜査・起訴を独自で実行する権限を有するなど，政治的にも独立した国内最強の捜査機関であった．今日に至るまで数多くの大型汚職事件を摘発し，1500名以上の現職の閣僚や政党のトップ，国会議員，地方議員，地方首長や各省庁の政府高官他を与野党問わず，逮捕してきた．また汚職事件の解決を通じて損失した資金を回収し，国庫に返納するなど，国家に多大な貢献を行ってきた．汚職と闘うNGOやメディアとの関係も良好で，反汚職教育もKPKを通じて小中高校全土で行われた．結果，常に市民からの高い支持と期待を集めてきた．KPKは1名の委員長と4名の副委員長から構成され，政府関係者以外にも学者，弁護士，市民社会代表なども委員の一員となっており，説明責任を有する公正な運営と決定を可能としていた．途上国の汚職対策機関の有効性が疑問視されるなかで，KPKの活動と実績は，アジアのノーベル賞といわれるマグサイサイ賞を受賞するほどの評価を受け，世界的にも理想的な汚職対策機関としてモデルともなってきた．

その KPK に対し，対抗勢力が政府内，特に政治家と本来汚職との闘いをともに行うべき警察や検察から発生した．KPK に警察官や検事が出向しているにもかかわらず，次々と警察官や検事が汚職事件で逮捕されてしまうことに対する強い脅威と警戒感，そして市民の期待が KPK に集中していることに対する嫉妬と反感であった．また汚職が暴露されるのに危機感を抱いた政治家らも，KPK の権限を縮小し，独立性を剥奪しようと何度となく法改正を試みてきた．しかし，そのたび KPK を支持する市民の抗議運動や，NGO とメディアによる反対活動，最終的に大統領による決定などに阻止されてきた．

その様ななか国会は KPK の人事刷新，権限縮小，監視機関の設置などを含む KPK 法改正案をわずか4日の審議だけで2019年9月に可決成立させた．これにより KPK は独立機関から行政機関と，独立捜査機関としての地位を失い，事実上の地位格下げ，かつ政治的独立性のない弱体化された組織と変貌し

た．同時に改正法では，KPK 職員は国家公務員であることが明記され，また
KPK 捜査官は，「KPK が任命および罷免する」とのみ規定されていた条項
に，「捜査官は警察，検察，ほかの政府機関，内部の出身者も可能」という条
項が加えられた．任務についても，汚職事件捜査や公訴といった任務から，汚
職犯罪の予防措置，さらには主要任務として行政行為の監視や監督に重点を移
すべき改正がされた．以前は KPK が捜査や公訴を途中で中断することはでき
なかったが，改正法では 2 年以上経過した汚職事件については，その規制が外
された．これらの改正はいずれも KPK の権限を抑制することが明らかに意図
されている．さらには活動結果を年に一度大統領，国民議会，会計検査院に報
告する義務が新たに規定され，KPK の行動への監視を強める条文が付加され
た．法改正では，KPK の捜査を監視するため，大統領直轄の監督者評議会も
新設され，KPK の有していた汚職被疑者に対する通信傍受，公訴，家宅捜査
に関する権限などは，同評議会からの許可取得が必要となった．加えて監督者
評議会は，KPK の捜査の正当性や，捜査における KPK 幹部の倫理違反など
についても審査する権限が付与された．法改正直後，KPK で大型汚職事件な
どの捜査を担当していた捜査官ら 57 人は非合理的理由で退職に追い込まれ，
またその後の 2020 年 1 月から 6 月までの半年間の捜査実績は過去最低レベル
になってしまった［川村 2022 a；2022 b：186-87；大塚 2023］．

　これら一連の改正は，汚職事件の捜査・摘発力の弱体化，捜査過程の政治的
配慮の働きかけ，未解決事件の増加などさまざまな懸念を与えたのも当然であ
る．そして何よりも国民の KPK に対する期待を損ねることとなった．全国の
学生らは法改正を「民主化に逆行する」ものだとして強く反発し，各地で大規
模なデモが行われた．しかし，これまでのように KPK を擁護しようという世
論の盛りあがりにはつながらなかった．その背景の 1 つには，2016 年頃から
顕在化してきたイスラーム保守派と世俗派の間での社会的分断の深化があると
考えられる［川村 2022 b：189-90］．2000 年代以降に徐々に進んだイスラームの
保守化の影響が政治にもおよび，多民族多宗教の世俗国家において多数派イス
ラームと政治の関係をどうするかという困難な問題が浮上するようになった．
このように国民が社会的に分断された状況においては，「汚職撲滅」という民
主的価値を守ることよりも，自らが支持する政治家を擁護することが優先され
た．なぜなら法改正を認め汚職撲滅に消極的なジョコ・ウィドド（通称ジョコ
ウィ）大統領を批判することは，世俗派のジョコウィ大統領を批判するイス

ラーム保守派を政治的に利することにつながるからである［川村 2022 b: 189-
90］.

　KPK の法改正は，次々と大型汚職事件を摘発，解決することにより優秀な
組織として国内外で高評価を受け，さらには市民や国際社会の支持と信頼を全
面的に獲得していたにも関わらず，専門機関としての任務遂行に徹しすぎ，政
府内の政治駆け引きを半ば軽視したがゆえに，既得権益を持つグループの怒り
を買い，政治力により組織が脆弱化されてしまった事例である．この一連の政
治的行動と結末は，政党を超えた汚職にまみれた国会議員，さらにはお株を奪
われた警察と検察の利害が一致したものであり，「KPK・市民」vs.「警察・検
察・政治家」との対抗関係でもあったと言える．そこでは国際社会の推すグッ
ド・ガバナンス構築（＝制度改革，反汚職政策）や，汚職取締における実績の積み
重ねだけでは不十分であったことを物語っている．

(2)　カンボジア

　国際コミュニティや市民社会などいずれの報告書などを見ても，カンボジア
では，汚職・腐敗の構造が社会のすべてに浸透しており，エリートはパトロ
ン・クライアント（庇護・被庇護関係）のネットワークが，政府調達，土地その
他の利権へのアクセスを独占してきたという評価である．企業や産業界の大物
は，契約や許認可，顧問の地位と引き換えに，政府与党であるカンボジア人民
党に多額の献金をする．他方，人民党は警察官や司法官を政治任用し，法執行
の濫用や，見せかけの裁判，汚職エリートの免罪行為は頻繁に行われ，一方で
与党を支持するために政敵を起訴するなど，政治の司法化が大きな懸念となっ
ている［Rahman 2016: 1; Schoeberlein 2020: 13; 20; 30］.

　国際社会の圧力により，フン・セン政権は，1999 年に汚職の予防と教育を目
的とする反汚職室（ACU）を大臣会議官房の管轄下に設置した．2004 年には国
家開発戦略文書で，汚職との闘いを国家の最優先事項の 1 つとして掲げ，2006
年には反汚職室を改編し，汚職捜査や通信傍受，資産凍結要請など強大な汚職
取締権限を付与するとともに，代表にフン・セン首相の側近を据えた．さらに
2008 年総選挙で人民党が過去最多の議席獲得後，2010 年に反汚職法を制定
し，同年，反汚職室の上部機構となる国家反汚職評議会も設置した．いずれも
名目上は政府の独立機関となっているが，実態は組織内に人民党幹部が過半数
入り込む政治色の強い組織となっている[6]．

反汚職室は，汚職罪の捜査権限を独占し，資産（金融）情報の取得，関連文書提出命令，通信傍受，関連資産の凍結などの強力な権限を有する．しかし政治的中立性を欠き，政敵の汚職を取締る攻撃型取締機関の様相を露わにしている．例えば，フン・セン首相は 2011 年，政敵であるチア・シム人民党党首の側近 4 人を反汚職室に相次いで逮捕させ，同派の弱体化を図った．また 2013 年総選挙における救国党の躍進に危機感を抱き，同首相は 2017 年コミューン評議会選挙に向けた反対勢力の封じ込めの手段の 1 つとして反汚職室を活用した．他方，反汚職室は体制の中堅・下級公務員汚職の取締りを通じて業績を示すことでフン・セン政権の姿勢を国内外に誇示するとともに，党内のライバル派閥や反対勢力の封じ込めに利用し，人民党体制の維持とフン・セン首相の権力強化の役割を巧みに担っている．反汚職室は「小さな汚職」は取り締まる一方で，人民党・政府や国軍・国家警察の指導者らの関与が疑われる「大きな汚職」については，その存在自体を認めていない［山田 2022：263-64；270］．

　カンボジアの法的枠組みは比較的強固で包括的であるものの，その執行は多くが見せかけであり，既存の法律が公正に適用されず，幅広い刑事免責に対処できない．汚職防止のための法制度基盤は有するものの，不明瞭かつ透明性に欠けていることがわかる．例えば，資産と債務申告に関する文書は，受領後 10 年間，反汚職室が保管し，必要に応じて捜査に利用される．しかし資産は一般向けには非公開であり，また銀行の貯金残高は申告対象外となっている．反汚職室の活動は国家反汚職評議会への報告義務はあるが，その報告書は非公開のため，汚職取締件数や対象を含む全体像を把握することは極めて困難である［山田 2022：267-68；Sophal 2016：166；Schoeberlein 2020：14；23-24；27］．また，汚職と闘うための国家評議会（NCAC）戦略も第 1 フェーズ（2011-15 年），第 2 フェーズ（2015-20 年），第 3 フェーズ（2020-25 年）と策定され，それぞれの行動計画（教育，予防，法の執行，国際協力，組織的な能力・清廉性・モニタリングと評価強化等）もしっかり組み入れられている．このような制度構築と実際と異なる構図は多くの権威主義国家で顕著に見られる．

　効果的な汚職取締を阻害する要因の 1 つとして，政府内全般に見られる制度の矛盾と濫用である．例えば，憲法第 128 条では「司法権は，独立した権力である」と規定しているが，司法府は実際のところ人民党の支配下に置かれている．最高裁判所長官と憲法評議会議長は党中央委員会常任委員を務める古参幹部であることに加え，各級裁判所内と憲法評議会内にもほかの国家機関と同じ

く党組織があり，裁判官や検察官は党員である．結果，裁判所は反対勢力を封じ込める一方で，体制エリートによる犯罪の多くを処罰せず，有力者の経済的利益を保護する役割を担っている．警察も人民党と不可分に結びついている．国家警察長官はフン・セン首相の義理の甥で，党中央委員会常任委員を，同副長官のうち2人は首相の義理の息子で党中央委員を兼任している．警察は違法なビジネスの経営者を保護することでしばしばリベートを受け取っているだけでなく，警察組織の一部は政治的暗殺やそのほかの超法規的処刑，拷問といった重大な人権侵害を繰り返している［山田 2022：269-70；US Department of State 2021；Human Rights Watch 2018］．

　汚職対策機関の導入は欧米諸国や国際機関のイニシアチブであったものの，その契機は1990年代の初頭の「民主化」ではなく，2000年代後半の人民党による一党支配体制の確立であった［山田 2022：275］．Baker and Milne［2019］は，汚職取締が民主化よりも市場経済のさらなる発展を目指す自由主義的な性質を持っており，フン・セン政権にとって都合のよい選別的な対応が行われていると指摘し，David［2013：835-39］はカンボジアの反汚職努力は捜査や訴追より教育と予防に徹するべきであるとしている．人民党は国際社会主導による1990年代初頭の民主的政治制度の導入時と同様，政治的文脈の変化に自らを適応させ，汚職対策機関を巧みに活用して体制の強化と維持を図っているのである［山田 2022：276］．

(3) 制度構築の限界と政治的帰結

　汚職対策機関の設置や反汚職法の制定は，汚職と闘う際の前提条件となるが，国際社会の求めるグッド・ガバナンス支援としての役割はここで終わる．しかし，2カ国の事例でも明らかなとおり，この制度を推進しようとする際にさまざまな政治力学が生じ，政治が反汚職政策と汚職対策機関の活動自体に大きな影響を与える．新制度と機関の下，機関の専門性と権限を最大限生かし，政治勢力からの独立性・中立性を保ち汚職取締に専念するか，または政治と一体化して制度と機関が政治利用されるかにより，汚職対策の成果と，政権や機関の持続性には差が出てくる．政治的アジェンダのためにいかに国家機関が組織的に利用されるかである．

　汚職・腐敗が蔓延している国では，一般に政治が腐敗した人間により運営されるため，自らのレントやクライエンテリズム構造を崩すことはしない．しか

し彼らにとって反汚職努力として反汚職政策の策定，汚職防止法の施行や国際条約の締結などといった行為は，対外的（特に国際ドナー）には説明責任を果たし好都合である．そして，そこでの執行手段として新たな専門機関が設置される．そこからどのように汚職対策機関が政治目的化されるのかにより後の活動が大きく左右される．民主化推進の一環として汚職対策機関を利用できる場合は，その機関の有する制度は法の支配と民主主義の質を高め，効果は大きい．一方，汚職対策機関を通じた制度が政権や既得権益グループに取り込まれ，それを管理するエリート層が法や政府内システムの上に立つ場合，制度を濫用して政敵の排除や，自らの政権基盤の維持や強化に利用されることになる．そこでは民主化推進は限定的となる．汚職対策機関がどのような政治的文脈の中で運用されているか理解することで汚職対策機関の有効性や国家の形についてもある程想定可能であることが2つの事例より導かれよう．

　汚職取締は，政治家や高級官僚など権力の中枢およびその周辺の人物が捜査の対象になる大規模汚職ほど，権力闘争の手段となってしまう．そのため，そういった汚職を捜査の対象としている汚職対策機関ほど，政治対立に巻き込まれやすい．そうした汚職対策機関の権限や独立性が維持されるかどうかは，権力主体がどれだけ汚職対策にコミットしているかに依存する［川村2022b：343］．法律上，KPKは国家に10億ルピア以上の損害を与えた大型事件のみに対し事前捜査，捜査，公訴権限を有する．さらに警察や検察が担当している事件についても捜査等が順調でない場合，代わりにKPK自らが捜査，公訴する権限も有していた．それゆえ，今まで組織的に隠蔽されてきた政治腐敗が明らかにされ，そこでパトロン・クライアント関係が表面化することになる．過去多くの大型汚職事件は，KPKにより芋づる式に政治家や政府高官の癒着構造が明らかになる形で摘発された．しかし，それは同時に政権を取り巻く既得権益グループを敵に回す危険をはらむこととなる．KPKは頻繁に政治対立に巻き込まれ，その際の擁護者は，市民，市民社会組織と支持を失うことを恐れる大統領であった．しかし国が社会的分断の危機に直面し，そちらの対応に尽力する必要があった大統領は，汚職取締に対するコミットメントが弱まり，その途端にKPKの権限と独立性は奪われてしまったのである．他方，権力主体が汚職対策を自らの権力維持と反対勢力排除の手段と見るカンボジアでは，汚職対策は進まず，反汚職室は権力主体により恣意的に運用されることになる．結果として，KPK改正法はKPKを制度的に弱体化させ，国会議員や大統領の

クライエンテリズムを通じた腐敗構造を助長し，新たな制度が汚職取締を阻む要因を創出することになった．一方反汚職室は，フン・センのクライエンテリズム強化のための政治組織・構造が汚職を取締らず，助長させていることとなる．まさに Chayes [2017] の言う，政治腐敗は，弱さや無秩序の結果ではなく，権力者を豊かにするために設計されたシステムがうまく機能している証拠にすぎないのであろう．

　このような状況下，市民や市民社会による政府との関係も当然大きく異なる．筆者は過去両国において汚職と闘う市民社会代表に対しインタビューを行った．インドネシアで汚職と闘う市民社会組織 (Indonesia Corruption Watch, Transparency International Indonesia, MTI) は，「KPK の活動を大いに評価し，また市民とともに信頼する．それにより彼らからも信頼され，共同作業を可能とし，汚職事件解決に向け情報を相互に共有している」と声を合わせて述べている．もっともこれらは法改正前である．また筆者が 2014 年に当時の KPK 副委員長（バンバン・ウィジョヤント）にインタビューした際に，最も懸念することは「市民と市民社会からの支持がなくなること，そして組織権限の持続性」と述べていた．他方，カンボジアの Transparency International Cambodia 代表は，「常にわれわれの行動が政府より監視され，通信傍受もされている．ときには恫喝され，危険を感じながらの活動となっている．とても政府と協力して行動はできない」と，大きな差が出ている．[8]

　2 カ国はともに，グッド・ガバナンスと民主化推進の期待の下，反汚職法を制定し，ともに汚職事件捜査権と公訴権を含む強大な権限を付与された汚職対策機関となった．違いは，設立後にどう機能したかである．インドネシアでは，KPK の設置目的はスハルト政権崩壊に伴う汚職撲滅と民主化を目的として設置された一方で，カンボジアは，設立当初よりフン・セン体制維持と強化の一環として位置付けた．その結果，① 設立の契機，② 任務，③ 汚職対策機関の独立性，④ 汚職事件の主たる摘発対象，⑤ 人事，⑥ 民主化への貢献度など，同じ組織基盤の中で機能と運用面において差があることがわかる．KPK は捜査・訴追が主たる活動であったが，2019 年の改正法後には教育・予防重視機関への移行が求められ，一方カンボジアの反汚職室は教育・予防機関から捜査・訴追活動（要するに汚職罪の捜査権限を独占）が後年加わり，逆の動きとなった．その反汚職政策と戦略の決定はまさに政治力と政治構造内での運用次第なのである．反汚職に取組む場合，誰が誰に対する権限を持ち，誰が特権を

利用し，どのような形で私的利益の追求があるかという，制度がどのように政治的に濫用されているか知る必要がある．

4 開発援助機関による権威主義支援への対応策

2017 年以降，1940 年以来はじめて権威主義国家の数が民主主義国の数を上回り，民主化，そして汚職問題に対し新たな脅威と課題が投げかけられている．権威主義国家に対する先進諸国の二国間 ODA 対象国は，2010 年の 68 カ国から 2019 年の 75 カ国と増加し，人口規模においては全体の 79 ％（2010 年時点では 56 ％）を占めるまでとなっている．ODA 支援額の割合も，2010 年の 64 ％から 2019 年には 79 ％ に増え，そのなかにおけるガバナンス分野は 65 ％ から 73 ％ に増えている［OECD 2022］．国際社会による権威主義国家への反汚職支援は今後も継続されることが想定されるなかで，従来の制度構築や市民社会育成といった方法論のみでは期待できず，新たな対策が求められている．

欧米諸国では権威主義の台頭に対抗するための新たな反汚職政策が見受けられる．例えば，2021 年の米国の腐敗対策戦略［US White House 2021：4］では，「汚職・腐敗は米国の国家の安全保障，経済の平等，グローバル規模の貧困との闘いと開発努力，そして民主主義に対する脅威となる」とし，汚職との闘いを外交政策目標の重要な 1 つに位置付けた．そして権威主義体制に移行した国を想定したガバナンス・民主化支援戦略方針として，各種報告書やガイドラインを国際開発庁（USAID）を通じて次々と発表しており，ほとんどが汚職対策とも関連するものとなっている．"Democracy and Governance Programming Authoritarian Settings : Issues and Evidence"［USAID 2010］では，権威主義国を想定とした民主化推進を合理的かつ失敗を最低限にするための援助戦略と対処方針を打ち出している．"Dekleptification Guide（脱クレプトクラシー化［kleptocracy＝略奪政治］)"［USAID 2022］では，略奪国家政権から汚職や腐敗をなくし，民主主義へ移行させるための変革者や援助実務家向けガイドラインを発行した．"Political Party Assistance Policy（政党支援）"［USAID 2021］では，権威主義体制下において民主化を試みる政党への支援戦略などをまとめている．これらの報告書の中で反汚職支援は，政権の反汚職問題への動機を確認し，汚職を減らす意図が政府にあると思われる場合のみ援助は行うべきと，反汚職支援が政治利用されない戦略を設けている．また，2015 年の報告書では，政府が

ステート・キャプチャー（国家の略奪）体制であったり，オリガルキー（寡頭制）の場合，さらには見込みのない汚職対策機関への支援はむしろ行わない方がよい場合もあるとも言及している［USAID 2015: 59-61］.

イギリスでは，汚職が国家に与える３つの脅威（国家の安全保障，国家の繁栄，市民の政府に対する信頼）に立ち向かうため新たな戦略が策定されるようになった［OECD 2020: 46］. 主に欧州諸国政府や援助機関からの資金援助を基に，途上国の汚職対策を専門に調査をしている U4 反汚職リソースセンターで調査委託された Amundsen and Jackson［2021: 15-21］は，昨今の脱民主化（de-democratization）国家の増加に伴い，それを阻止するための行動についてまとめている[9]. そこでは支援の際に，「一部の野党や市民社会団体活動家は権力者であるエリートと同じように腐敗し，権力を獲得するために汚職・腐敗を利用することを忘れてはいけない」と警鐘も鳴らすとともに，脱民主化国家が実際にどの程度民主化から逸脱しているか確認するチェック項目を設けている. これらはまさに各国の政治体制や非公式な政治と権力構造に対応するための新たな対処方針である. 援助機関が反汚職取組み支援をする場合には，それが政治的側面（権力構造，インセンティブ，既得権益を持つ利害関係者のプラスとマイナスの影響）にどう影響をおよぼすか理解し，完璧な改革を期待せず，国内外政治を上手に利用することが肝要であるといった新たな方策が求められている.

これは開発援助アジェンダの政治化とも関係し，志賀［2017: 117］は「開発援助の効果を発現するうえで，開発援助機関は被援助国の国内政治事情を知悉し，開発援助がもたらしうる政治的影響を予測したうえで，時には政治的に実現可能な「次善の成果」で妥協するという柔軟性を持たなければならないという主張が力を増し，実務に定着していくだろう」と述べている. Andrews et al.［2017］は，制度構築が機能しない多くの事業の場合，その実施過程において関係する人間の行動変容が求められ，それとさまざまな要因が複雑に絡み合い，予測困難な事業展開となる可能性が生じているとし，それに対応すべき管理運営における PDIA（Problem-Driven Iterative Adaptation：問題対応型の反復適用）手法を開発した. そこでは，「途上国側が主体的に解決策を考え，その適用と改善の反復により，健全で持続性ある制度改革の実現」への有用性を提唱している. 今後このような新たな援助方法論は反汚職分野でも検討され，強化されるのではなかろうか.

おわりに

　本章では，SDGs 目標第 16 のなかの項目 16.5 に掲げられた，「あらゆる形態の汚職や贈賄を大幅に減少させる」を実現するにあたり，途上国の汚職取組みの現状と問題点について考察した．そこでは，汚職・腐敗は決して減少しておらず，既存の反汚職取組み方法にも多くの課題を有することを明らかにした．そして途上国のグッド・ガバナンス推進による制度構築は，政治目的如何で民主化ではなく，むしろ権威体制を強固にさせ，政治の介入が汚職対策機関の健全な業務遂行を妨げ，制度構築のみを通じた汚職解決には限界があることを示した．インドネシアでは政治力により機能的な組織が形骸化させられ，カンボジアでは政治により汚職対策機関の活動が統制され，ともに既得権益を有するグループの力業で政治権力が制度を凌駕した形となっている．インドネシアでは KPK 改正法により，汚職行為者やパトロン・クライアント関係を有する既得権益グループが，取締や処罰を逃れやすい制度のもと KPK による業務遂行が余技なくされた．これは形と程度は異なるが，インドネシアの民主主義が後退し，カンボジアと同じ方向性，すなわち権威主義体制へ傾倒していることを示唆する．民主主義の側面から見れば，汚職は民主的価値を弱体化させ，脆弱な制度が汚職を抑制困難にさせる構造を生み出し，国家の汚職・腐敗の対応策が不十分になる．世界的な民主主義の後退が，民主主義が定着したとされるインドネシアでも表れ，その一端が KPK に見られたのである．

　2022 年 12 月 9 日の「国際反汚職の日」において，アヒム・シュタイナーUNDP 総裁は，「131 カ国において，過去 10 年における汚職との闘いに対する大きな進展は見られない」と明らかにした [UNDP 2022]．また 2023 年 4 月に行われた国連総会 [United Nations 2023] では，SDGs の進展状況について報告しているが，総会報告書の中では汚職という言葉は明記されておらず，また16.5 の進捗状況として「2006-23 年に 156 カ国で実施された調査によれば，グローバル規模において約 7 の商取引のうち 1 つ（15%）は公務員より賄賂を要求されている」と記載されている程度であり成果の具体性については触れていない．

　汚職との闘いを SDGs 第 16 目標で取り上げた国際社会は，現実と限界に直面している．一方，E-ガバメントの導入，汚職を制度ではなく一個人の行動倫

理と社会規範に着目，民主主義の後退に対応すべく新たな反汚職戦略の構築，国内政治構造や権力を一層理解した対応など，従来の取組みに加え先進諸国を中心とした国際社会は反汚職戦略を発展させ，その努力は続いている．

　国際社会は，以前は汚職との闘いがタブーであった挑戦を90年代に乗り越え行動に移した．その後，汚職の根絶からより現実的に汚職を抑制する手段に目標を移行した．しかし2030年までに項目16.5の達成度とその評価を求めるにはあまりにも時間が足りない．仮に評価を出したとしても，そこで終わるべきではなく，次の行動として何がどのように変わるべきなのか絶え間ない議論が必要である．今後の反汚職取組みは2つの側面から考える必要があろう．1つ目は反汚職活動をより一層政治的側面より考え解決策を見出すことである．これは制度構築を中断して政治的アプローチに注力するのではなく，この2つの活動を同時並行的に進める必然性がある．とは言え，すでに187カ国が締結しているUNCAC加盟国における反汚職制度改革は大方着手されており，制度的にこれ以上期待するものは限られている．したがって，既存の制度がどのような形で政治により歪められる潜在性を有するのか，もしくはどのように政治力を使い改善できるのかといった国別分析である．もう1つは，反汚職取組み自体が政府や政治の安定性にどう形成されるか検証する作業であろう．

　汚職との闘いには，政府の汚職対策に対する市民の信頼醸成，企業や市民社会などによる反汚職行動への参画，国際社会の協力と監視が不可欠条件となる．同時に，彼らが政府の政策や活動を長期的にモニターし，短期で政府を評価するのではなく，変化を見届けるための十分な時間も必要である．インドネシアを例に取り上げた場合，KPKが成し遂げてきた実績と，市民からの信頼獲得などを通じて世界的に模範とされてきた反汚職制度を，政治的に復活させるべき試みが必要であろう．それには真に汚職削減を求める政治リーダーの発掘，市民社会組織・メディアの反汚職に対する関心の維持と集団行動への喚起，その実効性を国際社会が監視し，問題対応に柔軟に支援できる体制づくりが求められよう．SDGsを通じた反汚職取組みは，途上国にとって一手段であり，通過点に過ぎないのである．

注

1) UNGASSの政治宣言に関しては以下URLを参照（https://www.unodc.org/documents/treaties/UNCAC/COSP/special-session/V2103918_E.pdf，2023年11月30日閲覧）．

2）政治の司法化＝Judicialization of politics という現象は，中核的な道徳的難問，公共政策問題および政治論争の解決を，裁判所や司法手段に頼ろうとする傾向の高まりを指す［Hirchl 2006: 721］.

3）詳細は小山田［2019］を参照.

4）参考文献の他，次の YouTube でも確認できる. "Alina Mungiu-Pippidi speaks on Corruption and Good Governance," Central Europe University（https://www.youtube.com/watch?v=VMmPLNzXEnk&t=76s, 2023 年 8 月 4 日閲覧），ERCAS Webinar Series -1- Diagnosing corruption by objective indicators（https://www.youtube.com/watch?v=J6VkTiFxk_w, 2023 年 8 月 4 日閲覧）.

5）国際開発復興銀行＝世銀の条款 IV のセクション 10（政治活動の禁止）で，「銀行並びにその職員は，加盟国の政治活動に関与すべきではなく，また彼らの決定においても影響も与えるべきではない」と明記している［World Bank 2012］.

6）詳細は山田［2022］および Rahman［2016］を参照.

7）例えば次を参照. "Anti-Corruption Progress in Cambodia"（https://www.asean-pac.org/wp-content/uploads/2021/11/12.-Cambodia-Presentation.pdf, 2023 年 11 月 20 日閲覧）.

8）ともに 2014～17 年にかけてジャカルタとプノンペンで数回にわたり行ったインタビューに基づく.

9）脱民主化体制（de-democratising regime）は「かつては民主的，あるいは明確に民主化していたが，現在は後退している国. またまだ完全な権威主義国家ではないものの，実質的に権威主義国家に向かっている国」としている.

10）事実，V-Dem 研究所［2023: 20–21］によれば，インドネシアの民主化レベルは 2012 年と比較した場合，大幅に後退していると報告している. 蛇足であるが，2023 年 8 月，カンボジアはフン・セン首相の長男であるフン・マネットが新首相として就任した. 本章を執筆中の 2023 年 12 月には，次期インドネシア大統領選にジョコウィ大統領の長男であるギブラン・ラカブミン・ラカ氏が副大統領候補として擁立された. ちなみにジョコウィ大統領の親族は憲法裁判所の裁判長を有しており，大統領が「政治王朝を築く試みである」という指摘もある.

◆参考文献◆

＜邦文献＞

大塚智彦［2023］「"インドネシア『最強の捜査機関』骨抜きで汚職跋扈」JP Press（https://jbpress.ismedia.jp/articles/print/61104, 2023 年 11 月 1 日閲覧）.

小山田英治［2019］『開発と汚職』明石書店.

川村晃一［2022 a］「IDE スクエア：世界を見る目，2021 年インドネシア十大ニュース」アジア経済研究所（https://www.ide.go.jp/Japanese/IDEsquare/Eyes/2022/ISQ202220_002.html, 2023 年 8 月 16 日閲覧）.

―――――［2022 b］「インドネシア共和国――汚職撲滅をめぐる政治権力との闘争――」，

外山文子・小山田英治編『東南アジアにおける汚職取締の政治学』晃洋書房.

木村宏恒監修, 稲田十一・小山田英治・金丸祐志・杉浦功一編［2018］『開発政治学を学ぶための61冊』明石書店.

志賀裕朗［2017］「開発援助と途上国の国内政治――来たるべき政治の時代における開発援助の方向性――」『東洋文化』（東京大学), 97.

世界銀行［2017］『世界開発報告2017』一灯舎.

外山文子・小山田英治編［2022］『東南アジアにおける汚職取締の政治学』晃洋書房.

西谷真規子［2020］「腐敗防止グローバル・ガバナンスの特徴」国際法学会（https://jsil.jp/archives/expert/2020-13, 2023年8月13日閲覧).

山田祐史［2022］「カンボジア王国――人民党支配下のおける汚職取締と体制維持――」, 外山文子・小山田英治編『東南アジアにおける汚職取締の政治学』晃洋書房.

＜欧文献＞

Alesina, A. and B. Weder［2002］"Do Corrupt Governments Receive Less Foreign Aid?" *American Economic review*, 92(4).

Amundsen, I. and D. Jackson［2021］"Rethinking anti-corruption in de-democratising regimes," U42021 : 5, Bergen : U4 Anti-Corruption Resource Centre, Chr. Michelsen Institute （https : // www. u4 . no / publications / rethinking-anti-corruption-in-de-democratising-regimes.pdf, 2023年8月18日閲覧).

Andrews, M., A., Pritchett, L. and M. Woolcock［2017］*Building State Capability : Evidence, Analysis, Action*, Oxford University Press.

Baker, J.M and S. Milne［2019］"Cambodia's anti-corruption regime 2008–2018 : A critical political economy approach," Bergen : U4 Anti-Corruption Resource Centre, Chr. Michelsen Institute（https : //www.u4.no/publications/cambodias-anti-corruption-regime-2008-2018-a-critical-political-economy-approach.pdf, 2023年8月18日閲覧).

Carothers, T. and D. D. Gramont［2013］*Development Aid Confronts Politics : The Almost Revolution*, Carnegie Endowment for International Peace.

Chayes, S.［2017］"Kleptocracy in America : Corruption Is Reshaping Governments Everywhere : Review Essay," *Foreign Affairs*, 63(5), 142–150.

Chêne, M.［2015］"Anti-Corruption Helpdesk : Successful Anti-corruption Reforms," Transparency International （https : // knowledgehub. transparency. org / assets / uploads/helpdesk/Successful_anti_corruption_reforms.pdf, 2023年2月7日閲覧).

David, A. G.［2013］"One size doesn't fit all : tailoring Cambodia's anticorruption strategy," *George Washington International Law Review*, 45(4)（https : //149801758.v 2. pressablecdn.com/wp-content/uploads/_pda/5-David-Note.pdf, 2023年8月15日閲覧).

DFID［2015］"Why Corruption Matters : Understanding Causes, Effects and How To Address Them," DFID（https : // assets. publishing. service. gov. uk / government /

uploads/system/uploads/attachment_data/file/406346/corruption-evidence-paper-why-corruption-matters.pdf, 2023 年 8 月 19 日閲覧).

Duri, J. and M. Bak [2022] "Contribution of anti-corruption measures to democracy promotion," U4 Helpdesk Answer, U4 Anti-corruption Resource center/Transparency International (https://knowledgehub.transparency.org/helpdesk/contribution-of-anti-corruption-measures-to-democracy-promotion#:~:text=Evidence%20indicates%20that%20anti-corruption%20reforms%20can%20make%20a,enhance%20integrity%2C%20transparency%2C%20participation%2C%20accountability%2C%20independence%20and%20justice, 2023 年 8 月 18 日閲覧).

Hirschl, R. [2006] "The New Constitutionalism and the Judicialization of Pure Politics worldwide," *Fordham Law Review*, 75(2).

Human Rights Watch [2018] *Cambodia's Dirty Dozen : A Long History of Rights Abuses by Hun Sen's Generals* (https://www.hrw.org/sites/default/files/report_pdf/cambodia0618_web.pdf, 2023 年 7 月 13 日閲覧).

Jackson, D. [2020] "How change happens in anti-corruption : A map of policy perspectives," U4 Issue 2020 : 14, Anti-corruption Resource Centre. Chr. Michelsen Institute (https://www.u4.no/publications/how-anti-corruption-change-happens.pdf, 2023 年 7 月 13 日閲覧).

Johnsøn, J., Taxell, N. and D. Zaum [2012] "Mapping Evidence Gaps in Anti-Corruption : Assessing the State of the Operationally Relevant Evidence on Donors' Actions and Approaches to Reducing Corruption," U4 Issue 2012 : 7, Anti-corruption Resource Centre. Chr. Michelsen Institute (https://www.u4.no/publications/mapping-evidence-gaps-in-anti-corruption-assessing-the-state-of-the-operationally-relevant-evidence-on-donors-actions-and-approaches-to-reducing-corruption, 2023 年 7 月 13 日閲覧).

Johnsøn, J. [2016] *Anticorruption Strategies in Fragile States : Theory and Practice in Aid Agencies*, Camberley : Elgar Publishing.

Johnston, M. and J. Johnsøn [2014] "Doing the wrong things for the right reasons? 'Do no harm' as a principle of reform," U4 Brief 2014 : 13, Anti-corruption Resource Centre, Chr Michelsen Institute (https://www.u4.no/publications/doing-the-wrong-things-for-the-right-reasons-do-no-harm-as-a-principle-of-reform.pdf, 2023 年 7 月 13 日閲覧).

Marquette, H. [2001] "Bilateral donors and anti-corruption work : The myth of 'comparative advantage'," in *Seminar series*, Leeds : Leeds University Centre for African Studies.

Mason, P. [2020 a] "Twenty years with anti-corruption. Part 1," U4 Practitioner Experience Note 2020, U4 Anti-corruption Resource Centre, Chr. Michelsen Institute.

——— [2020 b] "Twenty years with anti-corruption. Part 4," U4 Practitioner Experience Note 2020, U4 Anti-corruption Resource Centre, Chr. Michelsen Institute.

――――― [2021] "Reassessing donor performance I anticorruption : Pathways to move effective practice," U4 Issue 2021, U4 Anti-corruption Resource Centre, Chr. Michelsen Institute（https : //www.u4.no/publications/reassessing-donor-performance-in-anti-corruption.pdf, 2023 年 8 月 15 日閲覧）.

Michael, B. and D. Bowser [2008] "The Evolution of the Anti-Corruption Industry in the Third Wave of Anti-Corruption Work," Nomos Verlagsgesellschaft mbH & Co. KG （https : //www.researchgate.net/publication/352531540_The_Evolution_of_the_Anti-Corruption_Industry_in_the_Third_Wave_of_Anti-Corruption_Work, 2023 年 8 月 15 日閲覧）.

Mungiu-Pippidi, A. [2015] *The Quest for Good Governance : How Societies Develop Control of Corruption*, Cambridge University Press.

――――― [2018] "Seven Steps to Control of Corruption : The Road Map," *American Academy of Arts & Sciences*, 147(3)（https : //www.againstcorruption.eu/wp-content/uploads/2020/03/Seven-stept-to-control-corruption.pdf, 2023 年 8 月 18 日閲覧）.

Mungiu-Pippidi, A. et al. [2011] *Contextual Choices in Fighting Corruption : Lessons Learned*, NORAD（http : //www.againstcorruption.eu/reports/contextual-choicesin-fighting-corruption-lessons-learned/, 2023 年 8 月 15 日閲覧）.

Mungiu-Pippidi A. and R. Dadašov [2017] "When do anticorruption laws matter? The evidence on public integrity enabling contexts," *Crime Law Soc Change*, 68.

Mungiu-Pippidi A. and M. Johnston [2017] *Transitions to Good Governance*, Edward Elgar Publishing Limited.

NORAD [2008] *Anti-corruption Approach : A literature review*, NORAD Oslo（https : //www.norad.no/en/toolspublications/publications/2009/anti-corruption-approaches-a-literature-review/, 2023 年 8 月 18 日閲覧）.

OECD [2020] OECD Public Integrity Handbook, OECD Paris.

――――― [2022] "Official Development Assistance by Regime Context (2010-19)," *OECD Development Policy Papers*,44（https : //www.oecd-ilibrary.org/docserver/57 ab 4100 -en.pdf?expires=1681712974&id=id&accname=guest&checksum=AE2B4F5EFA150D 2E86B85E3885EE41E9, 2023 年 4 月 17 日閲覧）.

Rahman, K. [2016] "Cambodia : Overview of corruption and anti-corruption," U4 Expert Answer, U4 Anti-Corruption Resource Centre, Chr. Michelsen Institute（https : //www.u4.no/publications/cambodia-overview-of-corruption-and-anti-corruption.pdf （2023 年 8 月 15 日閲覧）.

――――― [2022] "Select Anticorruption Success Stories," U4 Helpdesk Answers 2022 : 6, U4 Anti-Corruption Resource Centre, Chr. Michelsen Institute（https : //www.u4.no/publications/select-anti-corruption-success-stories.pdf, 2023 年 8 月 15 日閲覧）.

Sampson, S. [2010] "The anti-corruption industry : from movement to institution," *Global Crime*, 11(2).

Schoeberlein, J. [2020] "Corruption in ASEAN : Regional trends from the 2020 Global Corruption Barometer and country spotlights" Transparency International（https ://knowledgehub.transparency.org/assets/uploads/kproducts/Corruption-in-ASEAN-2020_GCB-launch.pdf，2023 年 4 月 2 日閲覧）.

Sophal, E. [2016] "Combating corruption in Cambodia," *Asian Education and Development Studies*, 5 Issue 2.

Transparency International [2023] Corruption Perception Index（https ://www.transparency.org/en/cpi/2023，2024 年 7 月 15 日閲覧）.

UNDP [2022] "Statement by the UNDP Administrator : International Anti-Corruption Day 2022，9 December,"（https ://www.undp.org/speeches/statement-undp-administrator-international-anti-corruption-day-2022-9-december，2023 年 9 月 28 日閲覧）.

United Nations [2023] Progress towards the Sustainable Development Goals : Towards a rescure plan for people and planet. Report of the Secretary-General（A/78/80-E/2023/64）. New York.

USAID [2010] "Democracy and Governance Programming Authoritarian Settings : Issues and Evidence,"（https ://www.msiworldwide.com/sites/default/files/additional-resources/2018-12/Democracy%20 and%20 Governance%20 in%20 Authoritarian%20 Settings.pdf，2023 年 2 月 7 日閲覧）.

——— [2015] *Practitioner's Guide for Anticorruption Programming*, prepared by B. Spector, S. Winbourne and P. Dininio, USAID.

——— [2017] "Combatting Corruption Among Civil Servants : Interdisciplinary Perspectives on What Works," USAID/Institute of International Education（https ://2017-2020.usaid.gov/sites/default/files/documents/2496/Combatting_Corruption_Among_Civil_Servants_-_Interdisciplinary_Perspectives_on_What_Works.pdf，2023 年 4 月 5 日閲覧）.

——— [2021] "USAID Political Party Assistance,"（https ://www.usaid.gov/sites/default/files/2022-05/PPAP-Update_2021-Formatted-for-Public-Release.pdf，2023 年 2 月 7 日閲覧）.

——— [2022] "Dekleptification Guide,"（https ://www.usaid.gov/sites/default/files/2023-02/USAID-Dekleptification-Guide.pdf，2023 年 2 月 7 日閲覧）.

US Department of State [2021] "2021 Country Reports on Human Rights Practices : Cambodia,"（https ://www.state.gov/reports/2021-country-reports-on-human-rights-practices/cambodia，2023 年 10 月 12 日閲覧）.

US White House [2021] "Fact Sheet : U.S. Strategy on Countering Corruption," December 06, 2021（https ://www.whitehouse.gov/briefing-room/statements-releases/2021/12/06/fact-sheet-u-s-strategy-on-countering-corruption/，2023 年 7 月 15 日閲覧）.

V-Dem Institute [2023] "Democracy Report 2023,"（https ://www.v-dem.net/documents

/30/V-dem_democracyreport 2023_highres.pdf, 2023 年 10 月 15 日閲覧).

World Bank [2012] "IBRD Articles of Agreement : Article IV," (https : / / www.world-bank.org/en/about/articles-of-agreement/ibrd-articles-of-agreement/article-IV, 2023 年 8 月 15 日閲覧).

————— [2017] *World Development Report 2017 : Governance and The Law*, World Bank.

Zúñiga, N. [2018] "Why are anti-corruption success stories still the exception?" Transparency International（https : / / voices. transparency. org / why-are-anti-corruption-success-stories-still-the-exception-9a30e5f4cf39, 2023 年 10 月 15 日閲覧).

第 *8* 章

「民主的開発国家」は可能か
──アンゴラとルワンダの比較研究──

稲田 十一

はじめに
──主要な論点──

内戦の終了後，複数政党による選挙制度が導入されたものの，着実な経済発展と並行して，与党の権威主義的な体質が続いている国が少なくない．本章の第一の論点は，「アフリカの多くの国々は，貧困，紛争，権威主義体制に直面している．この3つの要因は相互にどう関連しているのだろうか」という点である．

この論点は，SDGs の第16目標「平和と公正をすべての人に」と密接に関連するテーマでもある．SDGs 第16目標では「持続的な開発のための平和で包摂的な社会を促進する」とされ，あくまでも開発が主眼になっているが，経済開発と安定・平和と民主的社会の3つの価値のうちどれを優先度の高い目標とするかについてはさまざまな議論がありうる．本論では，必ずしも「開発」を中核的価値とする前提には立たず，より具体的客観的にその相互関係を分析しようとするものである．

また，第二の論点として，これらに影響を与える要因として，外的な介入がどの程度のインパクトを有するのか，というテーマにも焦点をあてる．

本章では，アフリカの代表的な紛争後国であるアンゴラとルワンダについて考察する．この2カ国はともに内戦の歴史を持つが，紛争要因および紛争後のプロセスは異なっており，特に民主主義制度の導入や欧米諸国との関係においてかなり大きな違いがある．アンゴラは，内戦が終結した2002年以降，中国の巨大な経済的プレゼンスの中で，ガバナンス上の問題を抱えながらも与党ア

ンゴラ解放人民運動（Movimento Popular de Libertação de Angola: MPLA）の強力な権力の下で，比較的良好な経済パフォーマンスを示してきた．一方，ルワンダはジェノサイドのあった1994年以降，カガメ政権（2000年から大統領）が今日まで政権を維持し，欧米を中心とする国際社会の支援を受けながら国家再建の課題に取り組んでいる．

また，ルワンダでは伝統的な国際ドナー（英・EU・米・世界銀行等）による国際援助協調が進んでいる一方，アンゴラでは中国が最大の経済支援国である．問題は，国際ドナーが被援助国の開発・民主化のプロセスにどのような影響を与えてきたのかである．民主主義を定着させることは容易ではなく，また，それぞれの国には社会に根ざした政治文化や伝統があり，両国を取り巻く国際情勢も異なっている．

このように，本章では，アンゴラ，ルワンダの2カ国の事例を取り上げるが，より具体的には，以下のような疑問が生じる．

経済発展と「ガバナンス」との間にはどのような因果関係があるのか．両国は，政治的安定を確保しながら開発を進めてきた．これまでの国際的な議論では「ガバナンス」には2種類あると指摘され，すなわち「民主的ガバナンス」と「開発ガバナンス」である．UNDPやOECD/DAC，米国が重視する前者と，世界銀行が重視する後者では，その着眼点が異なる．アンゴラとルワンダの「ガバナンス」状況は類似するのか異なるか．

また，両国の民主化移行に影響を与える主な要因は何か．被援助国の民主主義の進展・後退に対して，国際ドナーはどのような影響力を持ち，どのような役割を担っているのだろうか．アンゴラの復興過程では，中国の強い影響が見られたが，中国の巨大な経済的プレゼンスがアンゴラの権威主義的政権の持続力に影響を与えたと言えるのか．ルワンダの国家建設過程では，欧米の主要ドナーによる強力な援助協調の枠組みが存在したが，国際ドナーコミュニティが植え付けた民主主義制度の持続力を確認することはできるのか．

あるいは，両国の違いは外的要因（中国，欧米との関係の違い）によるものというよりは，資源依存の度合いや歴史的，政治・社会的な独自要因の方が大きいのか，両国で固有の政治力学を見出すことができるのだろうか．ルワンダの紛争には民族的要因（フツ族とツチ族）が大きく作用し，ジェノサイド後の国づくりにおいても少数派ツチ族による安定した統治体制が模索されてきた．アンゴラの紛争は，民族紛争というよりもMPLAとアンゴラ全面独立民族運動

（União Nacional para Independência Total de Angola : UNITA）との間の権力闘争の様相を呈してきた．また，近年の経済不況の中で改革が進められているがその要因は何であろうか．

最後に，両国の経験を比較して，どのような教訓を得ることができるのか．本章では，アンゴラとルワンダという典型的な紛争後の2つの国の事例を比較対照することで，これらの点を検証することを主な主題とする．

1　いくつかの重要な概念と議論

はじめに，本章で取り上げる基本的な概念や主張，仮説を整理しておきたい．

ガバナンスには2つの異なる概念がある．1つは，有能かつ適切な政治的リーダーシップと効率的な経済運営を行う政府行政の能力を中核とする政府の「開発ガバナンス」であり，もう1つは，国家として安定的に発展するための前提条件ともいえる民主主義体制，法の支配，個人の政治的自由の保護等を含む「民主的ガバナンス」である．両者は矛盾も相互排除もせず，「透明性」「説明責任」「腐敗のないこと」は両者に共通する要素であるが，両者の概念を対比させることで，その2種類の概念がどのように使われているかを明らかにしておこう．

(1)　「開発ガバナンス」

この30年間，国際開発援助業界で「開発ガバナンス」が経済発展に重要であるという議論を主導してきたのは，世界銀行（国際復興開発銀行，国際開発協会）であった．1989年に発表されたサハラ以南のアフリカの開発に関する報告書では，「開発にはガバナンスが重要である」と述べ，ガバナンスの要素とは何かということを整理した［世界銀行 1989］．

そこでは，ガバナンスとは，透明性，説明責任，法的枠組み，公共部門の効率性，情報公開などの要素を含む開発行政にかかわる狭義の概念として用いられていた［World Bank 1992］．1998年に世界銀行が発表した「Assessing Aid」と題する報告書では，援助を受ける国の「開発ガバナンス」（報告書の言葉では「良い政策と制度」）の程度と援助の開発効果との間には因果関係があるとして，ガバナンスの悪い国への援助を減らし，良いガバナンスの国への援助を強化す

るという「選択的援助（selectivity）」の方針が示されている［世界銀行 2000］.

また，世界銀行は，民主主義と経済成長との間の因果関係は証明されていないものの，透明性，説明責任，法の支配などのガバナンス要素は，市場経済が機能し，良好な投資環境のために重要な要素であるとしている［Williamson 1992］.

(2) 「民主的ガバナンス」

一方，UNDP や OECD/DAC（経済協力開発機構/開発援助委員会）は，「民主的ガバナンス」をグッドガバナンスの重要な構成要素として考えている．具体的には，DAC はグッドガバナンスの概念をめぐって，民主的な政治システム，法の支配，市民社会の意思決定への参加，人権の支援，汚職の防止，過剰な軍事費の削減などを含む，世界銀行よりも広い概念を用いて議論した［DAC/OECD 1995］．ガバナンスをより広く定義する，あるいは参加型民主主義を高く評価する議論もある［Leftwich 2008］.

また，内戦後の国家建設の議論では，パリスらの用語である「liberal peace-building（自由主義的平和構築）」［Paris and Sisk 2009］の概念を応用して，民主主義体制そのものの強化が国際社会の全体目標であるとの主張もみられる．

しかし，学術的な議論では，「民主的ガバナンス」が経済発展にどのような影響を与えるかについて，まだ信頼できる結論を得るには至っていない．バローは，民主主義の程度と経済的自由度・所得水準との間に相関があることを統計的手法で示したが，両者の因果関係を証明することはできないと指摘した［Barro 1999］．さらに，経済発展・成長と政治的自由化がどのように影響しあっているかを分析する研究も多く，各国の事例を詳細に比較した研究もある［Haggard 1994］.

(3) 「開発国家」論

異なるタイプのガバナンスとの関連でまず再検討する必要があるのは，「開発国家」とその開発モデルとしての有効性に関する議論である．「開発国家」や「開発主義」という概念は，アジアの NIEs（新工業経済圏）や ASEAN（東南アジア諸国連合）諸国，中国の高い経済成長を説明する重要な要因としてしばしば用いられてきた．この用語を最初に広めたジョンソンは「開発国家」を「経済発展に注力しその目的達成のために必要な政策手段を動員する国家」という

意味で使っている一方 [Johnson 1982]，末廣昭は「工業化による経済成長で国家の強化を実現するために，国家や民族の利益よりも開発を優先して，物的・人的資源を集中的に動員・管理する方法」と定義した [東京大学社会科学研究所 1998]．

「開発国家」仮説を東アジアに適応させた研究はいくつかあり，例えばジョンソン，アムスデン，ヴォーゲル，ウェイドの業績は，日本，韓国，台湾，シンガポールなどを分析の対象としていた [Johnson 1982；Amsden 1989；Vogel 1991；Wade 1990]．東アジア経済の高い経済パフォーマンスは，有能な官僚と「開発志向のイデオロギー」を持つ強い国家によるものだとする議論もある [大西 2004]．

Woo-Cummings, Leftwich といった研究者は，「強い国家」による開発モデルは東アジアに限ったものではなく，世界中に存在する開発モデルであるとも指摘している [Woo-Cummings 1999；Leftwich 2008]．経済成長の観点から「開発国家」を有効なモデルとして評価する研究者もいるが，開発国家は「民主的な行政」のもとに構築されるべきであると指摘する研究者もいる [Robinson and White 1998]．彼らはこのモデルを「民主的開発国家」と呼んでいる．

(4) 「中国式発展モデル」と「北京コンセンサス」

世界銀行は，「ワシントン・コンセンサス」と呼ばれる自由化，規制緩和，民営化の政策に基づく自由主義的な経済運営によって経済成長を実現すべきであると主張してきた．それに対して，中国の台頭とともに「中国式発展モデル」という言葉が出てきたが，それが何であるかについては，いくつかの使い分けがある．「改革・開放政策（FDI 受け入れ，輸出志向の工業化）」や「投資，貿易，融資・援助の三位一体の経済協力」を取り上げる人もいる．中国の開発経験は，政府の強力な経済介入のもとで外国からの融資や投資を受け入れることが経済的成功の源であることを強調し，貿易と投資による経済関係の拡大を通じて工業化を促進しようとするアプローチを「中国式発展モデル」と呼ぶ議論もある．

欧米の専門家の中には，中国の開発モデルや外国からの援助・融資，外国企業による貿易・投資の拡大がもたらす影響を肯定的に捉える人もいる [Brautigam 2009；Moyo 2009]．また，政府の介入と指導の下での工業化の有効性を強調する「新構造主義経済学（New Structural Economics）」を論じる者もいる [Lin

2016].

政治学や国際関係の分野では，国家の経済発展と権威主義的な性格を持つ「強い政府」との相関に着目しつつ，権威主義的な政府の中での国家主導の開発体制といった開発モデルの是非を議論することが多い．このような観点から，中国の経済的台頭とその発展モデルが国際関係の文脈で途上国に与える影響に関して警鐘をならした代表的な文献として，ハルパーの「北京コンセンサス」がある [Halper 2010]．ハルパーは，中国モデルを「権威主義的市場経済モデル」と見ており，この中国式の開発を進める国家モデル（北京コンセンサス）が，「市場経済・民主体制という西洋モデル」（ワシントン・コンセンサス）に取って代わりつつあるとして，「中国モデル」が 21 世紀の国際秩序に影響を与え続けていることを強調し警告した．

実際，例えばフリーダムハウスはその報告書の中で，世界の自由（政治的権利と市民的自由）が 2014 年以降特に悪化していると指摘しているが，この「民主主義の後退」の原因については諸説あるものの，民主化の後退が見られる国の多く（アンゴラ，エチオピア，カンボジアといった国がその例としてよく取り上げられる）は，近年，中国との経済関係が拡大している国である．したがって，中国のプレゼンスが高まっている国の発展や政治に対する中国の影響をどう見るかも大きな論点となる．

一方，中国の最近の台頭が国際的なルールの範囲内にあることを考慮し，必要以上に警戒する必要はないとする対照的な見解もある [Ikenberry 2008]．

2 アンゴラ，ルワンダの政治的発展の概要

表 8-1 で整理したように，アンゴラもルワンダも紛争（内戦）を経験した国であり，内戦終結後は順調に経済成長を遂げているものの，権威主義体制が指摘されている．

アンゴラは 1974 年に独立したが，MPLA や UNITA など複数の政治勢力が独立後の国の権力追求のために争い，2002 年まで長く続く内戦を経験した．1975 年から 2002 年まで 27 年間続いた長い内戦を経て，アンゴラは中国の圧倒的な経済的関与と石油資源への依存により急速な経済復興を遂げてきた．内戦で勝利した与党 MPLA 中心の政治は続いているが，近年は変化の兆しが見られる．

一方，ルワンダは，1994年の大虐殺後に政権を握ったRPF（ルワンダ愛国戦線）の指導者であるカガメの強いリーダーシップのもと，着実な経済発展を遂げてきたが，依然として欧米中心の経済援助に依存している状況である．

　この2つの国を比較することで，本章の「はじめに」で述べた論点に関する

表8-1　1991〜2022年の主な政治・経済イベントの年表（アンゴラとルワンダ）

年	ルワンダ	アンゴラ
1991		和平協定（ビセッセ合意） 国連アンゴラ検証団（UNAVEM II）が5月に設立
1992		選挙が実施されMPLAが議席の過半数を占める
1993	8月にルワンダの各政党が調印したアルーシャ和平合意の履行を支援するため国連ルワンダ支援団（UNAMIR）を設立（1996年終了）	
1994	ハビャリマナ大統領登場の飛行機が墜落，フツ族急進派が権力を掌握しツチ族への組織的な虐殺を実行．ツチ族主体のルワンダ愛国戦線(RPF)が7月に権力を掌握し新政府を組織	ルサカ合意を結ぶがUNITAは選挙結果を拒否し内戦が再開
1995		UNAVEM IIIが2月に設立
1996	RPF政権はコンゴ民主共和国東部に住むルワンダ難民キャンプを攻撃（これは1998-2003年のコンゴ民主共和国の第二次内戦の一因となる）	国連アンゴラ監視団（MONUA）設立（1999年終了）
1999	国民和解委員会の設置	MONUAの撤退
2000	カガメが大統領に就任 ルワンダ・ビジョン2020の策定	
2002		UNITA指導者サビンビが戦死-停戦協定が結ばれる（ルエナ覚書） 中間PRSPの策定
2003	新憲法が成立，カガメが大統領に選出される	
2004		長期的な開発政策として「ビジョン2025」を策定
2005	JICAルワンダ事務所開設	在アンゴラ日本大使館設立
2007	東アフリカ共同体（EAC）への参加	「ビジョン2025」（第2版）を発行

2008	第1次経済開発・貧困削減戦略（EDPRS 1）(2008-2012).	第2回国会議員選挙が実施され MPLA が圧勝（第1回議員選挙は 1992 年に実施）
2009	教育言語をフランス語から英語に変更，英連邦に加盟	5カ年計画（2009 年～2013 年）の策定
2010	カガメ大統領が再選 在ルワンダ日本大使館の設立	新憲法制定，大統領・議会制導入（国会議員の間接投票により大統領を選出） 改訂版 PRSP の公開 JICA アンゴラ現地事務所設立
2012	日本政府が（第1次）対ルワンダ援助方針の策定	1992 年以来 20 年ぶりの大統領選挙 第3回国会選挙が実施され MPLA が 72% の議席を獲得，ドス・サントスが大統領に再選
2013	第2次・経済開発・貧困削減戦略（EDPRS 2）(2013-2018).	
2014		PDN（国家開発計画 2013～2017）を策定
2015	ビジョン 2050 の策定 憲法改正で3回目の大統領就任が可能になる	
2017	カガメ大統領が三選（2024 年まで） 第1次「変革のための国家戦略（NST 1）(2017-2024)」 日本政府の（第2次）対ルワンダ開発協力方針策定	8月に第4回総選挙が実施され MPLA が 61% の議席（150）を獲得，9月ローレンソ新政権が発足 アンゴラに対する日本の「開発協力方針」策定
2018		新 PDN（国家開発計画 2018-2022）策定
2022		第5回総選挙が実施され（8月）MPLA が得票率を減らすも与党にとどまる（124 議席，得票率 51%），UNITA は 90 議席を獲得し得票率は 44%

（出所）筆者作成.

従来の議論の妥当性と現実の検証を試みる.

(1) アンゴラの政治展開の概要 [1]

アンゴラは，1975 年にポルトガルから独立した後，内戦が長く続き，その後所得水準が急速に低下した．独立前は，ポルトガルからの投資や入植者の拡大により着実な経済発展を遂げていたが，長く続いた内戦によりインフラや農業生産の基盤は破壊された．

アンゴラ内戦が長期化した最大の理由は，同国の豊富な資源にあったと考えられる．アンゴラ内戦の両陣営，すなわち MPLA と UNITA は，それぞれ石

油とダイヤモンドという天然資源を売って得た資金で戦費を賄っていた．このように，資源の存在は内戦に大きな影響を与えた．また，旧ソ連が MPLA を，南アフリカ共和国が UNITA を支援するという，異なる国際勢力による支援も内戦を長期化させた要因である．

　1991 年の和平合意（ビセッセ合意）を経て 1992 年に選挙が実施され，ようやく平和が訪れると期待された．選挙自体は問題なく実施され，選挙の結果 MPLA が過半数の議席を確保したが，選挙で敗れた UNITA が選挙結果を認めず再び内戦に突入した．

　2002 年に停戦協定であるルエナ覚書が締結され，独立後 27 年間続いた内戦は，ようやく終結し，国家再建のプロセスが開始された．1994 年のルサカ合意に基づく国民和解と国家再建のプロセスは，与党 MPLA の下でようやく実践され，政治状況は比較的安定している．

　ドス・サントスが MPLA の党首になったのは 1979 年で，1992 年に実施された第 1 回大統領選挙で就任し，20 年後の 2012 年に実施された第 2 回大統領選挙で再選された．ドス・サントス率いる MPLA の政権は，2017 年まで 25 年間続くことになる．一方，1992 年に第 1 回全国議会選挙が，2008 年に第 2 回議会選挙が実施され，いずれも MPLA の圧勝となった．2010 年，憲法により大統領制議会制が導入され，国民の直接投票によって大統領を選出する形から，最多議席を獲得した政党の党首が大統領になる仕組みに変更された．2012 年には，第 3 回国会議員選挙が実施された．この 2012 年の選挙は，選挙での勝利によって MPLA の圧倒的な力を安定的なものとするための手段であったと理解することができる．

　2017 年 9 月に実施された総選挙により MPLA が再び勝利したものの，ローレンソ新政権が発足した．2015 年以降の原油価格の下落に伴う経済停滞が政権交代の一因とされ，新世代の政治指導者がアンゴラの次の経済発展に向けた改革に着手することが期待された．直近では，2022 年 8 月に総選挙が実施された．MPLA は過半数を占め引き続き与党となったが（124 議席，得票率 51 ％），UNITA も 90 議席を獲得し，得票率は 44 ％ だった．この選挙結果は，アンゴラの政治的変化（政治的分極化）の兆しと解釈できるかもしれない．

(2) ルワンダの政治展開の概要

　ルワンダでは，ツチ族はもともと人口の約 15 ％ と少数派であるがベルギー

の植民地支配体制下では支配的な民族集団であった．しかし，1962年にベルギーから独立したルワンダでは，人口の多数派（約84％）であるフツ族が支配的地位を占めるようになった．1972年に大統領に就任したハビャリマナは，ツチ族に対して融和的な姿勢をとっていたが，1980年代後半になるとフツの強硬派との対立が激化する．1994年4月，ハビャリマナ大統領を乗せた航空機が首都キガリ空港の端で撃墜され，事件直後からフツ族の過激派が政権を掌握．彼らは，軍隊や民兵を使い，ツチ族や反政府の指導者たちを組織的に虐殺した．大混乱の中，2カ月間で80万人から約100万人が殺害されたと言われている[2]．

カガメ率いるルワンダ愛国戦線（RPF）はまもなくフツの武装勢力を駆逐し，同年（1994年）7月，RPFは新政権を樹立し権力を掌握した[3]．RPFが支配する地域ではフツ族に対する報復が行われた．同時に，旧フツ族政府軍はザイール（現コンゴ民主共和国）へ，民兵や兵士を含むフツ族難民は周辺国へ逃亡した．その後，カガメ政権（2000年より大統領）が今日まで政権を維持し，民族に基づく政党の禁止など，フツ族との融和の上に国家再建に取り組んできた．新政権は平和のために努力し，国の安定をもたらすために努力している．

カガメ大統領の強力なリーダーシップのもと，行政機構の改革も進んできた．具体的には，ジェノサイドの経験を踏まえ，地方における意思決定への住民参加が国の安定に不可欠であるとの認識の下，地方への分権を推進し，従来存在した12県250地区を4県（＋首都）30地区に統合し，地方行政基盤の強化，予算・人材の有効活用を目指した[4]．2010年から2011年にかけては，歳入改革，オンブズマン事務所や調達窓口の設置など，特にガバナンスの分野でさらなる改革を推進した．このような行政・ガバナンスの大幅な改革を推進する上で，カガメ大統領の政治的リーダーシップが果たした役割は非常に大きかった．

カガメは，2017年8月の大統領選挙において，99％近い得票率を獲得し3期目を確保したが，不正や脅迫が疑われるとの指摘もある．内戦後のルワンダの国家建設は，RPFが主導する政治秩序を軍事的影響力を用いて制度化する過程であり，国際社会は資金を提供したものの，その権威主義的傾向にブレーキをかけることはできなかったという議論もある［武内2009：32］．他方で，カガメ大統領のリーダーシップに加え，カガメ大統領から指示を受けた幹部もそれぞれ率先して改革を進め，汚職や甘えの少ない国づくりに力を入れている．

そのため，ルワンダは強権的な体制ではなく，政府関係者の私利私欲の肥大化を回避しているとする議論もある[5]．

治安面では比較的安定しており犯罪や汚職が少なく政府の能力も高いと推定され，世界銀行などの国際開発援助コミュニティは，ルワンダをガバナンス改革の成功例（グッドプラクティス）ととらえている[6]．

3　経済開発，ガバナンス，民主主義，脆弱性の移行プロセス

以下では，民主主義・ガバナンス，経済開発，国家の脆弱性の各要素について，その進捗状況や状況を定量的に評価する指標をもとに，両国の状況をみていきたい．両国のこれらの指標の経年変化を以下の図に示した（**図 8-1～図 8-7**）．

経年変化を比較するために，2つの国の変化の値を1つのグラフの形に整理した．1人当たり GDP，HDI（人間開発指数），CPIA（国別政策・制度評価），CPI（汚職認識指数），民主主義指数，Polity IV スコアは，数値が高いほど良好であることを示し，一方，FSI（脆弱国家指数）のスコアは数値が高いほどより脆弱である事を示す．

(1) 経済発展の代表的な指標

石油収入のおかげで，アンゴラは高い経済成長率を維持し，比較的良好なマクロ経済状況を享受してきた．2002年以降2010年までのアンゴラの平均経済成長率は15％を超え，これはアフリカのみならず世界で最も高い成長率の1つであった．マクロ経済の安定と構造改革が大きく進んだものの，アンゴラは2015年以降，原油価格と生産水準の低下の影響を受けるようになり，その後の5年間（2016～2021年）の年間平均国内総生産（GDP）成長率はマイナス1.5％となった．石油部門は GDP の約3分の1を占め，輸出の90％以上を占めている．国家主導の石油経済から民間主導の成長モデルへの転換は複雑かつ長期的なプロセスであり，同国は，石油への依存度の低減と経済の多様化，インフラの再構築，制度的能力・ガバナンス・公共財政管理システムの向上，国民の生活環境の改善など，大規模な開発課題に引き続き直面している［World Bank 2019］．

一方，ルワンダについては，2007年から2017年までの経済成長率は年平均

7.5%（2007年7.6%, 2012年8.8%, 2017年6.1%）で，直近4年間（2019-2022年）の年平均成長率は5.7%となっている．このように経済は着実な改善を見せているが，ルワンダは依然として低所得国である．

1人当たりGDP

「経済開発の度合い」を測る代表的な指標として，1人当たりGDPがある．ルワンダの1人当たりGDPは，1994年の125米ドルから2007年の405米ドル，2017年の748米ドル，2022年の890米ドルと，過去30年間，全体的に改善傾向にある．しかし，ルワンダは依然として1人当たり所得が1000ドル未満の低所得国である．一方，アンゴラは2006年以降，現在まで「上位中所得国」に分類されている．しかし，アンゴラの1人当たりGDPは2015年以降，国際市場における石油・ガス価格の下落を主因として低下している（**図8-1**）．

HDI（人間開発指数）

HDI（人間開発指数）も，より包括的に開発の進捗を示す代表的な指標であ

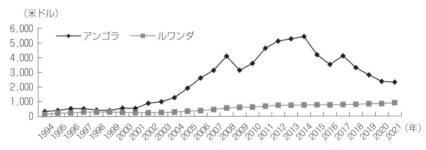

図8-1　アンゴラとルワンダの1人当たりGDPの推移

（出所）世界銀行国民経済計算データ，OECD国民経済計算データファイルより筆者作成．

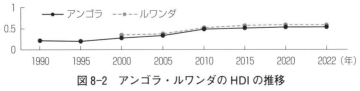

図8-2　アンゴラ・ルワンダのHDIの推移

（出所）UNDP「人間開発報告書」のデータより筆者作成．

る．両国のHDIは，図8-2に示すように，共通の課題として地方開発の遅れがあげられるものの，一国全体としては着実に向上している．

(2) 開発ガバナンスの指標

世界銀行CPIA（Country Policy Institutional Assessment：国別政策・制度評価）

ガバナンスの度合いに関連する指標にはいくつかの種類があるが，評価基準により推定されるガバナンス能力の数値は異なってくる．世界銀行の「CPIA（国別政策・制度評価）」は，政策や制度の良し悪しを示す「開発ガバナンス」を測る代表的な指標とされ，世界銀行が途上国への融資を行う際の主な参考指標として使われている[7]．

アンゴラのCPIAスコアは，2006年から2015年の間のみ入手可能である（その後の数値はアンゴラ政府の協力が得られず数値がない）．アンゴラのCPIAの値は，2000年に汚職の程度が悪化したことなどが原因で1.7と低い値であったが，その後は改善傾向にあるものの，ルワンダよりも低い2.7前後の水準で停滞しており，「脆弱国家」に分類されている．一方，ルワンダのCPIAは1995年に1.5であったが，2000年には改善され，2015年には4.0に達した（図8-3）．

トランスペアレンシー・インターナショナルのCPI（Corruption Perception Index：汚職認識指数）

トランスペアレンシー・インターナショナル（TI）は国際NGOであり，毎年CPI（汚職認識指数）を発表しているが，これは国のガバナンスレベルを評価するための基準として汚職に着目した指数である．汚職という要素は「開発ガ

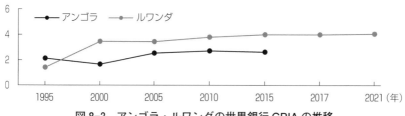

図8-3　アンゴラ・ルワンダの世界銀行CPIAの推移

（注）数値は1〜6で，高いほど良い．
（出所）CPIAに関する世界銀行ホームページのデータより筆者作成．

バナンス」の一部とみなしえるが,「民主的ガバナンス」の要素の1つとも考えられる.

アンゴラの腐敗レベルは,そのCPIスコアによるとかなり悪く,賄賂や汚職の観点から世界最低レベルに分類される.アンゴラのCPIは2008年に1.9,2018年も同じ数値で,この年は世界で悪い方から10番目であった.しかし,2019年には2.7,2022年には3.3と改善されつつあり,これはローレンソ大統領による新政権が発足し,改善に取り組んだためと推測される.

一方,ルワンダのCPIは,2008年の2.0から2010年以降は5.0以上と改善傾向にあり,CPI水準はそれほど悪くはない.ルワンダの場合,政府の強力な改革の取り組みにより,2011年以降,比較的良好なガバナンスが定着していると言える.途上国の中では最も良い水準にあり,「グッドプラクティス」であると考えられている(図8-4).

(3)「民主主義」「民主的ガバナンス」の指標

両国の「民主主義」「民主的ガバナンス」の動向を検討するために,いくつかの民主主義・民主的ガバナンスの水準を評価する指標を確認してみよう.

エコノミストの民主主義指数(Democracy Index)

エコノミスト誌のインテリジェンス・ユニット(EIU)は,2006年からすべての国を対象とした「民主主義指数」を発表している.

同指標によると,2000年代にはアンゴラの民主主義指数はルワンダよりも低かったが,2018年以降は民主主義の傾向が改善されている.アンゴラの民主主義指数が改善した理由は,2017年に実施された総選挙により,2017年9

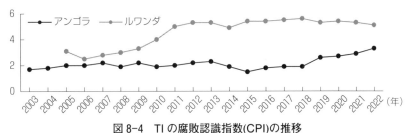

図8-4　TIの腐敗認識指数(CPI)の推移

(注)数値は0〜10で,高いほど良い(=汚職が少ない).
(出所)トランスペアレンシー・インターナショナルのウェブサイトからCPIに関するデータより筆者作成.

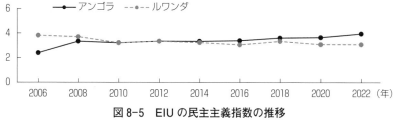

図 8-5　EIU の民主主義指数の推移

（注）数値は 0〜10 で，点数が高いほど民主的といえる．
（出所）エコノミスト社のウェブサイト「Democracy Index」のデータより筆者作成．

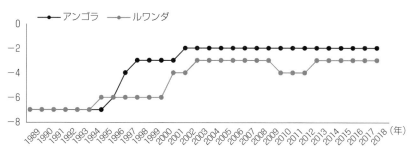

図 8-6　Polity IV Score の推移

（注）数値は −10〜+10 で，高いほど民主的である．
（出所）Center for Systemic Peace のウェブサイトから Polity IV のデータより筆者作成．

月にローレンソ新政権が発足したためと考えられる．一方，ルワンダでは 2018 年以降，民主主義指数はむしろ悪化している（**図 8-5**）．

Polity IV スコア

政権の性質に着目し政治学者がよく引用する指標の代表例として，政治体制をタイプ別に分類した「Polity IV スコア」(Country Report, Center for Systemic Peace) があげられる．

アンゴラ，ルワンダともに紛争後に民主化が進んだが，アンゴラのスコアは 2002 年から 2018 年までの 17 年間横ばいであり，民主化の度合いはまだ低い（−2：Closed Anocracy）．「Closed Anocracy」とは，民主主義政権と独裁政権のハイブリッド（中間形態）を意味する

ルワンダは，1994 年以降 2003 年まで，民主主義の水準が向上している．しかし，1997 年以降の 20 年間，ルワンダの Polity IV のスコアはアンゴラより

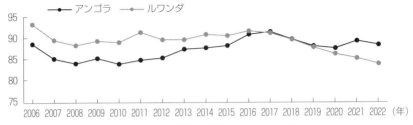

図 8-7 脆弱国家指数（FSI）の推移

(注) 数値は 0〜100 の間で，点数が高いほど脆弱である．なお，初期には「Failed States Index」と呼称していた．
(出所) Fund for Peace の「Fragile States Index」のデータより筆者作成．

低い（図 8-6）．これは，少数民族であるツチ族が率いるカガメ政権が，独裁的な国家統治を行うことで政治的安定を保ってきたためと考えられる．

(4) 国家としての脆弱性——FSI（脆弱国家指数：Fragile (Failed) State Index）

図 8-7 が示すように，アンゴラは 2008 年から 2017 年まで，より脆弱な状態にあったが，2018 年以降はアンゴラの FSI は改善した．これは，ローレンソ新政権による比較的健全な経済政策と安定した政治状況によるものと考えられる．一方，ルワンダの FSI も 2006 年から 2017 年の間は比較的高い（すなわち脆弱な）状態であったが，2018 年から最近 5 年間は改善傾向にある（図 8-7）．カガメ政権は，民主主義指数の推移に見られるように独裁的とされるが，国の政治的安定に寄与してきたと解釈される．

4 アンゴラとルワンダの政治過程の違いに影響を与える要因の分析

(1) 内在する政治力学

アンゴラ——MPLA による長期的な支配

アンゴラの正式な国名には「社会主義共和国」の文字が含まれている．MPLA は 2002 年の選挙を機に，当初の党綱領にあった「社会主義のもとでの国家建設」というイデオロギー的な文言を撤回したが，アンゴラの国家体制や行政には社会主義的な性格が深く残っている．

アンゴラの場合，1991年の停戦時に締結されたビセッセ合意で選挙に合意したものの，選挙の勝者が全国の知事ポストや閣僚を独占する「勝者総取り」の方式をとっていた．1992年の選挙でMPLAに敗れたUNITAは，選挙結果を拒否したため内戦が再開された．1994年のルサカ合意では，アンゴラ中央部のUNITAの勢力が強いいくつかの州で政府または副知事のポストが約束され，一定の権力分有が行われることになった（実現するのは2002年の停戦協定後）．アンゴラは天然資源が豊富なため，権力分立は天然資源の開発権と密接な関係があり，この点が政治協定の取りまとめを左右する大きなポイントになる．

　内戦は結局2002年にMPLAのUNITAに対する完全勝利として武力により終結したが，現政権は，国民の不満を国家の強制力によって抑え込む独裁体制とは異なるという見方もある．MPLAを中心とする政府は，農村の開発や貧困層の生活改善に特に力を入れており，その意味では，現政権に対する国民の不満は一定程度改善されている．とはいえ，経済資源や富は少数の有力者が握っており，少数の富裕層と多くの貧困層の間の格差は非常に大きい［稲田 2014：104-112］[8]．

　ドス・サントスがMPLAの党首になったのは1979年で，1992年に実施された第1回大統領選挙で就任し，ドス・サントス大統領によるMPLA政権は25年間続いた長期政権だった．しかし，2017年に実施された総選挙ではMPLAが引き続き勝利したがMPLAの指導者の交代により，同年9月にローレンソ新政権が発足した．政権交代の背景には，2015年以降の原油価格の下落に伴う経済停滞があり，経済低迷を打開する必要があったためと考えられる．また，新世代の政治指導者には，欧米のドナーコミュニティとの関係改善やアンゴラの次の経済発展に向けた改革の開始が期待され，2015年以降の原油価格下落による国内外環境の変化の中で，固有の改革推進運動が機能したと解釈できる．

ルワンダ──ガバナンス評価の2つの異なる視点

　ルワンダでは，1994年の未曾有の大虐殺後，RPFが内戦を終結させ，カガメをトップリーダーとする政権のもと平和と経済成長を確保してきた．**図8-4**が示すように，ルワンダでは，内戦を経験した他国と比較して汚職が非常に少ない．また，カガメ大統領の強力なリーダーシップのもと行政機構の改革も進

んでいる．一方，内戦後のルワンダの国家建設は，RPF が主導する政治秩序を軍事的影響力を用いて制度化する過程であり，国際社会は資金を提供したもののその権威主義的傾向にブレーキをかけることはできなかったという議論もある［武内 2009：32］．

　すなわち，ルワンダは典型的な「権威主義開発国家」であり，「開発ガバナンス」は良好とされているが，「民主的ガバナンス」には問題があると考えることができる．実際，1994 年のジェノサイド後のルワンダの国家建設過程を評価する視点は 2 種類ある［木村 2016］．1 つは，世界銀行や英国，EU や OECD/DAC が主張した肯定的な見方であり，もう 1 つは，ルワンダに関する国際的な専門家が書いた *Remaking Rwanda* と題する書籍で主張された否定的な見方である［Straus et al. 2011］．

　OECD/DAC が 2009 年に発表した援助効果に関する報告書は，ルワンダの開発進捗を肯定的に捉えた典型的な文書である［OECD 2009］．報告書は，例えば政治的空間の漸進的な開放など，ドナーは政治的変化の漸進的なプロセスに影響を与えることができたと述べ，独立メディアの役割，地方分権プロセス，議会組織やオンブズマン事務所への支援提供など，ルワンダ政府の高い組織能力と治安の確保に関する成果を大いに評価している［OECD 2009：45；26-27］．ルワンダ政府は，欧米のドナーからの援助が国家再建に不可欠であったこともあり，貧困削減，サービス向上，行政改革，地方分権，女性の地位向上，民営化，参加，民主化などのスローガンを掲げ，アフリカで最も優れた実践の 1 つであると評価されるほどの実績を示している．先見性のあるリーダーシップ，政治的安定，経済成長，親ビジネス環境，相対的な透明性，議会における女性の割合の高さ，教育やヘルスケアの改善などは，ルワンダの否定できない成果として高く評価されている．

　一方，*Remaking Rwanda* の寄稿者の多くは，ルワンダ国家の復興プロセスが本当に成功モデルであったかどうかを疑問視し，国際ドナーコミュニティからの高い評価とは対照的に，国の成果を認めながらも，その権威主義のトップダウン・アプローチに対して大きな懸念を示している［Straus et al. 2011：7］．また，ルワンダのジェノサイド後のモデルがもたらす中長期的な社会的・政治的影響についても，政府は政府に対する国民の批判を抑圧し，メディアの声や市民社会組織の活動を制限しているとして懸念を示している．著者らは，抑圧，排除，不平等の拡大，恐怖と脅迫の風潮，ルワンダで行われた人道に対す

る罪と戦争犯罪に対する不処罰の社会的・政治的コストに注意を促し，これらの抑圧と排除を無視するドナーの姿勢は，国家建設の非自由民主的プロセスの継続をもたらすと主張した[9]．

ルワンダ政府は，本書がルワンダの政治状況を否定的に解釈していることに反論している．ルワンダにおける「強権的体制」の必要性については，少数派であるツチ族が多数派であるフツ族を支配するためには強力な政府が必要であり，特に1994年の大量虐殺後の緊急事態の下では正当化されていた[10]．

ルワンダの国家建設の過程を先の関連指標で見ると，ルワンダのCPIA（開発ガバナンス）は改善されており，特にアフリカにおける汚職の削減において良好な成果を示している．他方で，ルワンダの民主主義の状況は，Polity IV スコアや EIU の民主主義指数の評価に見られるように低いものであった．Polity IV では2000年代に「閉鎖的アノクラシー（-3）」に分類され，EIU の民主主義指数では2018年に「権威主義」（世界で上から135番目）との評価である．

最新の2023年のフリーダムハウス報告書に書かれた「政治的自由度指数」では，ルワンダは「自由ではない」国に分類され，メディアの自由度は6（1が最も自由，7が最も不自由）と評価され，政治的権利／市民の自由の評価も6である[11]．2018年の報告書では，「政権が平和と経済成長を維持する一方で，監視，脅迫，暗殺の疑いなど，政治的な反対意見を抑圧してきた」と書かれている．なお，ルワンダのジニ係数は2005年に0.52，2010年に0.47，2016年に0.44と，ルワンダの貧富の格差は徐々に減少傾向にある[12]．

(2) 外部アクターの介入が民主主義移行に与える影響

アンゴラの復興過程では，中国の影響が強く見られるが，ルワンダでは近年増加傾向にあるもののそれほど大きくはない．ルワンダの国家建設過程では，世界銀行や欧米ドナーによる強力な援助協調の枠組みが存在した．

被援助国の民主化の進展・後退に対して，国際ドナーはどのような影響を与えどのような役割を担っているのだろうか．中国の巨大な経済的プレゼンスは，被援助国の権威主義体制や開発・民主化のプロセスにどのような影響を与えたのだろうか．

中国の経済プレゼンスがアンゴラの政治プロセスに与える影響

アンゴラの欧州ドナーや米国からの援助への依存度は低く，ドナー間の援助

調整はアンゴラでは効果的とは言えない．アンゴラ政府は，国内政治への国際的介入を避け，民主化とより良い統治を求める欧米からの圧力から自由であることを好み，アンゴラが石油やダイヤモンドなどの天然資源に恵まれていることが，その選択を可能にしてきた．その資源収入を元手にして，アンゴラでは中国が圧倒的に大きな融資国となっている．腐敗や人権侵害で評判の悪い国への中国の多額の融資・援助は，国際社会からの民主化への圧力を妨げ腐敗した体制の持続を助長しているとして，国際社会からは批判もある［Michel and Beuret 2009；Human Rights Watch 2010：24］．

アンゴラでは，2002 年の和平合意以降，経済復興が急速に進んだ．2000 年から 2014 年の間に，中国のプロジェクト数は 110 件，プロジェクト総額は約 165 億 5600 万米ドルと推定されている［AID DATA 2017］．また，「China-Africa Research Initiative」によると，中国は 2000 年から 2017 年の間に 428 億ドル相当の融資（譲許・非譲許の両方）をアンゴラに提供し，北京からの資源担保融資は中国企業が建設する道路や発電所の資金調達に使われたとされる．[13]

アンゴラの経済復興は中国の巨額の援助に依存しており，それは中国にアンゴラの石油を与えるための一種のバーター取引として提供された．中国は国内の政治問題には介入せず，中国の資金を使った多くのプロジェクトは，特に国家復興院（Gabinete de Reconstrução Nacional：GRN）が開始したプロジェクトの場合，高官によってブラックボックス的に決定されたという批判がなされている［CSIS 2008］．GRN はアンゴラ大統領直轄の組織で，大型プロジェクトを実施するために 2005 年に設立されたが，その意思決定の仕組みや活動内容は国民には不透明だった［Leokowitz 2009］．その意思決定プロセスに透明性がなく，少数の政府関係者や政治家が権力や経済的利益，情報を独占している点が批判されている［Vines et al. 2009］．

ここで議論になるのは，アンゴラの悪い統治指標と中国の融資・援助との間に関係があるのかどうかということである．中国の融資・援助がアンゴラの腐敗につながったことを示す証拠はあるのだろうか．

アンゴラ財務省は，中国輸出入銀行融資を含む外国融資の受け入れ窓口となっており，中国の対アンゴラ支援について，財務省経由の資金提供は透明性があるが GRN 経由の資金提供は透明性に欠ける．また，CIF（中国投資基金）融資プロジェクトの建設工事は CIF 関連企業の下請けとなっており，品質管理に欠け，プロジェクト終了後の運営・管理の持続性に問題があるとの批判も

多い．実際，CIF が請け負った大型建設プロジェクトの中には，2008 年後半の国際金融危機で予算不足に陥ったものがあり，CIF の資金を使ったプロジェクトの継続に中国輸出入銀行の融資による追加資金が使われた［Vinnes 2009：53-54］．CIF プロジェクトに参加していた中国企業も，プロジェクトの縮小によって損害を受け，中国政府も CIF と GRN の関係が不明確であることに懸念を示し，CIF プロジェクトで契約していた中国の建設会社が中国証券監督管理委員会（CSRC）の査察を受けた．

つまり，中国の融資や経済活動は，アンゴラの根深い腐敗構造と結びついており，一部の融資契約やプロジェクト選定は，GRN のトップレベルで決定されてきた．しかし，この問題はアンゴラ政府や中国政府にとっても頭の痛い問題であり，彼らもまたこうした汚職問題に対処しようとしていた．

一方，中国のアンゴラ支援は，相手国の政府基盤の強化にも寄与していることは否定できない．したがって，この支援によって得られる政治的成果とは別の次元で，中国との外交関係の強化につながってきたことも否定しがたい．中国は 2000 年から 3 年ごとに FOCAC（中国・アフリカ協力フォーラム）を開催し，毎回アンゴラ代表を招待している．また，2010 年 11 月には習近平（当時副主席）がアンゴラを訪問し，両国の経済関係を強化することを表明した．最近では 2019 年 9 月に，習近平が北京でアンゴラのローレンソ新大統領と会談し，中国が「一帯一路構想」をアンゴラの経済多様化戦略と合致させ，中国は政治的条件なしにアンゴラ国家発展戦略の重要プロジェクトに対する支援を継続すると表明した[14]．

しかし，COVID-19 の流行による世界経済の急減速などで，ブレント原油価格は 1990 年代後半以来の低水準に落ち込んだ．この価格下落により，国家収入のおよそ 3 分の 1 を石油から得ているアンゴラは経済的に脆弱な状態に陥った．アンゴラの最大の債権国は中国であり，アナリストによると，アンゴラは 200 億ドル以上の二国間債務を抱えており，その大部分は中国に負っているとされる．そのため，国際金融界との関係改善にも動き，アンゴラは 2020 年に国際通貨基金から 37 億ドルの融資を受けたと報告されている[15]．

ルワンダにおける国際ドナーによる強力な国際援助協調

一方，ルワンダは国家予算の半分近くを国際社会からの援助に依存しているのが現状である．また，ルワンダでは国際ドナーによる援助協調が進んでい

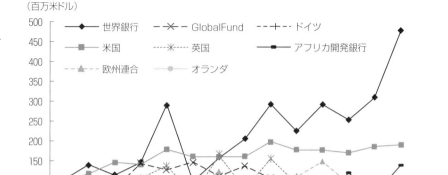

図 8-8 国際ドナーからルワンダへの ODA 額の推移（2007〜2020 年）
(注) ODA の支出純額.
(出所) OECD/DAC 統計より筆者作成.

る．問題は，国際ドナーが被援助国の開発と民主化のプロセスにどのような影響を与えたかである．

　ルワンダは，1994 年の大虐殺後，国家機関の再建に尽力し制度改革を進めてきた．また，政府は援助の調整と国家システムとの整合性を推進してきた．この姿勢は，2010 年に策定された「ルワンダにおける役割分担」と題する政策文書に典型的に示されており，政府は財政支援（一般財政支援またはセクター財政支援）およびバスケットファンドを用いた援助様式を推進してきた[16]．PFM（公共財政管理）改革と政府の PFM 能力強化の努力は，政府と開発パートナー間の援助協調の拡大という政策方針と並行している[17]．また，ドナーコミュニティの中で財政支援に熱心なドナーは，世界銀行，英国（DFID），アフリカ開発銀行（AfDB），欧州連合（EU）である．14 の開発セクターごとに定期的に政府との会合を開くセクター・ワーキング・グループ（SWG）がある．

　ルワンダの援助協調への取り組みとその行財政改革は，その取り組みに強いオーナーシップがあり，財政支援やセクターワイド・アプローチといった新しい援助様式を採用しているという意味で，世界銀行も「グッドプラクティス」と評価している．背景には，ルワンダ政府，特にカガメ大統領の強い政治的

リーダーシップが存在し，これを可能にしてきた．また，1994年のジェノサイドを阻止できなかったことに対する国際社会の一種の贖罪意識に基づき，ルワンダ政府の能力強化のための国際援助が熱心に行われてきた．世界銀行，DFID，EUはこうした援助協調に関連するイニシアティブを積極的にリードしてきた．ちなみに，ルワンダは錫などを産出するが典型的な資源国ではなく，中国の援助拡大がルワンダで顕著でないことから，中国の影響力の増大とルワンダ政府の権威主義的性格の強まりとの間に直接的な関係を見出すことはできない．

おわりに
——結論と政策的含意——

(1) 「開発国家」は有効なモデルなのか？

Leftwichは，1990年代から2000年代にかけて途上国で起こった民主化は未成熟であり，第三世界のほとんどの社会は選挙制民主主義・代表制民主主義の基本条件を欠いている，と指摘していた［Leftwich 2008：129］．その後，2010年代にはいると世界的に「民主化の時代」が後退し，政府の強力なリーダーシップを正当化しながら「開発国家」型の国家運営が広がっていると指摘されている．また，紛争後の安定した国家建設には「開発国家」が有効であるとする議論もある．

実際，アンゴラ・ルワンダ両国では，政府の強力なリーダーシップのもと開発が着実に進む一方で，民主主義や民主的ガバナンスが停滞するという現象が観察され，その意味で，両国とも「(権威主義的) 開発国家」と特徴づけることができる．両国とも内戦を経験し，その後選挙によって政府の正統性が強化され，与党の強権的支配が続いてきた．選挙による政権交代の可能性は極めて低く，与党の強力な支配のもとで開発が進んできた．ただし，アンゴラで近年，野党票が拡大しており，これをどう評価するかという論点はあらたな論点として存在する．

「開発ガバナンス」の重要性については，世界銀行が途上国のパフォーマンス指標としてCPIAを使い続けているように，国際的に一定の合意が得られていると言えるが，他方，「民主的ガバナンス」については，経済成長との因果関係を否定する議論もある．「強い国家」が開発に有効であるとする「開発国

家」論が再び台頭してきているように見えるが，「開発国家」の有効性の議論は必ずしも十分に検証されてはいない．両国の国づくりの歴史を振り返ってみても，それが成功したのかどうか疑問が残る．紛争後の状況において，「開発国家」体制は安定した国づくりに有効であったかもしれないが，アンゴラでは近年，原油価格の低迷による経済停滞で，与党政治への批判や改革への機運が高まっている．

　また，ルワンダは過去十数年間，経済的には着実に発展し政治的にも安定しているが，「開発が進んだから国が安定した」という因果関係が証明できるわけではない．政治的安定はカガメ大統領の強力なリーダーシップによるところも大きく，大局的には，権威主義的な政治体制の問題には深入りを避け，政治的な安定のもとでの着実な経済開発を重視してきた国際社会全体の支援の成果でもあると見ることもできる．また，ルワンダはカガメ大統領のもとで安定した国づくりを進めてきたが，次世代の指導者の行く末は不透明である．

⑵　中国からの経済支援の影響
　拡大する中国の援助が，援助先の国内政治情勢にどのような影響を与えるかは大きな論点の１つである．OECD/DAC や世界銀行を中核とする国際開発援助コミュニティは，援助政策やその実態の情報公開，ルールの標準化と遵守，途上国の民主化と腐敗・不正行為の根絶といった，ある種の共有する価値を掲げてきた．しかし，中国の援助は，これらすべての面で国際的な潮流から明らかに逸脱しており，その意義と影響については，今後も大きな議論の対象となるであろう．

　中国の援助供与国としての台頭が，国際援助協調の枠組みに与える潜在的な影響は決して小さくない．援助を受ける側から見た援助と開発の実像を見ると，中国の援助がアンゴラのインフラ整備や物資の流入につながり，国民の生活向上に直結し，迅速かつ目に見える成果を上げているという見方もある．中国の経済協力は，援助，融資，投資，労働力の輸出を組み合わせた「フルセット型支援」形式をとっているため，中国企業とタイアップし，建築・建設工事に中国人労働者を送り込むことから，現地で雇用が生まれないという批判もある．一方で，少なくとも中長期的には，中国との貿易取引の拡大や中国企業による投資の拡大につながるものであり，製造業や雇用の創出という面でポジティブな影響をもたらすという見方もある．

また，中国からの経済開発やインフラ整備のための巨額の支援は，これまでの長年の与党 MPLA の政権基盤強化に貢献してきたし［Corkin 2011］，2017 年以降のローレンソ政権になっても，その基本的な構造としては何ら変わっていないという指摘もある［Corkin 2021］.

他方で，国際社会がアンゴラに関して指摘している批判の 1 つは，「中国がアンゴラに大量の援助をしていることが，透明性の欠如や不正を維持する役割を果たしている」という不正・腐敗の問題である．支援の決定は相手国の政府・支配層と不透明な形で行われ，これが不正を温存・助長する側面があることは否定できない．MPLA が長年に渡って与党であり続けているアンゴラにおいても，大物政治家の失脚といった政権内の政変は少なからずあり，そのたびに（中国など）外国企業からの賄賂が表沙汰になるという事例が頻発している．これは，中国の「他国の内政に干渉しない」あるいは「融資・援助事業の契約を公開しない」という政策の暗部であると言えよう．

(3) 「民主的開発国家」を目指して

「民主的ガバナンス」をも備えた「民主的開発国家」が望ましいという規範的な議論も当然可能であり，そうした議論もなされている．ただし，国際社会は「民主的開発国家」の実現をどのように促進すべきなのか．

まず，2015 年に新たに策定された「持続可能な開発目標 (SDGs)」において，「民主的ガバナンス」の向上がどのように扱われているのか検証してみよう．2000 年に策定された従来の MDGs（ミレニアム開発目標）には，ガバナンスに関する項目は導入されていなかったが，2015 年の SDGs にはガバナンスの項目が盛り込まれた．SDGs の本文を見ると目標 16 に「持続可能な開発のために平和で包摂的な社会を促進し，すべての人に司法へのアクセスを提供し，効果的で説明責任を果たし，包摂的な制度を構築する」という一文がある．これには「民主的な統治」の要素や「民主主義」の要素も含まれている．

しかし，SDG-16 のモニタリング指標は合意されておらず，外部による各国のガバナンスの状況の検証を拒否する姿勢もある．そもそも，民主的ガバナンスの水準や進捗状況をどう把握・評価するかが最も重要かつ困難な課題であり，民主的ガバナンスのモニタリング指標を適切に設定することは技術的にも非常に難しい．また，「民主的ガバナンス」のどの要素をどのように検証し，それをどのようにモニタリングするかは，コンセンサスを得にくい政治的に非

常に困難な課題である.

現実的なアプローチとしては，SDGs の開発目標の下で，「民主的ガバナンス」が重要であるという国際社会のコンセンサスを形成することであろう．さらに，国際 NGO が，それぞれの視点に基づき，独自のモニタリング指標を用いて民主的ガバナンスの進捗状況をモニタリングし，その評価結果を公開することが期待される．これは，ガバナンスの改善に圧力をかける国際社会における一種の「ベンチマーク・システム」として機能するのではないか.

一方で，アンゴラでは，欧米などからの外からの民主化圧力はほとんど全く機能せず，むしろアンゴラ政府を中国依存に追いやる結果につながったとみることも可能である．他方，ルワンダで欧米・国際機関が支援する中で「開発ガバナンス」改革が進んだことは間違いないが，欧米への援助依存が改革の原動力であったとはいえ，ルワンダ自身の熱心な取り組み（すなわち強いオーナーシップ）の成果でもある.

国際社会の共通の価値として，「民主的ガバナンス」をも有する「民主的開発国家」が望ましいという規範的な議論には筆者も賛同するものである．国際ドナーコミュニティは，援助を梃子として明示的に圧力をかけるか，あるいは受益国政府の顔を立てながら有益な助言を提供するといった低姿勢で対応するかの違いはあっても，途上国の民主化を奨励し，民主主義社会への状況の改善を支援することは継続されるべきであろう．ルワンダのケースは，国際社会によるガバナンス改革への支援が，被援助国の意思と必要性に合致する場合には有効であるという教訓を示している.

しかし，権威主義的な政治体制の元で開発がすすみ政治的な安定も維持してきたというのが，アンゴラとルワンダのこれまでの歴史でもある．民主的な社会づくりが開発の促進や政治的な安定の向上につながるかどうかの因果関係は，本章では十分に検証することができてはいない．この点に関する議論は，継続的に検討されるべき重要なテーマであり，今後も引続き研究を進めていきたい.

＜付記＞
　本章は，稲田十一「アフリカ紛争後国と外的介入の影響」（『「一帯一路」を検証する』明石書店，2024 年，所収）に加筆修正を行ったものである.

注

1）アンゴラの復興過程におけるいくつかの重要な論点について，稲田［2014］で詳細に分析した．2002 年以降のアンゴラ開発における中国の影響については，稲田［2013］を参照されたい．

2）殺害された者の数は，外務省ＨＰに記載の数値を採用したが，ルワンダ研究者の武内進一は，50 万人以上としている［武内 2003：312］．

3）コンゴ民主共和国の紛争状況は，米川［2010］の書籍で詳しく紹介されている．ルワンダの状況については，武内による著書などがある［武内 2009］．

4）ルワンダ政府文書［2012］「ルワンダにおける地方分権政策の概要」に基づく．

5）2013 年 3 月，JICA ルワンダ事務所に取材．

6）例えば，"Rwanda : From reconstruction after conflict to development," *IDA at Work,* August 2009.

7）この数値は，「経済運営」「構造政策」「社会正義」「公共部門運営」の 4 つのクラスターの平均値で評価される．世界銀行は，この数値が 3.2 未満の国を開発ガバナンスが弱いとされる「脆弱国家」と見なしている．

8）2008 年のアンゴラのジニ係数は，世界銀行のデータでは 0.427 であったが，CIA の調査では 0.6 程度と推定されており，この違いは貧富の差に関するデータが十分に公開されていないためであると考えられる．

9）ルワンダの人々が政治状況について自由に議論できない状況下で，本書は必読の書であるとの書評がある．ピーター・ユヴィン（タフツ大学），*H-Africa* 2011 年 9 月号掲載（https：//www.h-net.org/reviews/showpdf.php?id=33141，2024 年 4 月 4 日閲覧）．

10）ルワンダ・キガリでガバナンス問題を担当する USAID スタッフへのインタビュー（2015 年 9 月 3 日）．

11）https：//freedomhouse.org/report/freedom-world（2023 年版および 2018 年版）．

12）世界銀行統計より（https：//data.worldbank.org/indicator/SI.POV.GINI?locations=RW）．

13）"Angola : Where did all the money go? Part 3（The China connection）," by Zoé Eisenstein and Patrick Smith, *The Africa Report,* 23 October 2019.

14）"Xi Jinping met Angolan President and Ethiopian President," China International TV, September 2 nd, 2018.

15）「アンゴラ，中国への原油出荷を削減債務救済を目指す」by Julia Ayne, Dmitry Zhdannikov, *REUTERS,* June 5 th, 2020.

16）Republic of Rwanda［2010］*Division of Labour in Rwanda.*

17）ルワンダの PFM 改革と援助協調が進んだ理由としては，① ルワンダの国家予算は依然として開発パートナーからの援助に依存しており，援助を得るため，また援助を有効に活用するためには健全で有効な PFM が不可欠であること，② 国際社会は，開発パートナー間の援助調和やルワンダ政府の PFM 能力の強化など，ルワンダを支援する姿勢を継続していること，③ ルワンダの経済規模は比較的小さいため，予算支援やバス

ケットファンドの影響はより大きくなる．④ 国家システムの包括的改革に取り組む一
貫した政治的リーダーシップが，PFM 改革への取り組みをより効果的なものにしてい
る，といった要因も指摘されている．

◆参考文献◆

<邦文献>

稲田十一［2013］「中国の四位一体型の援助々アンゴラ・モデルの事例」，下村恭民・大橋
　　英夫編『中国の対外援助』日本経済評論社．

──────［2014］『紛争後の復興開発を考える──アンゴラと内戦，資源，国づくり，中
　　国，地雷──』創成社．

大西裕［2004］「グッド・ガバメントからグッド・ガバナンスへ」，黒岩郁雄編『開発途上
　　国におけるガバナンスの諸課題』JETRO アジア経済研究所．

下村恭民編［2006］『アジアのガバナンス』有斐閣．

外務省 ODA 評価［2019］『アンゴラ国別評価（第三者評価）・報告書』．

──────［2022］『ルワンダ国別評価（第三者評価）・報告書』．

木村宏恒［2016］「ルワンダの開発と政府の役割──開発ガバナンスと民主的ガバナンス
　　の相剋──」Discussion Paper No.200, GSID.

佐々木和宏［2016］「ルワンダのジェノサイドと移行期正義」，遠藤貢編『武力紛争を超え
　　る──せめぎ合う制度と戦略のなかで──』京都大学学術出版会．

世界銀行［2000］『有効な援助──ファンジビリティと援助政策──』（小浜裕久・富田洋
　　子訳），東洋経済新報社，2000 年．

武内進一［2003］「ブタレの虐殺──ルワンダのジェノサイドと『普通の人々』──」，武
　　内進一編『国家・暴力・政治─アジア・アフリカの紛争をめぐって──』アジア経済
　　研究所．

──────［2009］『現代アフリカの紛争と国家』明石書店．

武内進一編［2008］『戦争と平和の間』アジア経済研究所．

東京大学社会科学研究所［1998］『20 世紀システム・4・開発主義』東京大学出版会．

米川正子［2010］『コンゴ──世界最悪の紛争──』創成社．

<欧文献>

Amsden, A. H.［1989］*Asia's Next Giant*, Oxtord Univereity Press.

Barro, R. J.［1999］"Determinants of Democracy," *Journal of Political Economy*, 107(6).

Booth, D. and F. Golooba-Mutebi［2012］"Developmental Patrialism? The Case of
　　Rwanda," *African Affairs*, 111.

Brautigam, D.［2009］*The Dragon's Gift : The Real Story of China in Africa*, Oxford
　　University Press.

Carothers, T. and D. De Gramont［2013］*Development Aid Confronts Politics : The Al-
　　most Revolution*, Carnegie Endowment for International Peace.

Caryl, C. [2015] "Africa's Singapore Dream : Why Rwanda's president styles himself as the heir to Lee Kuan Yew," *Foreign Policy*, April 2.

Center for Strategic and International Studies (CSIS) [2008] *Angola and China : A Pragmatic Partnership*, CSIS (Washington D.C.).

Clark, P. [2021] "(Review Essay) Two Rwandas : Development and Dissent Under Kagame," *Foreign Affairs*, May/June.

Corkin, L. [2011] "China and Angola : Strategic partnership or marriage of convenience?" *Angola Brief*, 1(1).

———— [2021] "Financing regime stability? : The role of Chinese credit lines in postwat Angola, in C. Hartman and N. Noesselt eds., *China's New Role in African politics : From non-intervention towards stabilization?*, Routledge.

Easterly, W. [2006] *The Whiteman's Burden*, Oxford University Press.

Eizenstein, Z.and P. Smith [2019] "Angola : Where did all the money go? Part 1 (Family feast), Part 2 (Parallel economy), Part 3 (China connection), Part 4 (The golden age), Part 5 (The fight back)", *The Africa Report*.

Gökgür, N. [2012] *Rwanda's ruling party-owned enterprises : Do they enhance or impede development?* Institute of Development Policy and Management, Universiteit Antwerpen (Belgium).

Haggard, S. and S. B. Webb eds. [1994] *Voting Reform : Democracy, Political Liberalization, and Economic Adjustment*, Oxford University Press.

Halper, S. [2010] *The Beijing Consensus : How China's Authoritarian Model will Dominate the Twenty-first Century*, Basic Books（園田茂人・加茂具樹訳『北京コンセンサス──中国流が世界を動かす？──』岩波書店，2011 年）.

Ikenberry, G. J. [2008] "The Rise of China and the Future of the West : Can the Liberal System Survive?" *Foreign Affairs*, Jan/Feb.

Inada, J. [2013] "Evaluating China's 'Quaternity' Aid : The Case of Angola," in Y. Shimomura and O. Hideo eds., *A Study of China's Foreign Aid*, Palgrave.

Johnson, C. [1982] *MITI and the Japanese Miracle*, Stanford University Press.

Kaufmann, D., Kraay, A. and M. Mastruzzi [2009] *Governance Matters*, World Bank.

Leftwich, A. [2008] *Developmental States, Effective States and Poverty Reduction*, UN Research Institute for Social Development.

Leokowitz, L., Ross, M. M. and J. R. Warner [2009] *The 88 Queensway Group : A Case Study in Chinese Investors' Operations in Angola and Beyond*, U.S. -China Economic & Security Review Commission.

Lin, J. Y. [2016] "New Structural Economics : A Framework for Rethinking Development," *World Bank Research Working Paper*, No.5197.

Michel, S. et M. Beuret [2008] *La Chinafrique*, Grasset & Fasquelle.

Moyo, D. [2009] *Dead Aid : Why Aid is Not Working and How There is Another Way for Africa*, Allen Lane.

Mutesi, F. [2014] *A viewpoint of Rwanda's Governance*, Rwanda Governance Board.

Paris, R. and T. D. Sisk [2009] *The Dilemmas of Statebuilding : Confronting the Contradictions of Postwar Peace Operations*, Routledge.

Prunier, G. [2009] *Africa's World War : Congo, the Rwandan Genocide, and the Making of a Continental Catastrophe*, Oxford University Press.

Ramo, J. C. [2004] *The Beijing Consensus*, The Foreign Policy Center.

Reyntjens, F. [2013] *Political Governance in Post-Genocide Rwanda*, Cambridge University Press.

Robinson, M. and G. White eds. [1998] *The Democratic Developmental State*, Oxford University Press.

Schedler, A. ed. [2006] *Electoral Authoritarianism : The Dynamics of Unfree Competition*, Lynne Rienner Publishers.

Shimomura, Y. and H. Ohashi eds. [2013] *A Study of China's Foreign Aid*, Palgrave.

Straus, S. and L. Waldorf eds. [2011] *Remaking Rwanda : State Building and Human Rights after Mass Violence*, The University of Wisconsin Press.

Tapscott, C., Halvorsen, T. and T.C.-D. Rosario eds. [2018] *The Democratic Developmental State : North-South Perspectives*, Ibidem Press.

Thomson, S. [2013] *Whispering Truth to Power : Everyday Resistance to Reconciliation in Postgenocide Rwanda*, The University of Wisconsin Press.

Vines, A., Wong, L., Weimer, M. and I. Campos [2009] *Thirst for African Oil : Asian National Oil Companies in Nigeria and Angola*, A Chatham House Report.

Vogel, E. F. [1991] *The Four Little Dragons*, Harvard University Press.

Wade, R. [1990] *Governing the Market*, Princeton University Press.

Williamson, J. [1992] "Democracy and the Washington Consensus," *World Development*, 21(8).

Woo Cummings, M. ed. [1999] *The Developmental Sate*, Cornell University Press.

World Bank [1989] *Sub-Saharan Africa : From Crisis to Sustainable Growth*.

————— [1992] *Governance and Development*.

————— [2019] *Country Partnership Strategy 2020–2022 for the Republic of Angola*.

Wrong, M. [2023] "Kagame's Revenge : Why Rwanda's Leader Is Sowing Chaos in Congo," *Foreign Affairs*, My/June.

<website>

Aid Data/China Aid Data (A Research Lab at William & Mary).

Center for Systemic Peace, Polity IV Score (Country Report).

Economist Intelligence Unit, Democracy Index.

Fund for Peace, Fragile States Index (FSI).

Transparency International, Corruption Perceptions Index（CPI）.
World Bank, IDA's Performance-Based Allocation System（CPIA）.
World Bank, World Development Indicators.

第9章

アジア太平洋の地域的枠組みがもたらす
国家ガバナンスの変容

椛島 洋美

はじめに

　2015年9月の国連総会で採択されたSDGsでは，持続可能な開発に際し国内社会と国際社会の両方で民主主義，グッドガバナンス，法の支配が不可欠であるであることが示された．SDGsの全17の目標のうち，目標12では持続可能な生産と消費というグローバルな経済空間の作法を追求しながら，目標16において説明責任や透明性等を国家あるいはローカルレベルの政治に求めていることに本章は着目する．グローバルな経済空間の作法や論理を各政府は無視することができなくなっているが，国際社会の求めは主権を持つ国家ガバナンスにどのような作用をもたらしてきているのか．本章では国家主権に敏感な国々を抱えるアジア太平洋地域に焦点を絞り検討する．

　アジア太平洋地域には，1967年に善隣友好を目的として生まれたASEAN（東南アジア諸国連合）や1983年にスタートしたANZCERTA（ニュージーランド・オーストラリア経済関係緊密化協定）のような例外はあるものの，冷戦が終わる頃まで政策協調を予定する，地域レベルでの政府間取り決めはほぼ存在しなかった．モノ・カネ・ヒトの国境を越える移動が次第に活発化した20世紀後半になっても，それに対応する地域的枠組みが構築されることはなく，原則として国連等既存の国際機構の取り決めにしたがい各国の国内制度で処理されていた．そのような中1980年代末，アジア太平洋地域で次第に緊密になるサプライ・チェーンに協働して対応するため，APEC（アジア太平洋地域経済協力）構想が日本やオーストラリアから提案された．しかし，当初ASEAN諸国や中国の反応は芳しくなかった．その理由は，東南アジアが独立以前から長らく大国

の草刈場となり利用されてきたことに加え，国家政府を頂点とする一元的なコントロール権限を脅かされることへの懸念があった．特に後者については，植民地時代に同地域の多くの国々が宗主国に従属し，独立後も冷戦により東西両陣営に組み込まれて各国独自の政策展開を妨げられてきた経験によるものであった．さらに，アメリカやオーストラリアを含むような共同体となれば各国社会の伝統的価値を阻害し，西欧型の民主主義を受け入れざるを得ない可能性への懸念も根強く存在した[船橋 1995：55-61]．アジアの国のいくつかは，APECが誕生することによってアメリカ等が唱導してきた経済自由化が外圧で押しつけられ，各国が自立して政策を決定，実施できなくなることも恐れていた．第二次世界大戦直後から地域統合と呼ばれる国際協調が展開されてきた欧州でさえ，しばしば国家主権の低下を理由に地域統合へ反対するディスコースが潜在的に存在したことも［押村 2012]，アジア太平洋地域での新たな枠組みの創出に後ろ向きになる要因となっていた．

　しかしながら，1989 年には経済自由化を目的とした APEC が，1994 年には広域安全保障を議論することを目的に ARF（ASEAN 地域フォーラム）が誕生した．両者ともに意思決定は参加者全員のコンセンサスによるとされていたことに示唆されるように，アジア太平洋のさまざまな国や地域を巻き込んだ地域的枠組みを創出，維持するにあたって，各成員の意志を尊重し各政府の判断に踏み込まない形にとどめられた．一方で近年，アジア太平洋地域で脚光を浴びている TPP/CPTPP（環太平洋パートナーシップ/環太平洋パートナーシップに関する包括的及び先進的な協定）のように国内規制にまで影響が及ぶこともある．但し，国内規制にまで影響が及ぶと言っても，政府が国家主権に基づいて判断し一元的な方針の下に国内の制度変更を行う経験をする中で，APEC 創出時に懸念されていたような国家主権の侵害を主張する国はもはやいない．さまざまな国際的取り決めがあったとしても，それに参加し合意事項を国内政策に落とし込むのは国家政府自身であることをアジア諸国は学んできた．はたしてアジア太平洋の地域的枠組みは国家ガバナンスにどのように作用し，どのような影響を及ぼしてきたのか．本章では，アジア太平洋の経済に関する地域的枠組みがもたらす国家ガバナンスへの作用を権力の視角から検討する．

1　国家ガバナンス

第4章で，国家ガバナンスとは「特定の理念に基づいた国家経営である」と定義し，国家資源をいかに活用して結果に結びつけていくかという「国家経営」の局面と，国の伝統，歴史，イデオロギー，規範などの「国家理念」の局面から成るとした．この解釈によれば，ガバナンスという言葉自体に規範的意味はないが，国家経営の側面で国家資源が効率的あるいは効果的に使われ経済社会開発がうまくいっているか，国家理念の側面で民主政治が進んでいればグッド・ガバナンスという言い方がされてきた［本書　第4章］．コーポレート・ガバナンスが，企業全体として定める目的に照らして企業の責任者である経営者の行動を律して経営に従事させ，企業価値を高めるメカニズムからガバナンスの意味を敷衍すれば，国家政府のサービス提供への責任と国家政府自身も規律づけられることの2点をさらに考慮する必要がある［河野2006］．

(1)　公共サービスへの責任

国家のガバメント（government）ではなくガバナンスに関する言及がされるようになったのは，ガバメント＝政府のあり方が問われるようになってきたことによる．政府が大きくなりすぎることによる弊害が理論的にも実務的にも指摘されるようになったこと，政策決定過程において民主的に選ばれた政治家が民意の期待とは裏腹に有効な政策を打ち出せなかったり民主政治を逸脱したりすることなどがたびたび問題となっている．また，適切な手続きによって定められた価値や方針を専門的知識に基づき法律や予算などに落とし込み，効率的に具体的な政策実施を図るとされていた官僚機構への疑義もしばしば生じてきた．そのような状況に対応するため，1980年代から新自由主義と呼ばれる市場ベースの行政改革がなされ，公共サービスのフィールドに民間企業が参入するようになった．さらに国家と市場のそれぞれの限界が指摘されるようになると，国家政府の権限は民間企業だけではなくNGOやNPOの市民社会，自治体へと移譲されるようになっていった．かつて国家政府がトップダウンで担ってきた公共セクターに代わって今日，国家政府に限らずさまざまな主体が一定の独立性と責任をもって公共サービスを提供するようになっている．とはいえ，国家政府の権限は縮小傾向とも言えず，公共空間の設計や非政府主体の規

制等において重要な役割を果たしている．

　非政府主体に公共サービスの提供を任せることにより，国家政府がプリンシパル（本人），非政府主体がエージェント（代理人）となる関係性が生じることになり，エージェントはプリンシパルの指示に基づく行動をとることが期待される．しかしプリンシパル・エージェント理論で説明されるように，しばしばエージェントはプリンシパルの期待どおりに行動しないというエージェンシー・スラックが生じることがある．公共サービスの提供においてエージェンシー・スラックが起きるのは，委託された業務を実施するエージェントとプリンシパルの間で情報の非対称性に基づくモラル・ハザードが生じるためだ．エージェントである非政府主体は事業実施上の技術的，専門的情報をプリンシパルに優越して有しており（情報の非対称性），しばしばエージェントはそのような情報の非対称性を利用して独善的な行動を行う．プリンシパルはエージェンシー・スラックを回避するために，常に監視するか問題行動が生じたときにすぐに察知，対応できるシステムを整える必要がある．前者をパトロール型，後者を火災報知器型の監視システムという．例として，パトロール型では自己点検報告書の作成や定期的な第三者評価の実施，火災報知器型では行政における公益通報窓口の設置が挙げられる．国家政府が権限を移譲した非政府主体の行動を律して公共サービスに提供に最終的な責任を負うことは国家ガバナンスの1つであろう．

⑵　制御される国家政府

　現代において法の支配や権力分立を通して権力の及ぶ範囲を明らかにし，自由で公正な選挙制度や表現の自由などにより市民の自由を確実にするという自由民主主義的な考え方が，倫理的正当性を持つとして広く受け入れられている．自由民主主義は手続き上，個々の選択と多様性を確保し，国家の暴走や権力の濫用を防ぐ点で有効とされてきた．もちろん非民主主義国家において，手続的民主主義が確保されなくとも貧困削減，経済成長，地球環境問題改善など良い結果を出すことも往々にしてあるが，政府の施策が吉と出るか凶と出るかは保証できない．自由民主主義国家であれば市民の側から間違いの指摘や異議申し立てを行うことができ，持続可能な発展にあたっての代替ルートを創出することも可能であるとして自由民主主義は評価されてきた［Banik 2022］．自由主義に基づく民主政治の体制は，国家政府が法律や予算を検討，決定，執行し

紛争を調整して政治共同体を運営しながらも，政府自身が制御されたり，とき
に否を突きつけられたりする余地を与え，手続きに則った政権交代を可能にす
るものである．

　国際社会では，国家はそれぞれに領域内において最高の権力を持ち国家を越
えて介入するものはないという国家主権を前提にしている．結果として，国際
関係論においては国家間には階層性はなく主権平等の世界とされていることか
らアナーキー＝無政府状態と説明される．しかし，そこで言うアナーキーは必
ずしも無秩序ではない．R. コヘインと J. ナイは，ガバナンスを「集団を導い
たり集合行為を抑制したりする公式・非公式のプロセスや制度」と定義し [Keo-
hane and Nye 2000: 12]，O. ヤングは特定の問題を解決しながらもそれらが中央
集権的な政治組織を求めない体制や関係性の中で展開されてきたことにガバナ
ンスを見出している [Young 1999]．国家の主権性が前提とされながらも，国家
は協調的な国家間関係を求められ，ときとして国際社会の中に束ねられる．も
ちろん，今日の国際社会においても主権国家は安全保障，経済，技術，環境，
保健衛生等さまざまな問題において重要な役割を果たしていることに変わりは
ない．だが新型コロナ対策のプロセスで明らかになったように，国家も制御さ
れる一アクターでしかない．さまざまなアクターが関わる中で R. A.W. ローデ
スは，「共同での問題解決と協働的なサービス提供に従事する開かれた制度」
へと移行しつつあるという [Ryodes 2017]．国際関係論が所与としてきた国家主
権と主権平等の原則は変わらず前提とされながらも，実際には国家に限らない
多様なアクターが横断的，複合的に各イシューに関与する空間をつくりだして
いる．そして，そのような横断的空間は多様な利害関係者たちがさまざまなア
イディアや資源を持ち寄って議論することにより正当性が与えられ，ときに国
家の行動を制御する根拠ともなっている．

　上述のコヘイン，ナイ，ヤングによるガバナンスの概念は，いずれもグロー
バルレベルのガバナンスを議論するために定義，言及されたものではあるが，
グローバルレベルに限らず，ナショナルあるいはローカルレベルでのガバナン
スを考える上でヒントを与えてくれていることに注目したい．ガバナンスは多
様な行為主体を巻き込みながら調整，統括する制度やルールをつくりだしつ
つ，それらの行為主体を制御する形を併せ持つ．ガバナンスが国家政府を含む
さまざまな行為主体間の調整や制度構築の文脈で使われることもあれば，例え
ば災害後の救出や地域復興政策のような実質的な部分を指して用いられること

もあり，手続き的な局面と実体的な局面の双方で使われる概念でもある［河野 2006: 9-11］．

2　アジア太平洋の地域的枠組み

(1) APEC

国境を越えるサプライ・チェーンが緊密になってきた1980年代末のアジア太平洋において，1つの枠組みを誕生させて政府間協調を行うことが必要と認識されながらも，国家主権の喪失やASEANを凌駕することが広く懸念されていた．APECはそのような懸念を払拭する仕掛けを備えてスタートした．オープン・リージョナリズム（Open Regionalism）はその1つである．

オープン・リージョナリズムとは，一定の価値や規範を共有し政策協調を集団として行おうとする，いわゆるリージョナリズムに対し，そのマイナス面を克服しようとする試みである．リージョナリズムでは経済，安全保障，地球環境等の特定の問題に対処するために，メンバーを限定することによって効果的，効率的に実現しようとする．しかしながら，一方で政策協調を確実にするためにしばしば強制力のあるルールで域内のメンバーの行動を拘束したり，域内取り決めの恩恵をメンバーに限定したりすることがある．結果として域内メンバーの行動が統御されたり域外に対しては差別的，排他的になったりする可能性が指摘されていた[1]．一国では解決できない問題に対し政府間協調の枠組みをつくって乗り越えようとしながらも，それによって生じるメンバーに対する圧力や域外への差別に対する危惧に応えようと生み出されたのがオープン・リージョナリズムだ［Garnaut 1996］．オープン・リージョナリズムの概念は，1980年に大平正芳首相が設置した環太平洋研究グループの報告書に遡る．報告書作成に関与した小島清一橋大学教授は，最恵国待遇と市場原理に則した貿易の自由化の2つがオープンの意味に含まれていると説明した［小島 1992; 1993］[2]．しかしAPECでは，それ以上のオープンさを有すことになる．すなわち，最恵国待遇に基づいた貿易の自由化は強制力のある共通のルールを設定せずにメンバーの自主性に任せることに端的に見られるように，リージョナリズムのオープンさは単に通商における市場競争が開かれているということにとどまらず，APECの施策の実施方法やメンバーシップは決して限定されたものではないとされた．このようなAPECのスタンスは，メンバー間の対話や意思決定の

あり方，関わり方でもさまざまな可能性を開いた．そもそも貿易や投資の自由化を1つの柱としつつも，APECにおいて自由化の期限や範囲が厳格に定められてこなかったのは，創設以来オープン・リージョナリズムの精神を追求，共有してきたためであり，結果として各政府の判断や実行のプロセスに互いに踏み込まないことが暗黙の了解となった．APECでは，多様な構成員によって構成されていることに配慮し，共同体ではなくフォーラムであり，議論は多数決ではなく全員の合意を得ることを重視するコンセンサス方式を採用した．加えて，政治性の高い話は持ち込まず，経済問題に限るとした．

　しかしながら2023年11月にサンフランシスコで行われたAPEC年次会議の日程中のさまざまな協議を見ると，中東及びウクライナの紛争やエネルギー，環境問題などへの言及も含まれ，政治性が高く国家主権に関わりかねない場面も見られた．これは創設当初オープン・リージョナリズムにこだわり，政治性や安全保障の問題を避けてきたAPECのスタンスとは異なりつつあるようにも見える．はたして，コンセンサスを重視しメンバーの自主，独立を尊重するアジア太平洋の地域的枠組みは，メンバー政府の主権に関わる点にどのように作用してきたのか．ここでは，APECとTPPについて見てみよう．

（2）　東ティモールをめぐって

　1999年8月，東ティモールをめぐり独立かインドネシア併合継続かに関する住民投票が行われた後，東ティモールの首都ディリが併合継続派民兵の制圧下に置かれて現地の治安が悪化すると，当時東ティモールを領土としていたインドネシアのハビビ大統領は非常事態宣言を出すことになった．インドネシア国軍の一部は併合継続派に対して資金と武器を供与していたため，非常事態宣言の発令によって警察に代わって国軍が治安維持の全権を掌握したとしても，事態の収拾に向かうことは期待薄という観測が広がっていた．

　国連においてインドネシアの同意がなくとも国際部隊を投入するという強硬な意見が出される中，国連憲章6章半に基づいた国連平和維持活動を展開する前提としてインドネシア政府の受け入れ同意と国連の承認を得ることが画策されたが，インドネシアが国際部隊を受け入れることに首を振ることはなかった．そのような中，9月に予定されていたAPECの年次定例会議のためにニュージーランドに各国外相が集まり，オーストラリアとカナダの呼びかけによって緊急外相会合が設けられることになった．APECが経済問題に限定し

たフォーラムであり，国内問題に踏み込まないことを条件に維持されてきたことからして，定例の閣僚会議の場で東ティモール問題を取り上げるわけにはいかずスピン・オフの会議としたが，緊急外相会議に参加するかどうかは各国政府の判断に任せられた．結局，オブザーバー参加も含めれば，緊急外相会合には香港と台湾を除いて全てのメンバーが顔をそろえることになった[5]．

　緊急外相会合はAPECとして喫緊の課題に直接対応するというものではなく，相互に懸念事項を共有し共同声明として公表するにすぎないものであった．声明では，APEC成員それぞれが東ティモールへの国際部隊の派遣に備えていることを示唆したものの，派兵については「国際社会は現地の状況を懸念し，インドネシアが協力を求めてくる時はそれに応える用意がある」という文脈においてであるとした．国際部隊はあくまでもインドネシアが応援を頼ったときにのみ派遣されるものという姿勢で，暗礁に乗り上げているインドネシア政府をサポートする性格であることが提示された[6]．貿易の自由化と同様，強制力によることなくメンバーの自主性に任せるという理念が反映されていた．

　国軍が分裂して東ティモールの騒乱にインドネシア政府は歯止めをかけることができない状況が続く中，インドネシア政府が頑なに国際部隊の派遣を固辞しつづけたことにより，国際社会からの軍事協力も停止する事態に陥っていた．この八方塞がりのインドネシアを打開の道に導いた1つの要因が，APECからのメッセージだった．インドネシア政府のイニシアティブを最大限に尊重し，いったんインドネシアが国際社会に助けを求めればAPECのメンバーは支援するという緊急外相会議での合意は，APECの日程中に行われた二国間や三国間の首脳会談でもインドネシアにたびたび伝えられていたようである．また，タイ，フィリピン，シンガポールの外相などASEAN諸国の代表たちは国際部隊の投入を急ぐべきとする参加者に対しインドネシアの行動を尊重し慎重にあるべきだと説得していた[7]．

　APEC首脳会議にインドネシアからは，東ティモール問題で指揮をとるハビビ大統領に代わってギナンジャール経済担当調整相が参加しており，ギナンジャールは当初，東ティモールは沈静に向かっているのだから国際部隊を入れる必要はないと主張して国際部隊の受け入れに否定的だったものの，二国間，三国間の首脳会談の頃から国際部隊の派遣を要請する用意があることを示唆し始めた．一方，9月11日に国連安保理の代表団が現地を視察しており，このときに同行したウィラント国軍司令官は現地の状況を目の当たりにしてハビビ

大統領に国際部隊の受け入れを進言したとも報じられているが，APEC 日程におけるインドネシアの取り扱われ方は一考に値する[8]．そうであってもギナンジャールが，9 月 12 日夜に行われた首脳晩餐会をジャカルタへの連絡のために中座した深夜，ハビビ大統領が国連に対して国際部隊の受け入れを正式に承諾しており[9]，APEC からのシグナルについて差し引いて考えるわけにはいかないだろう．政府間の水平的ネットワークとも言える APEC の会議日程中に行われた議論において，インドネシア国内の安全保障を確実にするために国連との連携や人権擁護，法の支配等を示唆しながら押し付けることはなかった．APEC 成員を中心に行われた胸筋を開いた議論がインドネシア政府の外交方針転換へどのくらい作用したか証明することは難しいが，APEC 日程中にインドネシアが国家理念を 180 度転換するほど態度を変えており，インドネシアのガバナンスに影響を与えるほどに APEC 成員間での議論自体が正当性を有することになったと言えよう．

(3) TPP の中の労働

　2015 年 10 月に TPP（環太平洋パートナーシップ）協定は 12 カ国により大筋合意に達したが，2016 年に行われたアメリカ大統領選挙で D. トランプが当選し TPP 協定からの離脱を宣言したことで塩漬け状態となった[10]．その後，TPP 誕生に向けて行われてきた交渉に基づき原則として TPP 協定の内容を組み込んで，アメリカを除く 11 カ国で新たな協定を結んだものが CPTPP（環太平洋パートナーシップに関する包括的及び先進的な協定）である．アメリカの離脱により，残る 11 カ国はアメリカが積極的に進めていた条項を一部凍結した．そのため，21 世紀型の FTA として WTO 以上のルール整備を図るとしていた TPP 協定よりはトーンダウンしたものの，原則として TPP の規定が踏襲されたことにより，途上国を含むアジア太平洋地域には無視できない取り決めが含まれることとなった．

　例えば労働章には，結社の自由や団体交渉権の実効的な承認，強制労働の撤廃，児童労働の廃止，雇用・職業差別の撤廃が含まれている．これらは，ILO（国際労働機関）において基本原則とされているものではある．TPP/CPTPP 協定の加盟国であるマレーシアは，労働運動や政治運動を制限し，労働組合の結成や活動についても多くの規制をかけてきた[11]．また，強制労働や労働者の人権侵害などについても ILO，アメリカ，NGO 等からしばしば批判されながらも

ほとんど修正されることはなかった[12]．それが，近年突如変更される．結社の自由や団体交渉権については，2022 年 10 月にマレーシア議会で改正労働組合法が可決され，活動によっては刑法上のテロ行為や組織犯罪等とみなされる条項をおきながらも，労働組合を組織する自由度を緩和させることになった．さらに 2022 年 3 月に連邦議会で可決され 2023 年 1 月に施行された改正雇用法においては，雇用における差別に関する紛争に対しては労働局長官による調査，裁定，命令権限の導入や，強制労働に対する罰則適用，罰金の引き上げ等が盛り込まれた[13]．これらはマレーシアの労働環境に対する他国からの批判や ILO からの勧告だけではなく TPP/CPTPP への対応と報じられている［眞榮城 2022][14]．実際に，マレーシアにかかる TPP/CPTPP 協定は 2022 年 11 月末に発効した．TPP/CPTPP に正式に参加するためには国内法上の手続きを完了させる必要があり，マレーシアは市場アクセスの改善や直接投資の増加を期待して TPP/CPTPP 参加手続きを完了に踏み切り，労働者の権利救済や司法手続きの確保など政府が負う責任を整備することになった．

(4) 国際投資仲裁

　TPP/CPTPP 協定による政府への影響としてもう 1 つ，ISDS（国家と投資家間の紛争解決）について言及しておく必要があろう．ISDS とは，投資家と投資受入国との間で投資に関する紛争がおきた際に投資家が国際仲裁に紛争を付託する制度であるが，TPP では ISDS 条項をめぐる交渉の過程で難航した．訴訟に慣れているアメリカの企業が制度を濫用しないか，あるいは国家主権が脅かされるのではないかなどの懸念が原構成員の中に根強く，TPP には結果的に ISDS 条項を入れつつも ISDS の例外や濫用防止についての規定も盛り込まれた．とはいえ，ISDS 条項を TPP 協定に入れ込むことに積極的だったアメリカが離脱することになったため，CPTPP では投資の合意と投資の許可に関する ISDS 適用が凍結となり，政府による差別的扱いや資産の不当接収などに ISDS の適用範囲が限定されることになった．あわせて，国の社会インフラに関わる事業や権利の 4 つの分野についても凍結された[15]．もともとオーストラリア等は ISDS に反対しており，オーストラリアとニュージーランド間のように二国間で ISDS を互いに行使しない取り決めを行っている場合もある[16]．また，タバコの規制に対する ISDS 活用について，投資家の利益を否認することができるという例外事項も TPP/CPTPP 協定に含まれていることにも留意しなけ

ればならない［助川 2018］．2011 年にオーストラリアで制定されたたばこの包装規制に関する法律であるたばこパッケージ法に対してフィリップ・モリス社がオーストラリア・香港投資協定違反として国際投資仲裁制度を利用したことは，少なからず TPP/CPTPP における交渉に影響したと推測される[17]．

ISDS 条項は投資家の訴えを通して国家のガバナンスの様態に影響を与えかねないことを過去の国際投資仲裁の例は示唆する．各国内の法整備，対審構造，デュープロセスを確実にすることは投資環境に関する透明性や説明責任において意味がある一方で，国家（公人）に対し一企業（私人）が仲裁申立てを行うことや，国家主権を制約する可能性があることが指摘されてきた．例えば投資ではなく貿易について考えてみると，ある政府の政策により海外企業が不利益を受けたとしても，WTO の手続き上，訴えは国家から起こされることになっている．主権平等でいずれの国家政府の決定も尊重されるという原則に基づきつつ，一国家の措置について異論を唱えることができるのは同等の位置にある国家であるというのが国際社会におけるこれまでの共通了解であった．そのため，国家の外の私人から国家政府に申し立てがされる形に違和感を抱いたとしても不思議ではない．だが，そもそも私人からの申し立ての仕組みになっている ISDS 条項を協定の中に入れ込んでおくかどうかは，国家間の取り決めによるものであるため，私人の申立てによって政策変更を余儀なくされる可能性を不当だと判断すれば協定の交渉段階で拒否すれば良い[18]．他方 ISDS が国家ガバナンスに影響を与えるにあたり，国家主権の制約はどこまで許されるのかが問われることになる．上述したオーストラリアのたばこパッケージ法に見られるように，当該国家にとって必要な政策が一企業の利益の犠牲になるかもしれない．また，国民から選ばれた議員が立法府において制定した制度を国外の行為主体によって変更させることは，民主政治の手続きに則って定められたものを海外の一企業が覆すことを意味し，民主政治の根幹を問われる構造になっていることにも留意する必要があろう．

3　地域的枠組みがもたらしたもの

(1)　集団としての性格

アジア太平洋地域の政府間協調として実体化させた APEC はそもそも，国境を越えて広がるサプライ・チェーンをベースにしたものであり，国家横断的

な協調枠組みによってアジア太平洋地域の経済に関していかに情報を交換し，モノ・カネ・ヒトの移動を円滑にして地域として経済成長するかというものであった．その後誕生したTPP/CPTPPでは，国家だけではなく多様な行為主体を包含する空間に対し実効性のある調整が問われ，APECよりも拘束力のあるルール化を進めたことにより国家ガバナンスに影響を及ぼす可能性があることがわかった．APECにおいても東ティモール動乱に際して，国家ガバナンスに作用するようなことはあったが，APECの枠組みにおいては例外的であった．TPP/CPTPPの労働章の規定の例に見られるように，労働者の人権改善へ向かうような民主化の動きが確認できた．

　もともとアジア太平洋地域では，主従関係や敵対関係の絡む歴史的背景，経済・技術格差などから，国際的に脆弱であると自覚する国はたとえ経済自由化に賛成していても先進国による圧力を懸念する傾向にあった．またAPECという国家横断的な枠組みが超国家化して国家ガバナンスを上から踏みにじる可能性を恐れる考えも当初は存在していた．これらは言わば，一方が相手の犠牲によって資源や価値を獲得したり増大したりする関係として理解することにより生じた懸念や恐れだ．所有したり管理したりする資源や価値を，奪うか奪われるか，支配するかされるか，抑圧するかされるかに注目した見方がそこにはある．このような見方をゼロサム・ゲーム型権力観と呼ぼう．APEC創設時にASEAN諸国などいくつかの国はゼロサム・ゲーム型権力観による懸念を抱いていた．確かに国家間の協調枠組みとはいえ，それまでの経験から統制や服従を伴う「上からの」力のイメージを抱くことはあり得る[19]．だからこそ，地域レベルでの多国間協調の枠組みがなかったアジア太平洋地域において，まずは①拘束力のあるルールは設けずメンバーである国や地域の自主性に任せる，②全てのメンバーのコンセンサスを重視する，③メンバーでの合意の果実について域内だけでなく域外にも差別せず均霑することとした．これらの原則は他の地域に見られるFTA（自由貿易協定）とは異色のものであり，貿易自由化のスピードが遅れたり目標達成ができなかったりするのではないか，あるいは果たしてわざわざ地域的枠組みをつくる意味があるのかなどという疑問が呈され，ときに揶揄された．確かに貿易の自由化という点では各国家の通商政策を大きく転換させたり取引量の増加など目に見える効果が出たりすることはほとんどなかった．しかし東ティモールの危機的状況において，国連が勧告した国際部隊の受け入れを頑なに拒んでいたインドネシアの態度を軟化させた1

つの要因は APEC 日程中の会議であった．平等な関係に配慮した仲間たちに
よる説得が繰り返される APEC 期間中にインドネシア政府が方針を転換させ
たことから，当該問題へのあたり方や指揮の方法について APEC の言説がイ
ンドネシアをアジア太平洋地域の共通解の方向へ少なからず動かしたと言えな
いだろうか．アジア太平洋全体が安定的で経済発展するという APEC の集団
としての目標が，APEC メンバー間のコミュニケーションによって構成さ
れ，それに向けて各 APEC メンバーが相互に自由な意思によって生み出され
る言論や行動は権力という集団の能力となる．このような権力の見方をポジ
ティブサム・ゲーム型権力観としよう[20]．APEC では，ゼロサム・ゲーム型権
力観を封じるために APEC 成員の自主性に任せコンセンサスを重視するポジ
ティブサム・ゲーム型権力観を利用したのであった．

　APEC 成員による公共空間において，相互の情報交換や議論の中から数々
の合意が作られつつも，拘束力や強制力のある政策は打ち出されてこなかっ
た．しかし，それらの合意事項が APEC 成員間の共通の規範となることで一
種の拘束性を持つようになることに注目しなければならない．すなわち，APEC
での貿易と投資の自由化は拘束力のあるルールによって担保されていなくと
も，貿易と投資の自由化を行うという共通の規範は APEC 成員政府が考慮し
なければならない行動準則になった．その証拠に共通の規範に沿わない行動に
ついて各政府は無視するのではなく，「国内調整に時間がかかる」などと理由
をつけることがある．遠くはない時期に目標を定めて実施するなどという言い
訳自体が共通の規範に縛られている証拠であり，APEC という集団での関係
性に基づくコンセンサス事項が一種の権力となり APEC 成員政府の行動に縛
りをかけている．

　また東ティモール問題で見たようには「国際社会は現地の状況を懸念し，イ
ンドネシアが協力を求めてくるときはそれに応える用意がある」という緊急外
相会議の共同声明は表現として緩やかではあるが，合意や共通了解がされて
いったプロセスを反映しており，ポジティブサム・ゲーム型権力観特有の集団
的能力を示していた．アジア太平洋の地域的枠組みがポジティブサム・ゲーム
型権力観を採用することにより，国家政府の行動指針や行動様式に影響を及ぼ
し国家ガバナンスの変容を促してきたと言えよう．

(2) 拘束力のあるルール

　アジア太平洋では，APEC において経済自由化を進めるにあたり各政府の
自主性に基づいて進められるという合意がなされたことによって，APEC 成
員は自由と独立性が保障され，意に反する事項について他者の意向に振り回さ
れる危険から解放されることになった．しかし今日までの過程を見ると，メン
バーの自主性を重んじた経済自由化という規範が当初の合意のままの形で維持
されることは難しかったようだ．実際にアジア太平洋地域では何度か拘束力の
あるルール化を導入しようという試みがなされ，そのうち自由化に積極的姿勢
を見せる APEC 成員が TPP の前身を構想し今に至っている[21]．自由な対話によ
る経済自由化という共通理解は集団の能力＝権力として機能しながら，それを
継続していく中で一定の制度化が求められゼロサム・ゲーム型権力観にみられ
るような支配する力が生じることになる．

　TPP/CPTPP 協定での拘束力のあるルールは，統合を要請する力になり各
国に従うことを求めているが，少なくとも原構成員 11 カ国の協議によってつ
くり出された関係性を担保するものでもある．加盟国は TPP/CPTPP 協定の
具体的ルールを国内法や政策に落とし込んで，国内改革を行っていく．TPP/
CPTPP 協定を遵守するための国内制度変更は他の構成員との関係性を維持し
て行く上で一定の意味を持ちつつ，一方で国家ガバナンスにおいて重要である
ことは上記で見たとおりだ．但し，アジア太平洋の地域的枠組みでの議論はと
きに国際紛争等に言及することはあってもほとんど経済の領域を出ることはな
く，国家政府の行動を制御するとしてもいわゆる政治的インテグリティにかか
るような内容ではない．アジア太平洋において地域的枠組みが国家ガバナンス
に接近できる部分は限られている．

　他方，経済界が推進してきた規範が国家を動かすような力となり，国家ガバ
ナンスに入り込んでいくことには留意しなければならない．民主政治の論理を
前提にすれば，各国政府は国内の社会諸勢力に耳を傾け政策に反映していくこ
と，またそれらの勢力とは一定の緊張関係を維持することが期待されている．
しかし実際に生み出される公共政策は，しばしば社会の一部の勢力からの圧力
や，国家政府と利害関係者との密接な結びつきによるものである．市場の原理
という一見公正な論理に基づきながらも，TPP/CPTPP の制度は各界の角遂
の結果であり，外圧として国家の構造改革を進めることによって国内の一部の
利害関係者を利する可能性もある．すなわち，アジア太平洋の地域的枠組みは

国家政府を制御して秩序と公正さを実現しようとしながら，国家政府と一部の利害関係者の切っても切れない関係にお墨付きを与えることにもなりかねない．そもそも TPP/CPTPP のようなアジア太平洋の地域的枠組みには国家ガバナンスの健全化を求められてはいず，市場の公正性に価値を置くルール化に過ぎないが，地域的枠組みがかえって国内政治過程の危うさを是認することにならないか注視していく必要がある．

注

1）差別的，排他的なリージョナリズムがもたらした悲劇の例としてブロック経済が挙げられる．

2）無条件最恵国待遇とは，関税など通商政策でいずれかの国に与える最も有利な待遇を他の加盟国にも与えることである．オープン・リージョナリズムを旗印に掲げて誕生した APEC では，関税を引き下げた場合においてその恩恵は加盟国のみに限られるのではなく APEC のメンバーではない第三国にも均霑していくとした．

3）APEC ではアジア太平洋の主要な国と地域が集まりながらも，台湾や香港を北京政府の中国とは区別した独立した形で参加させることになったことや，政治性の高い議論が持ち込まれると大国の影響を受けかねないと危惧する声があったことによる．

4）APEC 首脳会議では，イスラエルとイスラム主義組織のハマスとの戦いやウクライナとロシアの戦争が経済に与える影響について議論されたが，中国やロシアと見られる一部の構成員が首脳宣言に盛り込むことに反対し，議長声明に入れるにとどめられた．

5）メンバーではないイギリス外相が EU 代表として出席し，中国，ロシア，インドネシア，マレーシアは高級事務官をオブザーバー資格で参加させた．

6）『毎日新聞』1999 年 9 月 9 日夕刊．

7）イギリス外相が，インドネシアとの付き合い方について慎重にあるべきだと主張したのも，ASEAN 諸国からのはたらきかけがあったためだとされる（*Asiaweek*, September 10, 1999）（http：//edition.cnn.com/ASIANOW/asiaweek/features/apec99/day3.htm，2024 年 1 月 29 日閲覧）.

8）『朝日新聞』1999 年 9 月 12 日．

9）『朝日新聞』1999 年 9 月 19 日．

10）TPP が発効するには，参加国の GDP 合計額 85％ 以上の経済規模を占める 6 カ国が批准する必要があったため，トランプ米大統領就任によりその可能性はなくなった．CPTPP では，署名国のうち 6 カ国か，署名国の半数のいずれか少ない国が批准し，寄託者に通報すればその 60 日後に発効することと改められたことから，2018 年 12 月に発効した．

11）マレーシアにおいて労働組合は事前に登録をしておかなければ団体交渉ほか企業への要求もできず，マレーシア政府は，適法性を欠くことを理由に労働組合の登録を取り消

したり新規に登録することを拒否したりすることが可能であった［厚生労働省 2014：43–55］（2013 年海外情勢報告　世界の厚生労働）.

12) https：//webronza.asahi.com/judiciary/articles/2022102600002.html（2024 年 1 月 29 日閲覧）.

13) 改正雇用法に関わる概況についてはアジア経済研究所［2022：321–52］を参照.

14) アメリカは人権慣行に関する国別報告書（マレーシア）の中で労働者の権利に 1 章を割き，結社の自由と団体交渉の権利，強制労働，児童労働，雇用と職業に関する差別，労働条件についてそれぞれ指摘している（Department of the State 2022 Country Reports on Human Rights：Malaysia）（https：//www.state.gov/reports/2022-country-reports-on-human-rights-practices/malaysia/，2024 年 4 月 4 日閲覧）.

15) 具体的には，① 国の天然資源に関する権利（探査，採取，精製，運送，分配，販売），② 電気，水，電気通信等のサービスに関する権利，③ インフラ建設の整備に関する事業，④ 金融サービス（https：//iti.or.jp/flash/364，2024 年 4 月 4 日閲覧）.

16) 2011 年 4 月，オーストラリア政府は以降締結する 2 国間協定及び地域協定に ISDS 条項を含めないことを宣言した（https：//www.iisd.org/itn/en/2011/07/12/australias-rejection-of-investor-state-dispute-settlement-four-potential-contributing-factors/，2024 年 4 月 4 日閲覧）.

17) 国際投資仲裁では 2015 年 12 月に，管轄権なしとしてフィリップ・モリス社の訴えは却下された.

18) そうとはいえ，国家間の力の差や関係性により交渉によって必ずしも拒否できないケースもあることに留意する必要がある.

19) 例えば R. ダールの説明する多元主義的な権力概念がそれにあたる.

20) 権力を，一致して行動する集団の能力に見た H. アレントや T. パーソンズの視角がそれにあたる.

21) 2004 年に APEC 地域のビジネス会合である ABAC が APEC 首脳会議にアジア太平洋自由貿易圏（FTAAP）を提案し，APEC は FTAAP を目指すとされたが，その後 TPP /CPTPP の誕生に伴い，TPP/CPTPP は FTAAP にいたるプロセスと位置付けられている．拘束力を伴う自由化に積極的なニュージーランド，チリ，シンガポール，オーストラリア，アメリカが TPP につながっていく枠組みを構想していた.

◆参考文献◆

＜邦文献＞

アジア経済研究所［2022］『アジア動向年報 2022』アジア経済研究所.

押村高［2012］「地域統合と主権ディスコース──EU 事例と東アジアへの適用──」，山本吉宣・羽場久美子・押村高編『国際政治から考える東アジア共同体』ミネルヴァ書房.

厚生労働省［2014］『2013 年海外情勢報告世界の厚生労働』.

河野勝［2006］「ガヴァナンス概念再考」，河野勝編『制度からガヴァナンスへ──社会科

学における知の交差――』東京大学出版会.

小島清［1992=1993］「オープン・リージョナリズム――新世界経済秩序の形成原理――」『世界経済評論』36(12)，37(1).

助川成也［2018］「ASEAN への投資と TPP 11 の投資規定」『TPP と ASEAN の貿易，投資，産業への影響（ITI 調査研究シリーズ 68）』国際貿易投資研究所（https://www.iti.or.jp/report_68.pdf，2024 年 1 月 29 日閲覧）.

玉田大［2012］「TPP における投資保護と投資自由化」『ジュリスト』1443.

船橋洋一［1995］『アジア太平洋フュージョン――APEC と日本――』中央公論社.

眞榮城大介「マレーシアにおける雇用法の改正　適用対象を大幅拡大」『論座アーカイブ』2022 年 10 月 22 日（https://webronza asahi.com/judiciary/articles/2022102600002.html，2024 年 7 月 24 日閲覧）.

＜欧文献＞

Banik, D. [2022] "Democracy and Sustainable Development," *Anthropocene Science*, (1.2).

Garnaut, R. [1996] *Open Regionalism and Trade Liberalization : An Asia-Pacific Contribution to the World Trade System*, Institute of Southeast Asia Studies.

Keohane, R. O. and J. S. Nye Jr. [2000] "Introduction," in J. S. Nye and J. D. Donahue eds., *Governance in a Globalizing World*, Brookings Institution Press.

Rhodes, R.A.W. [1997] *Understanding Governance : Policy Networks, Governance, Reflexivity and Accountability*, Open University Press.

―――― [2017] "Understanding Governance : 20 years on," (http://www.raw-rhodes.co.uk/wp-content/uploads/2017/07/National-Governance-Review.pdf，2024 年 4 月 4 日閲覧).

Young, O. R. [1999] *Governance in World Affairs*, Cornell University Press.

人 名 索 引

〈ア 行〉

芦部信喜　169
アスピノール，エドワード　147
アセモグル，ダロン　10
アナン，コフィ　2
アンドリュース，マット　5, 8, 36, 41, 49
ウェーバー，マックス　173
ウォーラーステイン，イマニュエル　183
エバンス，ピーター　13
大野健一　12
温家宝　9

〈カ 行〉

カウフマン，ダニエル　42
カガメ，ポール　218, 226, 232, 233, 238, 240
何清漣　8
カミングス，ウー　13
カラザース，トーマス　54, 142, 144, 147, 162, 185
川中豪　154, 156
グリューゲル，ジーン　141
グリンドル，メリリー　11, 36, 139, 147-149
コリアー，ポール　12, 40, 75, 142

〈サ 行〉

阪口正二郎　177
ザカリア，ファリード　12
シャム，デズモンド　9
習近平　140, 237
シュンペーター，ヨーゼフ　141, 154, 162
ジョコ，ウィドド（ジョコウィ）　200, 210
ジョンソン，チャーマーズ　13, 46
スターン，ニコラス　40

スハルト　199
セン，アマルティア　72
セン，フン　16, 201, 203, 205, 210

〈タ 行〉

ターナー，マーク　8
ダール，ロバート　155
ダイアモンド，ラリー　61
ドス・サントス，ホセ・エドゥアルド　225, 233
ドラッカー，ピーター　46
トランプ，ドナルド　102

〈ナ・ハ 行〉

西水美恵子　2, 4
ネルー，ジャワハルラール　9, 140, 156
ハーバーマス，ユルゲン　179
ハビャリマナ，ジュベナール　226
ハンチントン，サミュエル　68, 139, 141, 155, 161
ヒューム，デイビッド　8, 37, 49
ブース，デイビッド　49
ブラウン，マロック　44
ポメランツ，フィリス　2

〈マ・ヤ・ラ 行〉

丸山眞男　141
モディ，ナレンドラ　10, 156
山本圭　154
レフトウィッチ，エイドリアン　13, 42, 46, 142
ロートレイ，ラウラ　14, 45
ローレンソ，ジョアン　225, 230-233, 238, 240
ロドリック，ダニ　172

事項索引

〈アルファベット〉

AI　19
BRICs　76
Closed Anocracy　231
CSO　149
CSR　181, 182
ESG 投資　182
IMF　74, 77
JICA　53
NGO　31, 34, 49-51, 146, 149-152
NPO　31
ODI（Overseas Development Institute）　49
OECD/DAC　32, 218, 220, 234, 240
OECD 外国公務員贈賄防止条約　193
P-C 関係　140
Polity IV スコア　227, 231, 235
SDG 16　51, 159, 160, 162
SDGs　35, 37, 51, 52, 61, 62, 72, 77, 79, 139, 157, 159-161, 191, 208, 209, 217, 241
SNS　152
V-Dem 研究所　63, 70

〈ア 行〉

アジア　45, 138, 140, 153, 155, 156
アナーキー　253
アフリカ　32, 34, 40, 47, 48, 138, 145
アメリカ　43, 46, 139-141, 144, 148, 150, 151, 154, 155, 159-161
アメリカ国際開発庁（USAID）　54, 97, 150, 191, 193
アルゼンチン　138, 147, 149
アングロサクソン　144
アンゴラ解放人民運動（MPLA）　217, 218, 222, 224, 225, 232, 233, 241

アンゴラ全面独立民族運動（UNITA）　218, 219, 222, 224, 225, 233
イギリス　31, 32, 37, 42
イギリス国際開発省（DFID）　32, 47, 193
イスラーム　49, 156, 200
　中東──　155
一帯一路構想　237
イラン　154, 161
インド　19, 35, 140, 147, 156
インドネシア　90, 103, 140, 143, 146, 156, 158-160, 194, 199, 205, 208, 209
ウェストファリア体制　173, 175
ウクライナ戦争　83, 179
エコノミスト誌のインテリジェンス・ユニット（EIU）　63, 71, 81, 230, 235
エージェンシー・スラック　252
エチオピア　140
縁故資本主義　8
援助協調　235, 238-240
欧州共同体（EU）　193
汚職　33, 34, 40, 41, 43, 48, 54, 158
　──対策　192, 193, 195, 197, 198, 203, 204, 206, 209
　──対策機関　194, 195, 197-199, 203-205, 207, 208
　──認識指数（CPI）　227, 229, 230
　──・腐敗　191, 192, 194-196, 203, 206, 208
　──・腐敗構造　198
　──撲滅委員会（KPK）　199, 204, 205, 208, 209
恐れからの自由　137
オリガルキー（寡頭制）　207

〈カ 行〉

カースト制　10

開発
　——学　6
　——ガバナンス　218, 219, 229, 234, 235, 239, 242
　——計画　33, 41, 49, 50, 138, 144
　——国家　12, 45, 220, 221, 239
　——主義　220
　——政策　55
　——政治学　36, 142, 143, 151
　——（と）独裁　76, 77, 154, 155
家産制　140, 154, 160
家父長制　140, 141
カリスマ　141
観客民主主義　155, 162
環境政策　55, 138, 139, 157, 158
韓国　43, 139, 140, 143, 154, 161
カンボジア　16, 97, 100, 155, 160, 201-205, 208
カンボジア人民党　201
官僚　34, 37, 38, 46, 140, 146, 150
議会　31, 45, 141, 144, 145, 155, 158, 162
企業統治　175
規範　172, 184
行政　31, 35, 41, 42, 45, 48, 49, 141-143, 146, 150, 153, 162
競争的権威主義体制　65
近代世界システム　139
国別政策・制度評価（CPIA）　227, 229, 235
クライエンテリズム（庇護—従属関係）　8, 36, 41, 48, 94, 137-140, 146-150, 153-156, 158, 160-162, 196, 203, 205
グローバリゼーション　146, 153
グローバル　141, 153, 156, 162
　——・イシュー　171, 174
　——化　170, 172, 175, 183
　——・ガバナンス　170, 172, 175, 183
　——サウス　19, 76, 77
　——な立憲主義　178
　——・バリューチェーン　10

軍　33, 41, 44, 143, 145, 155, 157
経済社会開発　111
経済成長　45, 48, 49, 51
経済犯罪　192-194
警察　41, 42, 140, 143, 148
ゲリマンダリング　94
権威主義　52, 139, 141, 142, 146, 150, 151, 153-157
　——化　63-66, 68, 76, 77
　——開発国家　234
　——化の第三の波　169
　——の台頭　192, 206
憲法　169, 175, 180, 185
工業化の政治学　15
公共圏　5
公共サービス　48
公共財政管理（PFM）　227, 238
公共政策　6, 31, 34, 36, 37, 41, 44, 137, 143, 157
後発開発途上国　2
合法的支配　141
国軍　140
国際開発　6
国際監視団　142
国際法における立憲主義　178
国際立憲主義　178
国連　35, 37, 43, 44
　——開発計画（UNDP）　31, 32, 34, 43, 72, 96, 148, 193, 208, 218, 220
　——腐敗特別総会（UNGASS）　191
　——腐敗防止条約（UNCAC）　193, 195, 197, 209
国家　169, 172, 174
　——安全保障　171
　——建設　5, 7, 20, 42, 55, 234-235
　——主権　173, 184, 249, 250, 253-255, 258, 259
　——復興院（GRN）　236
　——法　181

コーポラティズム　68
コミュニティ　34, 36, 41, 144, 147-149, 152, 159

〈サ 行〉────────────

財政　137
　──支援　238
サウジアラビア　155
サブサハラ　138
参加　35, 45
　──型　33, 41, 51, 52
　──型開発　151
　──（型）民主主義　150, 152, 155, 162
三位一体の経済協力　221
資金洗浄　192, 193
資源動員能力　7
持続可能な開発　35, 51
持続可能な開発目標　61, 72, 170, 191
実定法学　183
地主・小作関係　140
司法　41, 140, 154
市民社会　31, 33, 35, 43, 44, 48, 51, 150-152, 155, 156, 159, 162
　──団　149
社会開発　44, 51
社会的環境管理能力　139, 158
自由主義　169
　──的平和構築　220
収奪的政治経済制度　11
自由貿易協定　174
住民参加　145
自由民主主義　169, 252
熟議民主主義　155
主権国家　173-175, 177, 179, 184
主権平等　253, 259
上位中所得国　228
植民地　32, 47, 139, 140, 141, 160
知る権利　33, 137, 163
新家産制　139, 140, 153, 154, 160-162

──国家　12, 137-139
人権　33, 35, 137, 156, 162
新構造主義経済学　221
新自由主義　31, 38, 156
新制度派　39
人民党　201-203
ステート・キャプチャー（国家の略奪）　207
西欧　146
政治
　──家　40, 41, 48, 50, 55, 137, 151, 154, 158
　──学　184
　──経済分析　42, 49, 54
　──システム論　66
　──的資本主義　8, 39, 149
　──の司法化　192
脆弱国家　229
　──指数（FSI）　227
制度　34, 36, 38-42, 44, 45, 48, 50
　──化　32, 35, 147-149
　──改革　142
政党　44, 142, 145, 147, 148, 152, 161, 162
世界銀行（世銀，World Bank）　32, 37, 42-44, 48, 52, 62, 74, 76, 81, 154, 193, 196, 197, 220, 221, 234, 235, 238-240
石炭火力発電　18
セクターワイド・アプローチ　238
説明責任　137
選挙
　──ガバナンス　88
　──管理　89
　──権威主義　92
　──の完全性　90
　──の完全性の認識指数（PEI）　90
選択的援助（selectivity）　220
ソフトロー　176, 180-183

〈タ 行〉────────────

タイ　35, 95, 159, 161

第三の波　64, 68, 75, 80, 84, 139, 141, 161
大統領制化　5, 68, 78-80
台湾　140, 154, 161
多国籍企業　172, 174, 181
脱民主化（de-democ-ratization）　207
多民族国家　139
治安秩序　33, 137, 145, 162
地域開発　152
地域経済　151
地域有力者　144, 151, 152
地球の温暖化　18
地方エリート　50, 143, 147, 156
地方自治　137, 138, 140, 143-146, 151, 158, 160
地方政府　35, 37, 138, 139, 142-149, 151, 158
地方の王国　23, 146, 151
地方分権　33, 43, 137, 138, 142-146, 148-152, 160, 162
地方有力者　137, 146, 160
──層　137, 139
中央集権　49, 137-140, 143, 144, 146, 148, 158, 160
中国　8, 33, 35, 46, 48, 86, 92, 140, 155, 156, 159
中国・アフリカ協力フォーラム（FOCAC）237
中国式発展モデル　221
中国証券監督管理委員会（CSRC）　237
中国投資基金（CIF）　236
中国輸出入銀行　236
中産階級　49, 152
中東　138
中南米　138, 149, 157
チリ　138, 149
強い国家　221
強い政府　222
テロ　192-194
伝統的支配　140
ドイツ　35　140
東欧　139, 141, 154, 161

投資環境　40
同時多発テロ事件　179
トランスペアレンシー・インターナショナル　229

〈ナ 行〉────────

ナイジェリア　140
内政不干渉　3, 197
内部告発者保護　194, 195
軟性国家　9
南北問題　2
日本　35, 45, 53, 143, 146
人間開発　43, 44
──指数（HDI）　227, 228
人間の安全保障　184
ネオリベラリズム　172, 185
農業開発の政治学　15
能力構築　45, 49
能力主義　37, 139, 149, 152

〈ハ 行〉────────

ハードロー　176, 181
パトロネージ　36, 137, 147, 149
パトロン・クライエント関係（庇護・被庇護関係）　8, 41, 137, 140, 142, 148, 151, 160, 201
パリ協定　158
反汚職産業　195
反汚職室（ACU）　201, 202, 205
バングラデシュ　49
非自由民主政　12
ビセッセ合意　225, 233
フィリピン　139, 143, 145, 146, 148, 149, 161
ブラジル　35, 138, 148, 149, 154, 157, 160
フランス　46
フリーダムハウス　63, 64, 70, 90, 222, 235
プリンシパル・エージェント理論　194, 252
フルセット型支援　240
閉鎖的アノクラシー　235
平和維持活動（PKO）　96

平和構築　3
北京コンセンサス　222
ベトナム　16, 155
ベンチマーク・システム　242
法化　173, 180
法規範　170, 173, 180, 182
法・司法制度整備支援　169, 170, 176
法政開発　7
包摂的政治経済制度　11
法の支配　33, 35, 43, 45, 52, 110, 137, 169, 180, 184
　グローバルな──　171, 177, 178, 181, 183, 184
　国際的な──　177
ポスト冷戦時代　171, 173, 179, 182
ボトムアップ型ガバナンス　174
ポピュリズム　156
ポリアーキー　85
翻訳的適応　42, 139, 161

〈マ　行〉────────────

ミャンマー　140, 159
ミャンマー軍　35
ミレニアム開発目標（MDGs）　35-37, 40, 45, 51, 53, 241
民主主義　249, 250
　──指数　227, 232, 235
　──の危機　169
　──の後退　61, 63, 66, 68, 76, 77, 222

民主政治　251, 252, 259, 262
民主的開発国家　221, 241, 242
民主的ガバナンス　218, 219, 230, 234, 239, 241, 242
メキシコ　36, 139, 147-149, 162
メディア　33, 42, 44, 48, 50, 137, 142, 146, 150, 152, 154-156, 158-160, 162
モラル・ハザード　252
問題対応型の反復適用　207

〈ヤ　行〉────────────

有効な国家　38
輸出志向型工業化　3
輸入代替工業化　3
ヨーロッパ　46, 49, 144

〈ラ・ワ　行〉────────────

立憲主義　171
立法　140
略奪政治　206
ルエナ覚書　225
ルサカ合意　225, 233
ルワンダ　50, 90, 145, 155
ルワンダ愛国戦線（RPF）　223, 226, 233
レントシーキング（利権獲得工作）　196
連邦制　139
ロシア　140, 155
ワシントン・コンセンサス　221

《執筆者紹介》（執筆順．＊は編著者）

＊**木 村 宏 恒**（きむら　ひろつね）**［序章，第1章，第5章］**

九州大学大学院法学研究科博士後期課程修了，博士（法学）．名古屋大学名誉教授（国際開発研究科）．

主要業績

『現代世界の政治経済地図』（三一書房，1993年），『フィリピン開発・国家・NGO』（三一書房，1998年），『開発政治学入門』（共編著，勁草書房，2011年）．

＊**小山田 英治**（おやまだ　えいじ）**［序章，第7章］**

名古屋大学大学院国際開発研究科博士課程修了，博士（学術）．現在，同志社大学大学院グローバルスタディーズ研究科教授．

主要業績

『開発政治学を学ぶための61冊』（共編著，明石書店，2018年），『開発と汚職——開発途上国の汚職・腐敗との闘いにおける新たな挑戦——』明石書店，2019年，『東南アジアにおける汚職取締の政治学』（共編著，晃洋書房，2022年）．

＊**杉 浦 功 一**（すぎうら　こういち）**［序章，第3章］**

神戸大学大学院国際協力研究科博士課程修了，博士（政治学）．現在，文教大学国際学部教授．

主要業績

『国際連合と民主化』（法律文化社，2004年），『民主化支援』（法律文化社，2010年），『変化する世界をどうとらえるか——国際関係論で読み解く——』（日本経済評論社，2021年）．

金 丸 裕 志（かなまる　ゆうじ）**［第2章］**

九州大学大学院法学研究科博士課程修了，博士（法学）．現在，和洋女子大学国際学部国際学科教授．

主要業績

『開発政治学入門——途上国開発戦略におけるガバナンス——』（共編著，勁草書房，2011年），『開発政治学の展開——途上国開発戦略におけるガバナンス——』（共編著，勁草書房，2013年），『開発政治学を学ぶための61冊——開発途上国のガバナンス理解のために——』（共編著，明石書店，2018年）．

井 上　　健（いのうえ　けん）**［第4章］**

英国サセックス大学開発研究院開発学修士号（M. Phil. Development Studies）．現在，パーソナルガバナンス研究所代表，日本国際平和構築協会理事，UNITAR Peace Advisory Board memberなど．

主要業績

"The UN Support to Timor-Leste for Enhancement of a Culture of Democratic Governance,"

（*Asian Journal of Environment and Disaster Management*, 5（4）, 2013）,「法の支配と民主的ガバナンスのための SDG 16+の実現に向けての提言」（日本の開発協力と平和構築に関する研究会）, 2020 年,「ポストコロナ時代のグローバル・ガバナンスと日本の役割」（『世界平和研究』232, 2022 年）.

志 賀 裕 朗 (しが　ひろあき)［第 6 章］

コロンビア大学公共政策大学院, A.ハリマン旧ソ連邦高等研究所（国際関係学修士）. 現在, 横浜国立大学国際社会科学研究院教授.

主要業績

「参加型憲法制定の問題点と可能性」（『国際政治』165, 2011 年）, "India's Role as a Facilitator of Constitutional Democracy," （*IDS Bulletin*, 49（3）, 2018）, "Kishida's Realism Diplomacy : Japan's Official Development Assistance Strategy," （*Center for Strategic and International Studies (CSIS)*, 2023）.

稲 田 十 一 (いなだ　じゅういち)［第 8 章］

東京大学大学院総合文化研究科博士課程単位取得退学, 国際学修士. 現在, 専修大学経済学部教授.

主要業績

『社会調査からみる途上国開発──アジア 6 カ国の社会変容の実像──』（明石書店, 2017 年）, 『一帯一路を検証する──国際開発援助体制への中国のインパクト──』（明石書店, 2024 年）, 『国際開発協力レジーム論──制度・規範とその政治過程──』（有信堂高文社, 2024 年）.

椛 島 洋 美 (かばしま　ひろみ)［第 9 章］

九州大学大学院法学研究科博士課程修了, 博士（法学）. 現在, 横浜国立大学大学院国際社会科学研究院教授.

主要業績

「TPP の制度論的考察──APEC との構造比較──」（『法政研究』82（2-3）, 2015 年）,「国際レジームからプライベート・ガヴァナンスへ──海洋空間をめぐって──」（『横浜法学』26（2）, 2017 年）,「APEC における複数のプリンシパル問題──2018 年のパプアニューギニア会議をめぐって──」（『横浜法学』28（2）, 2019 年）.

シリーズ 転換期の国際政治 22

開発政治学と持続可能な開発
——途上国のガバナンス制度化の総合的考察——

2025年3月20日　初版第1刷発行　　＊定価はカバーに
　　　　　　　　　　　　　　　　　表示してあります

　　　　　　　　　　　　　小山田　英　治
　　　　　　編著者　　　　杉　浦　功　一　Ⓒ
　　　　　　　　　　　　　木　村　宏　恒

　　　　　　発行者　　　　萩　原　淳　平
　　　　　　印刷者　　　　藤　森　英　夫

　　　　発行所　株式会社　晃　洋　書　房
　　　　　　〒615-0026　京都市右京区西院北矢掛町7番地
　　　　　　　　　　電話　075 (312) 0788番代
　　　　　　　　　　振替口座　01040-6-32280

装丁　尾﨑閑也　　　　　印刷・製本　亜細亜印刷㈱
　　　　ISBN978-4-7710-3877-6
　ＪＣＯＰＹ〈（社）出版者著作権管理機構　委託出版物〉
本書の無断複写は著作権法上での例外を除き禁じられています．
複写される場合は，そのつど事前に，（社）出版者著作権管理機構
（電話 03-5244-5088, FAX 03-5244-5089, e-mail:info@jcopy.or.jp）
の許諾を得てください．

月村 太郎 編著
紛 争 後 社 会 と 和 解
——ボスニアにおける国家建設——

A 5 判 208 頁
定価 4,180 円（税込）

髙岡 豊 著
シ リ ア 紛 争 と 民 兵

A 5 判 174 頁
定価 3,520 円（税込）

芝崎 厚士 著
グ ロ ー バ ル 関 係 の 思 想 史
——万有連関の世界認識研究へ——

A 5 判 328 頁
定価 5,060 円（税込）

小阪 真也 著
国 際 刑 事 法 廷 の「遺 産」
——「積極的補完性」の軌跡と展開——

A 5 判 184 頁
定価 3,850 円（税込）

外山 文子・小山田 英治 編著
東南アジアにおける汚職取締の政治学

A 5 判 368 頁
定価 5,280 円（税込）

吉田 仁美 編著
グ ロ ー バ ル 時 代 の 人 権 保 障

A 5 判 310 頁
定価 4,180 円（税込）

五十嵐 美華 著
人 権 保 障 と 地 域 国 際 機 構
——アフリカ連合の役割と可能性——

A 5 判 130 頁
定価 2,860 円（税込）

宇佐見 耕一 編著
ラテンアメリカと国際人権レジーム
——先住民・移民・女性・高齢者の人権はいかに守られるのか？——

A 5 判 198 頁
定価 2,970 円（税込）

吉留 公太 著
ド イ ツ 統 一 と ア メ リ カ 外 交

A 5 判 550 頁
定価 9,900 円（税込）

林田 秀樹 編著
アブラヤシ農園問題の研究 I【グローバル編】
——東南アジアにみる地球的課題を考える——

A 5 判 318 頁
定価 4,180 円（税込）

林田 秀樹 編著
アブラヤシ農園問題の研究 II【ローカル編】
——農園開発と地域社会の構造変化を追う——

A 5 判 316 頁
定価 4,180 円（税込）

晃 洋 書 房